Kurt Ackermann
Tragwerke in der
konstruktiven Architektur

Kurt Ackermann
Tragwerke in der
konstruktiven Architektur

Wissenschaftliche Mitarbeit
Gustl Lachenmann
Eduard Schmutz
Karl Spies

Deutsche Verlags-Anstalt
Stuttgart

Die Deutsche Forschungsgemeinschaft DFG hat die Forschungsarbeit Ac 47/1−2 »Das Fügen tragender Bauteile«, auf der dieses Buch basiert, gefördert. Am Institut für Entwerfen und Konstruieren der Universität Stuttgart wurde das Thema in Kooperation zwischen Architekten und Bauingenieuren bearbeitet.

CIP-Titelaufnahme
der Deutschen Bibliothek

Ackermann, Kurt:
Tragwerke in der
konstruktiven Architektur:
Grundlagen für
d. Entwerfen u. Konstruieren/
Kurt Ackermann.
[Wiss. Mitarb.: Gustl Lachenmann...].
Stuttgart:
Deutsche Verlags-Anstalt, 1988
ISBN 3-421-02947-4

© 1988
Deutsche Verlags-Anstalt GmbH,
Stuttgart
Alle Rechte vorbehalten
Gestaltung: Otl Aicher
Lektorat: Nora von Mühlendahl
Satz und Druck:
Druckerei Wagner GmbH, Nördlingen
Reproduktionen:
Repro GmbH, Kornwestheim
Bindearbeiten:
Wilhelm Röck, Weinsberg
Printed in Germany

Inhalt

Vorwort 7

Einführung 9
Forschungskontext,
Forschungsziel 11
Methodik und Gliederung 12
Stand der Forschung 13
Geschichtlicher Kontext 13
Abgrenzung der Arbeit 16
Bauwerkstyp 16
Material 17
Tragsystem 17
Tragwerkssystematik 18
Aufbau der Analysen 19
Inhalt und Schwerpunkt
der Analysen 21

Grundlagen 25
Tragwerke für
Flachbauten 27
Bedeutung des
Tragwerks 27
Tragsysteme 28
Gliederung des
Tragwerks 30
Gesamtsystem 30
Subsysteme 30
Tragwerksteile/
Tragwerkselemente 31
Tragverhalten 31
Fügung und
Fügungsebenen 32
Geometrie 32
Kraft 33
Form 36
Verknüpfung von Geometrie,
Kraft, Form 37
Auswertung 37
Kriterien 38
Definition Kriterien
Tragwerk 39

Beispiele 41

Sporthalle Lorch 43
1.0 Dokumentation 44
2.0 Idee, Konzept 45
3.0 Ort 48
4.0 Programm 49
5.0 Erschließung 50
6.0 Tragwerk 51
7.0 Raumabschluß 64
8.0 Installation 66
9.0 Auswertung 68

Inmos Halbleiterfabrik,
Newport/GB 73
1.0 Dokumentation 74
2.0 Idee, Konzept 75
3.0 Ort 78
4.0 Programm 79
5.0 Erschließung 80
6.0 Tragwerk 81
7.0 Raumabschluß 92
8.0 Installation 93
9.0 Auswertung 95

OSLW-Kohlelager,
Fürstenfeldbruck 99
1.0 Dokumentation 100
2.0 Idee, Konzept 101
3.0 Ort 103
4.0 Programm 104
5.0 Erschließung 105
6.0 Tragwerk 106
7.0 Raumabschluß 117
8.0 Installation 118
9.0 Auswertung 119

IBM-Ausstellungspavillon
Exhibit, Stuttgart 123
1.0 Dokumentation 124
2.0 Idee, Konzept 126
3.0 Ort 127
4.0 Programm 128
5.0 Erschließung 129
6.0 Tragwerk 130
7.0 Raumabschluß 143
8.0 Installation 145
9.0 Auswertung 147

Eissporthalle, Olympiapark,
München 151
1.0 Dokumentation 152
2.0 Idee, Konzept 153
3.0 Ort 156
4.0 Programm 157
5.0 Erschließung 158
6.0 Tragwerk 159
7.0 Raumabschluß 172
8.0 Installation 175
9.0 Auswertung 176

Nationalgalerie,
Berlin 181
1.0 Dokumentation 182
2.0 Idee, Konzept 183
3.0 Ort 187
4.0 Programm 188
5.0 Erschließung 189
6.0 Tragwerk 190
7.0 Raumabschluß 200
8.0 Installation 202
9.0 Auswertung 203

USM-Fabrikationshalle,
Münsingen/CH 207
1.0 Dokumentation 208
2.0 Idee, Konzept 209
3.0 Ort 211
4.0 Programm 212
5.0 Erschließung 213
6.0 Tragwerk 214
7.0 Raumabschluß 224
8.0 Installation 226
9.0 Auswertung 228

Renault-Zentrallager,
Swindon/GB 233
1.0 Dokumentation 234
2.0 Idee, Konzept 235
3.0 Ort 239
4.0 Programm 240
5.0 Erschließung 241
6.0 Tragwerk 242
7.0 Raumabschluß 256
8.0 Installation 258
9.0 Auswertung 260

Zusammenfassung 265

Nachwort 267

Anhang 269
Quellenverzeichnis 271
Literaturverzeichnis 273
Abbildungsnachweis 278
Namenverzeichnis 279

Vorwort

Die Bedeutung der Tragwerke als Träger der Architektur wird in diesem Buch deutlich gemacht. Das Tragwerk selbst ist als statisch-konstruktives System immer mit einer Form identisch und prägend für das Erscheinungsbild eines Gebäudes. Dabei ist es unerheblich, ob das Tragwerk in seiner reinen Form gezeigt oder verkleidet wird. Bei einem unverkleideten Tragwerk dient allerdings die Struktur als Ordnungsprinzip und wirkt somit gestaltbildend. Die geometrischen Gesetzmäßigkeiten bestimmen die Abhängigkeit der einzelnen Elemente und deren Wechselwirkung zur Tragstruktur.

Auch bei einem verkleideten Tragwerk sollen Tragsystem und Bauweise erkennbar bleiben. Ist das Tragwerk nach dem Prinzip des Massenbaus konzipiert, muß die massive Bauweise spürbar bleiben, wie die pure Verkleidung die Ablesbarkeit der tragenden Wirkung nicht verstecken darf.

Neben allgemeinen Grundlagen für das Entwerfen und Konstruieren werden einzelne Begriffe und Tragwerksteile definiert und gegliedert. Die Tragwerke sind eingeteilt in Gesamtsysteme, Subsysteme, Tragwerksteile und Elemente. Die Verknüpfung der einzelnen Teile untereinander und deren Fügung werden nach Aspekten der Geometrie, Kraft und Form untersucht. Mit Analysen, die an charakteristischen Stahlbauobjekten vorgenommen und unter ganzheitlichen Gesichtspunkten behandelt werden, entsteht eine Gebäudedokumentation, in der auch auf die theoretische Architekturbetrachtung und die formale Haltung der jeweiligen Architekten eingegangen wird. Die Wechselwirkung zwischen Tragwerk, Material, Technik und Form in der Architektur wird ebenso hergestellt wie der direkte Bezug zwischen der Logik der statisch-konstruktiven Ausbildung und der daraus entwickelten Tragwerksform. Die Übereinstimmung von Kräfteverlauf und Form, die Erkennbarkeit und die Ablesbarkeit der Konstruktionen und deren Durchgängigkeit waren bei der Auswahl der Beispiele ein wichtiges Kriterium.

Exakte Gebäudeanalysen sollen zu fundierten, auf sachlichen Kriterien gestützte Urteile in konstruktiver und gestalterischer Hinsicht führen. Architekten und Ingenieure können die aus den Analysen gewonnenen Erkenntnisse dem eigenen Wissen und ihren Erfahrungen gegenüberstellen und für neue, eigenständige Lösungen ihrer Bauaufgaben auswerten.

Die Notwendigkeit einer engen Zusammenarbeit zwischen den Disziplinen des Bauens wird für eine konstruktive Architektur, die durch intelligente Tragwerke geprägt ist, zu einer selbstverständlichen Voraussetzung.

Kurt Ackermann

Einführung

Forschungskontext, Forschungsziel

Dieses Buch behandelt die Wechselwirkung und die Abhängigkeit ingenieurmäßiger und gestalterischer Aspekte beim Entwerfen und Konstruieren.

Zwischen den beiden Berufszweigen Architekt und Bauingenieur ist das Tragwerk die Nahtstelle. Am Institut für Entwerfen und Konstruieren der Universität Stuttgart wird seit vielen Jahren gezielt an Lehrinhalten und an der Formulierung von Lehrkonzepten für das »Entwerfen und Konstruieren« gearbeitet. Die komplexen Nutzungen der meisten Bauaufgaben erfordern eine enge Zusammenarbeit verschiedener Sonderfachleute in der Planung. Ziel dieser Kooperation ist es, die Vielfalt der Einflüsse und Anforderungen zu sichten und in übergeordneter und verbindlicher Weise in einem ganzheitlichen System zu behandeln. Zur Verbesserung der Arbeitsergebnisse ist die Teamarbeit zwischen Architekten und Ingenieuren unerläßlich. Die Zusammenarbeit muß über die bloße Aufgabenverteilung hinausgehen. Entwerfen und Konstruieren sind keine unabhängigen Tätigkeiten. Die gemeinsame Auseinandersetzung an Tragwerken fördert das gegenseitige Verständnis und das Bewußtsein für die Auswirkungen von Entscheidungen auf die Architektur und für die Wirkung von Formentscheidungen auf die Konstruktion. Hieraus wurde das Thema dieses Buches abgeleitet.

Für die Forschungsarbeit wurde das Ziel gesetzt, der Logik nachzuspüren, die Bauwerken zugrunde liegt, bei denen das Tragwerk einen wesentlich gestaltprägenden Bestandteil des architektonischen Erscheinungsbildes darstellt.

Die Frage wird untersucht, wieweit sich die Gestaltqualität aus der richtigen Umsetzung von konstruktiven Gesetzmäßigkeiten ableiten läßt und wie groß bei positiver Einstellung zum ingenieurmäßigen Denken der Entscheidungsspielraum ist, der neben den rein rationalen Kriterien den Entwurfs- und Formfindungsprozeß beim Konstruieren bestimmt.

Die fortschreitende Spezialisierung in den Einzeldisziplinen, die Einführung neuer Baustoffe und die Erfindung neuer Technologien bringen es mit sich, daß gegenseitigen Abhängigkeiten größere Aufmerksamkeit zu schenken ist.

Ziel dieser Arbeit ist es, die Abhängigkeiten sehr unterschiedlicher Faktoren und deren Einfluß auf das Tragwerk darzustellen.

Das Aufzeigen der vielfältigen Anforderungen an ein Tragwerk dient dazu, Architektur- und Bauingenieurstudenten den direkten Zusammenhang von planerischen Zielsetzungen und statischen und konstruktiven Vorgaben zu erläutern und die daraus resultierenden Bauformen bewußtzumachen.

Aus der Vielzahl der Faktoren, die beim Entwerfen und Konstruieren Einfluß auf das Tragwerk haben, werden im Rahmen dieses Buches diejenigen betrachtet, die keinen Markt- oder Wirtschaftlichkeitskriterien unterliegen und dadurch ständigen Wandlungen unterworfen sind.

Aussagen zu den Konstruktionen werden nicht nur theoretisch erarbeitet, sondern auch in Analysen von Tragwerken abgeleitet. Die Arbeit steht in diesem Bereich in der Tradition der Erkenntnisse von Curt Siegel, der diese in seinem Buch »Strukturformen« niedergelegt hat. Siegel zeigt den Einfluß auf, den die einem Entwurf zugrunde liegende statische oder konstruktive Struktur auf die Form eines Bauwerks hat.

Die differenzierte Betrachtung der Tragwerke berücksichtigt rationale und subjektive Bedingungen, denen komplexe Tragsysteme zugrunde liegen. In den Analysen werden Anforderungen und Einflüsse auf das Tragwerk aus Ent-

wurf, Planung und Konstruktion aufgezeigt. Dabei sind folgende Bereiche von Bedeutung:
— Idee, Konzept
  Zielvorstellungen, Bauherr, Architekt, Bauingenieur, Sonderfachleute, Projektanten,
— Ort
  städtebauliche Situation, Baugrund,
— Programm
  Nutzung, Raumgrößen, Raumformen,
— Erschließung
  Personen, Waren, Versorgungsleitungen,
— Tragwerk,
— Raumabschluß
  horizontal und vertikal, Belichtung, Sonnenschutz,
— Installation
  Systeme, Leitungsführung und Tragwerk.

Der Schwerpunkt der Untersuchung liegt beim Tragwerk und dessen konstruktivem Detail.

Ausführlich werden betrachtet:

— der Zusammenhang zwischen Beanspruchung und Tragwerksform,
— die Auswirkung von Tragsystem, Tragwerksteil, Tragwerkselement und deren Fügungen auf die funktionale Gestalt.

Neben der Bedeutung der Ausbildung des Details für die Form werden deren konstruktive Grundlagen nachvollziehbar und die logische Umsetzung in gebaute Form verständlich gemacht.

Als Zielsetzung der Arbeit gilt auch die von Curt Siegel vor über 25 Jahren gefundene, noch gültige Formulierung: »Wenn es aber zum kritischen Denken anregt, wenn es zur Achtung vor dem beiträgt, was auch in der Architektur eindeutig und nachweisbar ist, wenn es der Aufrichtigkeit und Sauberkeit im architektonischen Gestalten dient und damit formalistischen Erscheinungen und modischen Effekten in der heutigen Architektur fundierte Qualität entgegenzustellen hilft, dann hat es seinen Zweck erfüllt.«

Methodik und Gliederung

Die Untersuchungsmethode basiert auf dem Vergleich von Theorie und Analyse. Die erarbeiteten Kriterien und Theorien werden an gebauten Beispielen angewendet und überprüft. Theorie und Analyse korrigieren sich gegenseitig unter Anwendung der sukzessiven Annäherung. Die Untersuchungsmethode entwickelte sich über mehrere Stufen mit dem Ziel, dem Architektur- und Bauingenieurstudenten Grundlagen für den Entwurf von Tragwerken möglichst nachvollziehbar und anschaulich aufzubereiten.

Um die Untersuchung in den Gesamtrahmen der Forschung auf dem Bausektor einzuordnen, ist es notwendig, den historischen Kontext aufzuzeigen, in dem die hier behandelte Architektur steht, und den heutigen Stand der Forschung auf diesem Gebiet zu erläutern.

Die Arbeit befaßt sich schwerpunktmäßig mit dem Tragwerk. Daher ist es notwendig, das Untersuchungsgebiet einzugrenzen und Kriterien für die Auswahl der Analysebeispiele festzulegen.

Das Kapitel »Grundlagen« beschäftigt sich mit der Tragwerkstheorie. Eine Tragwerkssystematik wird erarbeitet, um nach einer einheitlichen Methodik die unterschiedlichen Tragsysteme bis in ihre kleinsten Elemente klassifizieren und beurteilen zu können.

Für die Auswertung werden allgemeine Kriterien, Hinweise und Prinzipien aus den Theorien und Analysen abgeleitet.

Anhand von acht Gebäudeanalysen werden die erarbeiteten Kriterien und Theorien angewendet und überprüft.

Stand der Forschung

Die Forschung im Bauwesen umfaßt zwei Bereiche: die Architekturforschung und die Bauforschung. Während sich die Bauforschung mit materiellen Teilproblemen des Bauwerks, wie Bauphysik und -chemie, oder wirtschaftlichen und bautechnischen Fragen beschäftigt, befaßt sich die Architekturforschung mit »dem Zusammenhang von Bauwerk und seiner Architektur«.[1] Es ist Aufgabe der Architekturforschung, sich mit den Zusammenhängen zwischen Gebautem und dessen Wirkung auf den Menschen auf unterschiedlichen Betrachtungsebenen – psychologisch, soziologisch, physiologisch usw. – auseinanderzusetzen. Architekturforschung – ebenso wie Architekturtheorie – wird in Europa noch zaghaft betrieben; die Bereiche, auf denen gearbeitet wird, sind oft mehr zufällig ausgewählt.

Im Bereich der Architekturforschung fehlt eine Methodik, die für die systematische Erarbeitung von Architekturproblemen einen allgemeingültigen Weg darstellt, wie es im Bereich der Naturwissenschaft das wiederholbare Experiment in Verbindung mit der Statistik darstellt. Die Einflußfelder der Architektur sind zu vielfältig und komplex, als daß eine Wissenschaftsmethodik sie befriedigend erfassen könnte. Es besteht sogar die Gefahr, daß ein zu methodisches Vorgehen eine Fülle von unwesentlichen Teilkomponenten erbringt, die es unmöglich macht, die gewünschte Aussage herauszukristallisieren. Daher muß für die jeweils gestellte Aufgabe eine Methode erarbeitet werden, die den Rahmen für den Gesamtkontext nicht so weit steckt, daß die zu treffenden Aussagen zu allgemein und oberflächlich – und damit letztlich wertlos – werden, aber ebensowenig die Teilaspekte bis zum letzten hypothetischen Fall betrachten.

Geschichtlicher Kontext

Hauptbahnhof Frankfurt, 1881–1888,
Architekt des Empfangsgebäudes:
Hermann Eggert,
Konstrukteur der Perronhalle: Johann Wilhelm Schwedler

Der Bauwerkstyp »Flachbau«, der in dieser Arbeit analysiert wird, entstand im vorigen Jahrhundert mit der aufkommenden Industrialisierung. Um die analysierten Gebäude besser einordnen zu können, wird kurz die Entwicklung dargestellt, die zur konstruktiv betonten Architektur führte.

Im 19. Jahrhundert wurden Bauwerke im Grundsatz in zwei Kategorien eingeteilt. Industriebauten und Bauten für den Verkehr, wie Bahnhöfe, wurden nach Kriterien der Zweckmäßigkeit geplant und ausschließlich nach statisch-ökonomischen Gesichtspunkten errichtet. Demgegenüber standen Bauaufgaben, die repräsentativen Zwecken dienten, bei denen die Anforderungen an die Ästhetik im Vordergrund standen. Diese wurden mit künstlerischen Mitteln und vermeintlich den Aufgaben angemessenen Baustilen verwirklicht.

Ausnahmen der akademischen Auffassung von Architektur vertraten nur wenige avantgardistische Vorläufer, die es verstanden, die Möglichkeiten des neuen Werkstoffs Eisen vorurteilsfrei zu erfassen und in Bauformen umzusetzen. Zu diesen gehörten James Bogardus und die Schule von Chicago mit Architekten wie William le Baron Jenney und Louis Sullivan. Für die Großstädte, in denen sie bauten, entwickelten sie folgerichtig Skelettkonstruktionen, die zur Grundlage für den Hochhausbau des 20. Jahrhunderts wurden. Sie hatten es verstanden, die Forderungen

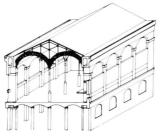

Bibliothek St. Géneviève, Paris, 1843–1850,
Architekt: Henri Labrouste

Kristallpalast, London, 1851,
Architekt: Joseph Paxton

Glashaus, Köln, 1914,
Architekt: Bruno Taut

an großstädtische Geschoßbauten klar zu erkennen und mit den Mitteln einer neuen Technik zu bewältigen.

In Europa blieben die Beispiele für die Nutzung der neuen konstruktiven Möglichkeiten für die Architektur vereinzelt. Henri Labrouste bediente sich des neuen hochfesten Gußeisens, um bei seinen Bibliotheksbauten – Bibliothek St. Géneviève, Paris, 1843–1850, und Bibliothèque Nationale, Paris, 1858–1869 – Räume von einer Kühnheit und Leichtigkeit zu schaffen, wie sie bis dahin unbekannt waren.

Mit dem aufkommenden Massenverkehr entstand in jenem Jahrhundert der neue Bautyp der Bahnhofsbauten – Gare du Nord in Paris, St. Pancras Station in London usw. Hier wurden die dienenden Teile des Gebäudes wie Bahnsteigüberdachungen mit einfachen Ingenieurkonstruktionen erstellt, die zur Seite ausgerichteten Bahnhofshallen jedoch in akademischen Baustilen ausgeführt, um die Wichtigkeit des neuen Bautyps würdig zu repräsentieren.

Einem ehemaligen Gärtner und späteren Architekten, Sir Joseph Paxton, blieb es vorbehalten, zusammen mit der Firma Fox, Henderson + Co den in vieler Hinsicht bemerkenswertesten Bau des 19. Jahrhunderts zu errichten, den Kristallpalast auf der Weltausstellung 1851 in London. Auch hier brachte die kompromißlose Umsetzung neuer technischer Möglichkeiten der Eisen- und Glasproduktion ein Gebäude hervor, das seiner Zeit weit voraus war.

Es waren Ingenieure wie Eiffel, Maillart, Nervi und Candela, die aufgrund ihres Wissens um die Verteilung der Kräfte und der Suche nach Formen, die dem inneren Kräfteverlauf angemessen sind, zu einer neuen, rationalen Formensprache gelangten.

Architekten wie Peter Behrens, Max Berg, Walter Gropius, Ludwig Mies van der Rohe, Bruno Taut und Le Corbusier ist es gelungen, Prinzipien des ingenieurmäßigen Bauens aus der Industriearchitektur in die Bildungsarchitektur einzuführen und Bauwerke mit einer neuen rationalen Formensprache zu entwickeln.

Die knappe Sachlichkeit ingenieurmäßiger, materialgerechter Konstruktionen wurde, ähnlich wie die funktionale Zweckmäßigkeit von Maschinen, Fahrzeugen und Schiffen, als adäquater Ausdruck der Zeit empfunden.

Trotz weiterem technischen Fortschritt, verbesserter Materialkunde und ingenieurmäßiger Rechenmethoden wurde die formale Willkür ermöglicht. Es wurde

Architektur als Zeichen und Symbol, AT+T Verwaltungsgebäude, 1979–1984, New York, Architekten: John Burgee, Philip Johnson

Architektur mit neuen Technologien, Hongkong and Shanghai Bank, Hongkong, 1979–1985, Architekten: Norman Foster Associates

bautechnisch alles herstellbar, konstruktive Widersinnigkeiten konnten weiterhin gebaut werden.

Nach dem Zweiten Weltkrieg begann die Kommerzialisierung der modernen Architektur (Internationaler Stil). Prinzipien des modernen Bauens wurden allzuoft banalisiert und mußten dazu herhalten, für ausschließlich nach Kriterien der Wirtschaftlichkeit und schneller Realisierung errichtete Gebäude die soziale und ideologische Begründung zu liefern. Als Reaktion auf diese »Moderne«, die in ihrer Konsequenz auch zu einer gewissen Anonymität unserer heutigen Städte beigetragen hat, entstand in den letzten Jahren eine Rückbesinnung auf historische Werte (Denkmalschutz, Nostalgiewelle).

Nicht mehr neue Technologien als Mittel und Maßstab für moderne Architektur, sondern Zeichen und Symbole sind gefragt. Aus der Sphäre des Alltäglichen werden die Bauwerke mit Elementen aus der Pop-Art oder historischen Motiven und Zitaten dekoriert.

Neue Entwicklungen von Baustoffen, Konstruktionen und deren Anwendung werden nicht mehr auf dem Gebiet des Bauwesens, sondern in anderen Disziplinen erarbeitet, besonders in der Chemie, dem Maschinenbau und der Raumfahrt.

Dies ist, vereinfacht dargestellt, der heutige Stand in der Architektur. Nach der angemessenen Reaktion auf die sich verselbständigende Technik in Form des Ignorierens der technischen Entwicklung bleibt die Frage, ob ein Wiederauflebenlassen handwerklicher Arbeitsmethoden und die Übernahme historischer Formensprachen eine Lösung der Probleme in der Architektur darstellen können. Die Technik mit Anstand weiterzuentwickeln und zu gebrauchen, ist eine Pflicht.

Es ist heute genauso notwendig wie in früheren Jahrzehnten, sich mit den Ingenieurwissenschaften auseinanderzusetzen. Aus den mechanischen, statischen und werkstofftechnischen Bedingungen können wir das Bauen weiterentwickeln und so zu einer sehr differenzierten, menschlich und ästhetisch ansprechenden Architektur finden. Die vorhandenen konstruktiven Grundlagen und deren Auswirkungen auf die Architektur zu untersuchen und zu formulieren sowie Schlüsse für die weitere Entwicklung zu finden, ist Thema dieser Arbeit.

Gebäudebeispiele, an denen die Probleme des Fügens von Tragwerksteilen untersucht werden, können aus den beschriebenen Zeitabschnitten gewählt werden. Bei den Gebäuden des 19. Jahrhunderts lassen sich Fügungsuntersuchungen oft sehr exemplarisch erarbeiten, da die Randbedingungen, unter denen konstruiert und gebaut wurde, eine direkte Umsetzung von statischen und geometrischen Bedingungen in die Bauform begünstigten (geringe Lohnkosten bei hohen Materialkosten, keine Verwendung von Normprofilen, sondern der Aufgabe entsprechende Profilausbildung usw.).

Bei dieser Arbeit wurden für die Analysen Gebäude aus den letzten Jahren gewählt, da hier die Aufgaben und die Technik unserer Zeit Einfluß auf die Konstruktion und damit auf die Architektur haben.

Abgrenzung der Arbeit

Architekturforschung im bisher definierten Sinne bedeutet nicht das Erforschen von Teilproblemen, wie bauphysikalischer Werte oder Maßprobleme und vieler anderer Aspekte, sondern die Betrachtung der Ganzheit eines Bauwerks.

Das Bauwerk läßt sich aufteilen in die Bereiche Nutzung, Konstruktion und Form. Diese stehen in enger Wechselbeziehung zueinander.

Mit dem Begriff »Konstruktion« werden alle tragenden, hüllenden und haustechnischen Teile eines Bauwerks zusammengefaßt. Zur gezielten Beschreibung der Anforderungen und Randbedingungen aus der Nutzung eines Bauwerks ist eine Gliederung der Konstruktion in die Teilbereiche Tragwerk, Raumabschluß und Installation sinnvoll und logisch.

Weder in der Begriffsreihe »Nutzung, Konstruktion, Form« noch in den Teilbereichen »Tragwerk, Raumabschluß, Installation« gibt es eine Rangfolge.

»Will man die Elemente der Architektur ordnen, ist man versucht, sie in eine Rangordnung zu setzen. Es gibt aber in der Architektur nicht das Wichtigste, das Zweitwichtigste und das Unwichtige, denn alle ihre Elemente sind Teile eines Ganzen. Jedes Element bleibt nur dann und so lange das Wichtigste, wenn und so lange es untersucht wird.«[1]

Trotz der Beachtung dieser richtigen Aussagen beschäftigt sich dieses Buch schwerpunktmäßig mit dem Tragwerk. Die unzähligen komplexen, sich oft sogar widersprechenden Anforderungen, die an ein Bauwerk und an das Tragwerk gestellt werden, lassen sich kaum erfassen. Eine Untersuchung der ganzen Bandbreite wäre mindestens unübersichtlich, wenn nicht unmöglich. Deshalb war die vorgenommene Einschränkung auf folgende Aspekte notwendig:
1. Bauwerkstyp,
2. Material,
3. Tragsystem.

Die Eingrenzung folgte der Fragestellung, in welchen Bereichen die Aussagen zur Abhängigkeit von Tragwerk und Form exemplarisch aufgezeigt werden können.

Bauwerkstyp

Aus dem breiten Spektrum der gegenwärtigen Architektur sind Bauwerke untersucht worden, bei denen das Tragwerk ein gestaltprägendes Merkmal bildet. Für die Analysebeispiele wurden Gebäude gewählt, bei denen der Zusammenhang zwischen Beanspruchung und Tragwerksform möglichst logisch nachvollzogen werden kann.

Art der Nutzung, Form und Größe oder Bauvolumen und ökonomische Kriterien waren bei der Auswahl nicht von Bedeutung. Die ausgewählten Gebäude wurden zwischen 1960 und 1984 gebaut. Charakteristische Lösungen der gestellten Bauaufgabe wurden mit intelligenten Konstruktionen, zeitgemäßen Mitteln und angemessenen Materialien, mit einer von der Technik geprägten Architektur erreicht.

Ohne Computerunterstützung bei der statischen Berechnung der Konstruktion wären einige der Projekte, insbesondere minimierte Konstruktionen und aufgelöste Flächentragwerke, nicht realisierbar gewesen.

Die Beispiele zeigen, wie bei verwandter Architekturauffassung der Architekten unterschiedliche Lösungen der Realisierung der Gebäude unter Anwendung von zukunftsorientierter Wissenschaft und Technik mit zeitadäquaten Materialien und deren Fügungsprobleme zu differenzierten gestalterischen Lösungen führen.

Material

Um möglichst exemplarisch die Wechselwirkung von Architektur und Tragwerk aufzuzeigen, wurden mit einer Ausnahme Flachbauten mit Stahltragwerken ausgewählt. Es wäre wünschenswert, die Untersuchung an weiteren Gebäuden mit Tragwerken aus anderen Materialien (Stahlbeton, Holz) vorzunehmen.

Um die materialspezifischen Eigenschaften von Baustoffen zu nutzen, sind für bestimmte Aufgaben bestimmte Materialien sinnvoller einzusetzen als andere. Neue Konstruktionen und Bauformen entwickeln sich sowohl aus gestalterischen Überlegungen als auch aus praktischen Erfordernissen. Hohe Festigkeit, Maßgenauigkeit, geringes Konstruktionsvolumen, Vorfertigung und schnelle Montage sind nur einige Vorzüge beim Konstruieren mit Stahl.

Wie Baustoffe materialgerecht und konstruktiv ehrlich verwendet werden, zeigen beispielhaft Eisenkonstruktionen des 19. Jahrhunderts. Schon damals wurden Tragwerke aus unterschiedlichen Materialien (Schmiedeeisen, Gußeisen, Holz) entsprechend ihrer Beanspruchung und Fertigung konstruiert. Als gegenwärtiges Beispiel für die Verwendung mehrerer Materialien an einem Tragwerk wurde der Ausstellungspavillon für IBM von Renzo Piano gewählt. Zielsetzungen wie Transparenz, Leichtigkeit, Demontierbarkeit usw. führten hier zu einem intelligenten Tragwerk aus Holz, Aluminiumguß, Stahl und Kunststoff.

Tragsystem

Für die Analysen wurden Gebäude mit unterschiedlichen Tragsystemen ausgewählt und nach ihrem Tragverhalten in eine Tragwerkssystematik eingeordnet:

Einfeldträger:	Sporthalle, Lorch
Mehrfeldträger:	Inmos Halbleiterfabrik, Newport/GB
Rahmen:	OSLW-Kohlelager, Fürstenfeldbruck
Bogen:	IBM-Ausstellungspavillon Exhibit, Stuttgart
	Eissporthalle, Olympiapark München
Trägerrost:	Nationalgalerie, Berlin
	USM-Fabrikationshalle, Münsingen/CH
	Renault-Zentrallager, Swindon/GB

Tragwerkssystematik

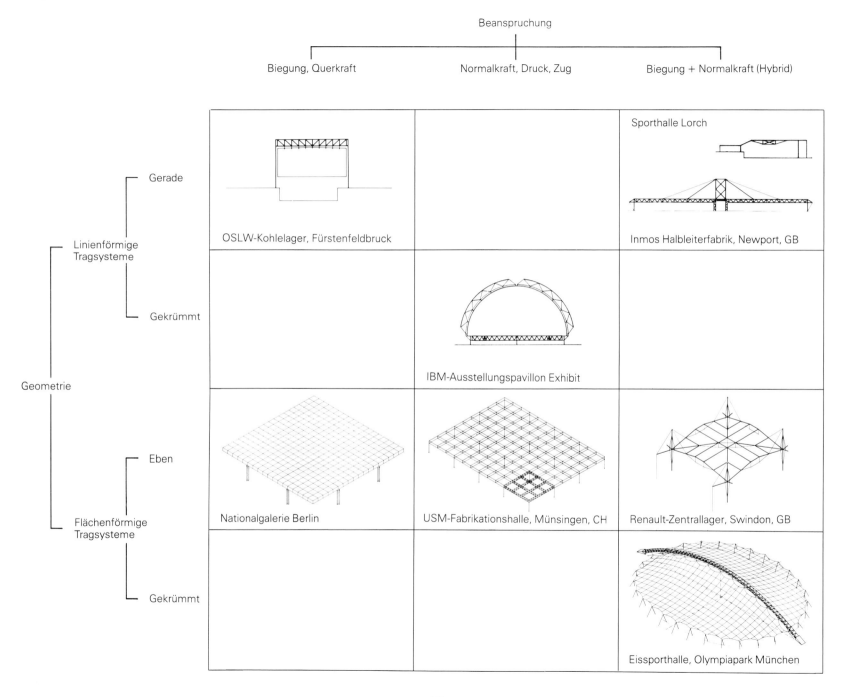

Aufbau der Analysen

Der Aufbau der Analysen wurde mit der Zielsetzung entwickelt, das Umfeld, in dem das Tragwerk steht, aufzuzeigen und die konstruktive Durchbildung (Fügung) des Tragwerks sowie das prinzipielle Tragverhalten darzustellen.

Natürliche Bedingungen, technisch-wirtschaftliche Einwirkungen und funktionale Zusammenhänge sowie die zunehmende Komplexität führen zu den unzähligen Anforderungen, die an ein Gebäude gestellt werden.

Diese vielfältigen Anforderungen verlangen, die dem Tragwerksentwurf zugrunde gelegten Bedingungen und deren Verflechtungen kritisch zu analysieren und zu bewerten. Tragwerke nur unter statisch-konstruktiven Gesichtspunkten zu untersuchen, wird ihrer Bedeutung für die Architektur nicht gerecht.

In der Übersicht (Seite 21) sind die Einflüsse und Abhängigkeiten im Umfeld des Tragwerks dargestellt und die Themenschwerpunkte der Analysen festgelegt.

Zu Beginn jeder Gebäudeanalyse werden die an der Planung und Ausführung beteiligten Architekten und Ingenieure vorgestellt sowie die wichtigsten Daten, Kenngrößen und Randbedingungen aufgeführt.

Im Abschnitt »Idee, Konzept« geben die Architekten und Ingenieure Auskunft über ihre wichtigsten Zielsetzungen und Erfahrungen. Eine Vielzahl von Gestaltmerkmalen kann nur unter Berücksichtigung der subjektiv geprägten Handschrift des Architekten und Ingenieurs verstanden und beurteilt werden. Meinungen von Experten und deren Kritik sollen zur Prüfung und Hinterfragung der Gesamtkonzeption anregen.

Hinweise auf geographische, topographische, klimatische Verhältnisse, städtebauliche Besonderheiten und spezielle Baugrundverhältnisse, die Konstruktion und Gestalt des Tragwerks beeinflussen, werden in dem Abschnitt »Ort« beschrieben. Die Kapitel »Programm« und »Erschließung« enthalten Angaben über die Nutzung der Räume und über funktionale Zusammenhänge oder besondere Erschließungsformen und über die Ver- und Entsorgung der Gebäude.

Der Schwerpunkt liegt auf der Untersuchung des Tragwerks. Die Methode der Tragwerksanalyse ist im Abschnitt »Grundlagen« beschrieben.

Am unmittelbarsten wirkt das Tragwerk mit Raumabschluß und Installation zusammen. Sie bilden gemeinsam die Konstruktion. Im Abschnitt Raumabschluß sind die wichtigsten Angaben zur konstruktiven Durchbildung des äußeren Raumabschlusses zusammengefaßt. Bauphysikalische Besonderheiten, die in engem Zusammenhang mit dem Tragwerk stehen, wie besondere Ausbildung von Dehnungsfugen oder Vorrichtungen für den Sonnenschutz, werden dokumentiert.

Die Abstimmung der Installationssysteme mit dem Tragwerk wird im letzten Abschnitt behandelt. Die wichtigsten Systeme und Auswirkungen der Leitungsführungen auf das Tragwerk sind aufgezeigt. Eine sorgfältige Planung der Leitungsführung in Beziehung zum Tragwerk führt zu einer konstruktiven Durchgängigkeit.

Inhalt und Schwerpunkt der Analysen

Natürliche kulturelle technische wirtschaftliche funktionale Entwicklungen	Entwurf + Planung Konstruktion Ausführung →	Gebäude (Architektur)	Betrachtungsweise ←	Analyse	
Stand der Technik Material Ökonomie Gesetze ...				Dokumentation	Personen Termine Kenngrößen Kosten Gesetze Vorschriften Randbedingungen
Epoche Zeitgeist Architekturtheorie Soziologie ...				Idee, Konzept	Ziele Aufgabenstellung Zielvorstellungen Architekt Zielvorstellungen Ingenieur Aussagen andere
Geographische topographische Situation Klima				Ort	Standort Daten Situation ...
Nutzung Zweck Funktion				Programm	Nutzung ...
				Erschließung	Innere Erschließung Ver- und Entsorgung
		Tragwerk		Tragwerk	Gesamtsystem Subsysteme Tragwerksteile/ -elemente Tragverhalten Fügung
		Raumabschluß		Raumabschluß	Konstruktive Durchbildung bauphysikalische Besonderheiten
		Installation		Installation	Systeme Leitungsführung und Tragwerk

Idee, Konzept

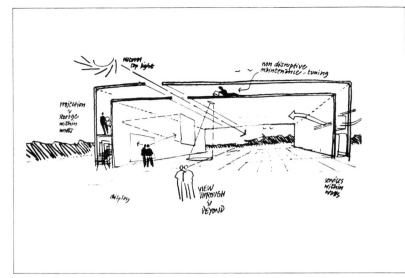

Ort

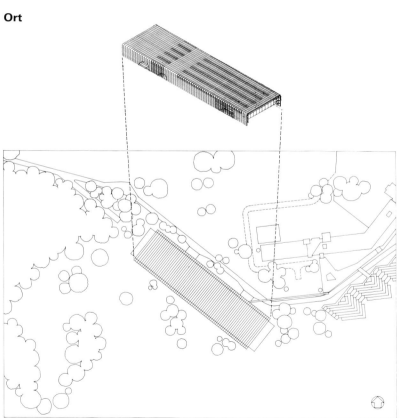

Die Komplexität von Architektur und Tragwerk wird durch die einzelnen Themenschwerpunkte dargestellt. Das Sainsbury Center for the Visual Arts von Norman Forster zeigt beispielhaft die Beziehungen der Teilbereiche zum Tragwerk.

Programm

Erschließung

Tragwerk

Raumabschluß

Installation

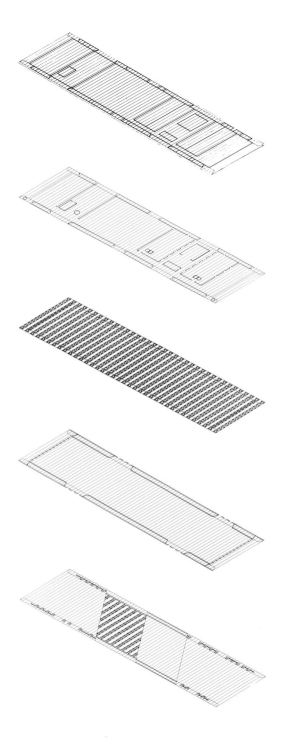

Grundlagen

Tragwerke für Flachbauten

Bedeutung des Tragwerks

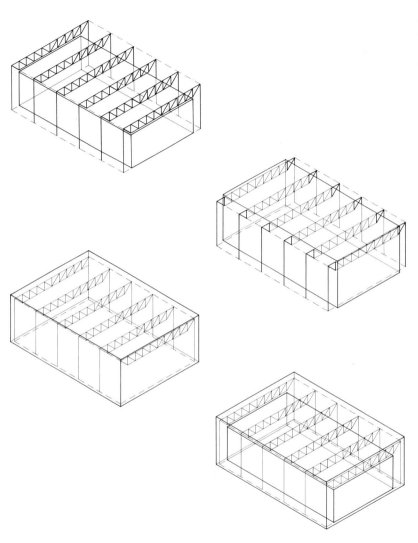

Das Tragwerk hat die Aufgabe, alle auf ein Bauwerk einwirkenden Lasten aufzunehmen, unter Einhaltung der Gebrauchsfähigkeit (Verformung, Instandhaltung) sicher zu übertragen und in den Baugrund abzuleiten.

Das gesamte Tragwerk muß in sich standsicher sein (Aussteifung, sicheres Weiterleiten der Kräfte) und sicher mit dem Baugrund verbunden sein.

Für die Gebrauchsfähigkeit gilt, daß die Funktionstüchtigkeit bei der geplanten Nutzung des Tragwerks unter Gebrauchslast gewährleistet sein muß. Die möglicherweise auftretenden Verformungen, Verschiebungen und Durchbiegungen sollen so gering wie möglich gehalten werden.

Es werden Tragwerke für Flachbauten untersucht und analysiert, bei denen die Flächenausdehnung größer als die Ausdehnung in der Gebäudehöhe ist.

Um die Standsicherheit und Gebrauchsfähigkeit eines Bauwerks sicherzustellen, steht für jede Bauaufgabe eine Vielzahl von Alternativen und Varianten zur Verfügung. Die Einhaltung der statisch-konstruktiven Randbedingungen (Tragfähigkeit, Bauphysik, Unterhalt etc.) wird vorausgesetzt.

Neben der Aufgabe, die Standsicherheit und Tragfähigkeit eines Bauwerks sicherzustellen, leistet das Tragwerk einen Beitrag zum Erscheinungsbild dieses Gebäudes.

Die formale Bedeutung, die das Tragwerk für ein Bauwerk hat, wird bestimmt durch die Art und Weise, wie die Konstruktion sichtbar gemacht wird. Für das Zeigen des Tragwerks und seiner Teile gibt es einige prinzipielle Möglichkeiten:

- Das gesamte Tragwerk mit allen seinen Teilen liegt außen, die einzelnen Elemente zur Abtragung der Vertikal- und Horizontallasten sind erkennbar.
- Teilsysteme des Tragwerks, wie die Stützkonstruktionen, liegen außen, die anderen Teilsysteme liegen im Innern des Bauwerks. Das Tragverhalten und das Zusammenwirken der einzelnen tragenden Teile sind nicht auf den ersten Blick zu erfassen.
- Das gesamte Tragwerk wird von dem Raumabschluß umhüllt. Alle tragenden Teile sind im Innenraum ablesbar.
- Das Tragwerk wird außen und innen vollständig umhüllt. Tragende Teile sind weder von innen noch von außen erkennbar.
- Mischformen der genannten Möglichkeiten.

Tragsysteme

Tragsysteme werden geprägt von:
- der Geometrie und
- dem Tragverhalten.

Entsprechend ihrer Geometrie werden die Tragsysteme in:
- linienförmige,
- flächenförmige und
- räumliche

Systeme eingeteilt.

Bei den linienförmigen Systemen (Linientragwerk) sind von den Dimensionen zwei wesentlich kleiner als die dritte.
Beispiel: Träger, Rahmen, Bogen.

Bei den flächenförmigen Systemen (Flächentragwerk) sind von den Dimensionen zwei wesentlich größer als die dritte.
Beispiel: Platte, Scheibe.

Besitzen die flächenförmigen Systeme eine Ausdehnung oder Krümmung in der dritten Dimension, spricht man von räumlichen Tragsystemen.
Beispiel: Schale, Faltwerk, Netz, Membrane.

Das Prinzip der Lastabtragung dieser Systeme entspricht ihrer Geometrie:

Die linienförmigen Tragsysteme tragen die auftretenden Lasten in der Richtung ihrer Hauptachse ab: eine einachsige Lastabtragung.

Die flächenförmigen Systeme tragen die auftretenden Lasten in Richtung der beiden Hauptachsen der Fläche ab: eine zweiachsige Lastabtragung.

Die räumlichen Tragsysteme tragen die auftretenden Lasten in Richtung der drei Hauptachsen des Raumes ab.

Für Grundrißformen mit rechteckigen Abmessungen, deren Ausdehnung in einer Richtung wesentlich größer als in der anderen ist, sollen in der Regel einachsig lastabtragende Tragsysteme gewählt werden.

Für Grundrißformen mit quadratischen Abmessungen, deren beide Richtungen ungefähr gleiche Ausdehnungen besitzen, sollen in der Regel zweiachsig lastabtragende Tragsysteme gewählt werden.

Ein weiteres Unterscheidungsmerkmal von Tragsystemen ist die Art ihrer inneren Beanspruchung bei der Abtragung der auftretenden Lasten. Man unterscheidet zwischen:
- Biegung und Querkraft,
- Normalkraft – Druck und Zug,
- Biegung/Querkraft und Normalkraft.

Tragsysteme mit den letztgenannten Merkmalen nennt man »hybride Tragsysteme«.

Für rein biegebeanspruchte Tragsysteme sind massive, vollwandige Querschnitte erforderlich, um die auftretenden Biegezug-, Biegedruck- und Schubspannungen aufzunehmen. Wird die Biegebeanspruchung durch Auflösung des Querschnitts (zum Beispiel Fachwerk) in reine Zug- und Druckbeanspruchung überführt, können bei entsprechender Reduzierung des Materialaufwands die Querschnitte effektiver ausgenutzt werden. Dies gilt für linien- und für flächenförmige Tragsysteme. Bei den gedrückten Querschnitten sind dann lediglich die auftretenden Stabilitätsprobleme (Knicken bzw. Beulen) durch entsprechende Querschnittswahl (Knick- bzw. Beulsteifigkeit) zu berücksichtigen, während die gezogenen Querschnitte mit minimaler Fläche ausgebildet werden.

Bei den hybriden Systemen werden durch entsprechend angeordnete Ab- oder Unterspannungen die Spannweiten der Biegebalken reduziert. Im Biegeträger treten dann zusätzlich zu den geringeren Biegemomenten noch Normalkräfte auf. Die Anwendung des Hybridsystems führt zur Reduzierung des Materialaufwands und zur besseren Ausnützung der Querschnitte.

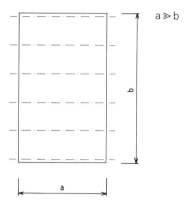

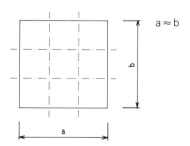

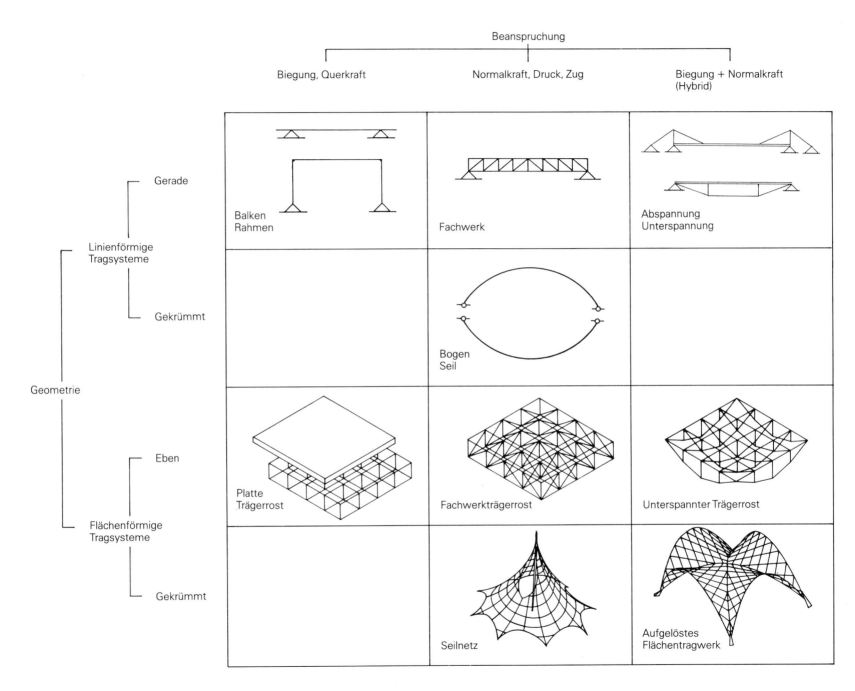

Gliederung des Tragwerks

Die systematische Betrachtung des Tragwerks verlangt eine Einteilung in:
— das Gesamtsystem,
— die Subsysteme, wenn sich das Gesamtsystem aus mehreren Subsystemen zusammensetzt,
— die Tragwerksteile,
— die Tragwerkselemente, wenn sich das Tragwerksteil aus mehreren Elementen zusammensetzt.

Die Unterteilung ermöglicht, für eine bestimmte Untersuchung spezifische Einheiten für die Analyse auszuwählen:
— das Tragprinzip,
— den Aufbau des Tragwerks,
— die Art der Elemente und ihre Zuordnung.

Die Betrachtung des Tragsystems wird eingebunden in ein höheres, übergeordnetes System. Die Verknüpfungsgrößen bekommen eine besondere Bedeutung.

Gesamtsystem

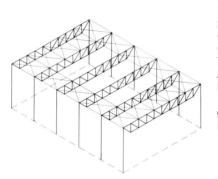

Der Ausdruck »System« bedeutet zunächst Zusammenstellung: die Gesamtheit geordneter Teile. Im Gesamtsystem sind alle Teile des Tragwerks, die durch statische Abhängigkeiten miteinander verknüpft sind, zusammengestellt.

Das Gesamtsystem muß eine geordnete, sinnvolle Führung der Kräfte aufweisen. Alle Beanspruchungszustände – in Ursache und Wirkung – müssen nachvollziehbar und beschreibbar sein, um dann statisch berechnet zu werden.

Die Eigenschaften der Tragwerksteile bestimmen die Bildung eines bestimmten Tragsystems. Diese Eigenschaften sind gleichzeitig die Grundlage für das Tragprinzip und die Tragstruktur.

Subsysteme

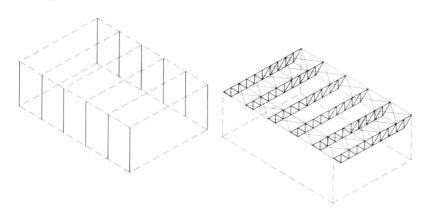

Subsysteme sind kleinere, in sich geschlossene Systeme eines Gesamtsystems. Die Trennung des Gesamtsystems in Subsysteme läßt eine bessere Darstellung der Aufgabe und Funktionsweise der einzelnen Bauteile zu. Subsysteme können innerhalb des Gesamtsystems eindeutig herausgestellt sein oder ineinander übergehen.

Tragwerksteile/Tragwerkselemente

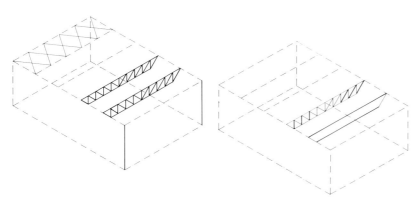

Tragwerksteile wie Stützen oder Träger werden in Einheiten hergestellt und erfüllen eine bestimmte Funktion: Abtragung von Lasten über Druck, Abtragung von Lasten über Biegung. Sie können neben den funktionalen auch nach fertigungstechnischen Gesichtspunkten abgegrenzt sein. Eine Betrachtung der Tragwerksteile ist nur in bezug auf die Gesamtheit aller geordneten Teile – das Tragwerk – sinnvoll. Werden die Teile aus dem Zusammenhang herausgelöst und isoliert betrachtet, ist ihre Funktion nicht mehr nachvollziehbar.

Tragwerksteile können aus einem Element sein, zum Beispiel Betonstütze, Holzbalken, oder aus mehreren Elementen zusammengesetzt werden, zum Beispiel Fachwerkträger, unterspannter Träger. Tragelemente sind die kleinsten Bestandteile, in die das Tragwerk zerlegt werden kann. Sie erfüllen im wesentlichen alle geometrischen, maßlichen, statisch-konstruktiven und verbindungstechnischen Funktionen, die für eine Einheit notwendig sind. Das Tragelement wird gegenüber dem Tragwerksteil untergeordnet eingestuft. Tragelemente sind Obergurt, Untergurt, Diagonalen oder die Bindebleche eines Fachwerkträgers.

Tragverhalten

Die Beschreibung über das grundsätzliche Tragverhalten eines Tragwerks wird am »Tragsystem« vorgenommen. Das Tragsystem ist die Idealisierung des Tragwerks ohne Berücksichtigung der verwendeten Materialien, aber unter Beibehaltung der geometrischen Form. Die Beurteilung der Beanspruchung (Biegung, Querkraft, Normalkraft, Torsion) und Verformung (von Tragsystemen) wird am statischen System vorgenommen. Das statische System abstrahiert und vereinfacht die geometrische Form der Tragwerksteile auf ihre Systemachsen zum Zweck der statisch-konstruktiven Untersuchung und Berechnung. Auflager-Knotenpunkte und Randbedingungen sowie die auftretenden Kräfte werden mit Symbolen und Zeichen der Baustatik dargestellt.

Bei der Beschreibung des Tragverhaltens wird zwischen zwei Lastfällen unterschieden:
– vertikale Lasten
  Darunter fallen die Lasten aus dem Eigengewicht der Konstruktion – ständige Lasten –, die Schnee- und Windsoglasten und die Nutzlasten – Verkehrslasten. Sonderlasten wie Kranbahnen werden ebenfalls berücksichtigt.
– horizontale Lasten
  Hier werden die Windlasten und die auftretenden Bremskräfte der Kranbahnen berücksichtigt. Horizontale Lasten infolge Erdbeben sind bei keinem Bauwerk maßgebend.

Bei der Untersuchung und zeichnerischen Darstellung der Beanspruchung und Verformung der jeweiligen statischen Systeme steht die qualitative Betrachtung im Vordergrund. Ziel dieser Untersuchung ist die Darstellung und Beschreibung des prinzipiellen Tragverhaltens, des Tragprinzips.

Fügung und Fügungsebenen

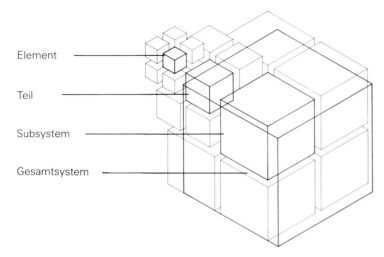

Element
Teil
Subsystem
Gesamtsystem

Fügung wird definiert als das kraftschlüssige Verbinden von Tragwerksteilen unter Berücksichtigung aller Komponenten aus Geometrie, Kraftfluß und Form, ihrer gegenseitigen Beeinflussung und Wirkungsweise.

Um die Randbedingungen einer Fügung zu erfassen, wird der Begriff Fügungsebene gewählt. Innerhalb der Fügungsebene können aus den Elementen, den Teilen und den Subsystemen die spezifischen Anforderungen abgeleitet und festgelegt werden, um die Wechselbeziehungen zwischen den Elementen, den Teilen und Subsystemen in einem geeigneten Zusammenhang zu betrachten.

Ausgewählt werden Knotenpunkte aller Fügungsebenen. Betrachtet werden die Teilaspekte, die Grundlagen für die statisch-konstruktiven Fügungsprinzipien sind.

Die Fügung wird systematisch untersucht unter den Gesichtspunkten:
- Geometrie,
- Kräfte und Kraftfluß,
- Form.

Geometrie

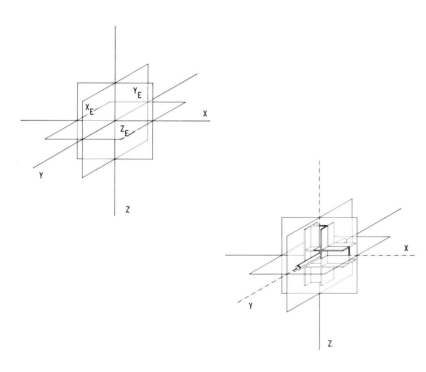

Die Betrachtung der Fügung nach geometrischen Formen bezieht sich auf die
- Systemlinie,
- Zuordnung Schwerachsen/Systemlinien,
- Querschnittsformen.

Ausgehend vom Gesamtsystem, wird der Schnittpunkt der Linien – Knoten – des Systems herausgelöst und das konstruktive Detail auf seine Systemlinien reduziert.

Ein ausgewählter Schnittpunkt der Linien des Tragsystems ist in einem räumlichen Koordinationssystem festgelegt. Jede einzelne Systemlinie kann so in ihrer Lage
- in der Ebene,
- im Raum wie
- in der Winkelbeziehung

zu den anderen Systemlinien bestimmt werden. Weiter wird die Anzahl der sich in einem Punkt treffenden Systemlinien festgelegt.

Die Querschnittsformen sind geordnet:
- nach den im Stahlbau verwendeten Profiltafeln

Offene Profile:
schmale und mittelbreite I-Träger und U-Stahl,
ferner L, [, ⊐, T-Profile.

Hohlprofile:
Hohlprofile haben einen geschlossenen, kreisförmigen, rechteckigen oder quadratischen Hohlquerschnitt. Die Wanddicke ist in Radial- und Längsrichtung des Stabes konstant.

Vollprofile:
Rund-, Flach-, Vierkant-, Sechskant- und Achtkantstahl.

Bleche:
Sie werden in Längs- und Querrichtung gewalzt und kommen in Frage, wenn mehrachsige Beanspruchung vorliegt, wie bei Steg- und Knotenblechen, Kopf- und Fußplatten, Unterlagsplatten usw.

Systemlinien	In der Ebene	
	Im Raum	
	Anzahl	2, 3, 4, …
	Winkelbezug	45° 90° …
Zuordnung Schwerachsen – Systemlinien	Identisch	
	Versetzt	
	Symmetrisch	
Querschnittsformen	Offene Profile	∟ T I
	Hohlprofile	○ △ □
	Vollprofile	● ▲ ■
	Einteiliger Querschnitt	I ○ ●
	Mehrteiliger Querschnitt	

– in einteilige und mehrteilige Querschnitte:
Die Schwerpunkte des Querschnitts bilden die Schwerachse oder Schwerlinie, die Stabachse. Ausgehend von den Querschnittsformen der Tragwerksteile und den daraus abgeleiteten Stabachsen, gibt es für die Zuordnung der Stabachsen zur Systemlinie folgende Möglichkeiten:

– Schwerachse und Systemlinie sind identisch.
– Schwerachse und Systemlinie sind versetzt.
– Schwerachsen, bei mehrteiligem Querschnitt, sind, zur Systemlinie parallel, symmetrisch.

Kraft

Die Betrachtung der Fügung unter dem Gesichtspunkt Kraft bezieht sich auf:
– statisches System,
– Kraftfluß, Kraftleitung, Kraftwirkung,
– Beanspruchung der Tragwerksteile,
– Beanspruchung der Verbindungsmittel,
– Verbindungsmittel/Verbindungsverfahren.

Für die nachvollziehbare Ableitung von Kräften in den Tragwerksteilen ist die anschauliche Vorstellung des Kraftflusses sehr hilfreich, auch wenn der Begriff auf keiner wissenschaftlichen Definition beruht. Alle angreifenden Lasten und inneren Kräfte werden vom Angriffspunkt der Kraft bis zur Abtragung in den Baugrund verfolgt. Der Kraftfluß muß stets geschlossen sein. Die Untersuchung des Kraftflusses im konstruktiven Detail ist dabei von besonderer Bedeutung. Die in den Stäben wirkenden Kräfte müssen in die Verbindung in einer stetigen Weise eingeführt werden. Die einzelnen Querschnittsteile, Flansche, Stege, sind im allgemeinen für sich nach den anteiligen Schnitt- und Auflagergrößen anzuschließen oder zu stoßen.

Statisches System	Gelenkige Verbindung
	Biegesteife Verbindung
Kraftfluß, Kraftleitung	Zentrisch
	Exzentrisch
	Unmittelbar
	Mittelbar
Beanspruchung der Tragwerksteile	Zug
	Druck
	Biegung
Beanspruchung der Verbindungsmittel	Zug
	Abscheren
	Zug, Druck
Verbindungsmittel – Verfahren	Geschraubt
	Geschweißt
	Geklebt

Werden Stäbe direkt miteinander kraftschlüssig zusammengefaßt, ist es eine
— unmittelbare Verbindung.
Wird die Verbindung als
— mittelbare Verbindung —
hergestellt, sind die Stäbe über Blindbleche, Füllbleche, Laschen, Futterstücke, Zwischenlager miteinander verbunden.

Decken sich in der Fügung die Schwerachsen der Verbindungsmittel (Schweißnähte, Schraubengruppen) nicht mit den Schwerachsen der zu verbindenden Querschnittsteile, entstehen Exzentritäten, und zusätzliche Kraftwirkungen müssen übertragen und abgeleitet werden.

Knotenpunkte und Auflager sind entsprechend den geometrischen und statischen Randbedingungen als
— Gelenke,
— biegesteife Knoten
gekennzeichnet.

Um die Wirkungsweise des untersuchten Fügungspunktes beurteilen zu können, muß die Beanspruchung der angeschlossenen Tragwerksteile bekannt sein. In den Tragwerksteilen treten
— Zugkräfte,
— Druckkräfte,
— Biegemomente
auf.

Von den im Stahlbau bekannten Verbindungsverfahren und Verbindungsmitteln
— Schrauben,
— Schweißen,
— Nieten,
— Kleben
werden nur
— Schraubverbindungen und
— Schweißverbindungen
betrachtet.

Die Verbindungsmittel haben die Aufgabe, die einzelnen Teile/Elemente so zusammenzuhalten, daß sie entsprechend den statischen Bedingungen zusammenwirken.

Diese Wirkung kann erreicht werden, wenn eine sichere Übertragung aller oder auch nur ganz bestimmter innerer Kräfte von einem Tragwerksteil in ein anderes durch die Wahl und Anordnung der entsprechenden Verbindungsmittel gewährleistet ist.

Die Verformungen, die das Gesamttragwerk durch die elastische oder plastische Nachgiebigkeit der Verbindungsmittel erfährt, bleiben im Rahmen der Tragwerksverformungen.

Bei den Verbindungsmitteln/-verfahren wird in
— Schraubverbindung als lösbare Verbindung und
— Schweißverbindung als nicht lösbare Verbindung
unterschieden.

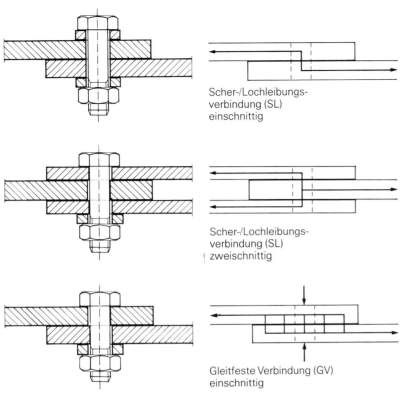

Scher-/Lochleibungs-
verbindung (SL)
einschnittig

Scher-/Lochleibungs-
verbindung (SL)
zweischnittig

Gleitfeste Verbindung (GV)
einschnittig

Schraubverbindungen

In Scher-/Lochleibungsverbindungen – SL-Verbindung – werden Schrauben auf Abscheren des Schraubenkerns und die angeschlossenen Bauteile auf Pressung der anliegenden Lochleibung beansprucht. Dabei werden rohe Schrauben verwendet, deren Schaftdurchmesser bis zu 2,0 mm kleiner ist als der Lochdurchmesser.

Die Schraubenverbindung kann
– einschnittig oder
– mehrschnittig
entsprechend der Anzahl der Scherflächen sein. Werden bei SL-Verbindungen Paßschrauben verwendet, spricht man von SLP-Verbindungen. Bei Paßschrauben ist das fertige Schraubenloch möglichst voll ausgefüllt. Die übertragbaren Kräfte senkrecht zur Schraubenachse werden erhöht.

In gleitfesten Verbindungen – GV-Verbindungen – werden hochfeste Schrauben planmäßig vorgespannt. Dadurch wird die Übertragung von Zugkräften durch die Vorspannung und von Scherkräften durch die erzeugte Reibung in den Scherflächen ermöglicht.

Auch gleitfeste Verbindungen können mit Paßschrauben (GVP-Verbindungen) ausgeführt werden.

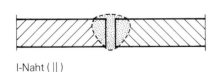

Schweißverbindungen
(Beispiele)
Grundsymbole für Nahtarten

I-Naht (||)

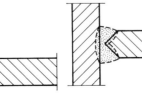

Kehlnaht (△)

Zusammengesetztes Symbol
für Nahtarten

D-(oppel)-HV-Naht (K-Naht) (K)

Schweißverbindungen

Für das Verbinden einzelner Teile durch Schweißen müssen die Bauteile schweißgerecht ausgebildet sein. Anhäufungen von Schweißnähten sollen vermieden werden. Grundsätzlich werden bei Schweißstößen folgende Arten unterschieden:
– Stumpfstoß,
– Überlappungsstoß,
– T-Stoß,
– Kreuzstoß,
– Eckstoß.

Zusammenwirken verschiedener Verbindungsmittel

Bei Kombination verschiedener Verbindungsmittel ist auf die Verträglichkeit der Formänderungen zu achten. Gemeinsame Kraftübertragung darf angenommen werden bei gleichzeitiger Anwendung von
– GV- oder GVP-Verbindungen und Schweißnähten.

Die zulässige übertragbare Gesamtkraft ergibt sich durch Addition der zulässigen übertragbaren Kräfte der einzelnen Verbindungsmittel.

Form

Das Fügen ist nicht ausschließlich ein Umsetzen von geometrischen und statischen Erfordernissen in lastabtragende Bauteile. Die Ausformung der Konstruktion muß immer im Einklang mit dem Gestaltkonzept des gesamten Bauwerks stehen. Für die Ausbildung der Systeme stehen grundsätzlich zwei Möglichkeiten zur Verfügung:
– geschlossenes System
 Hier bildet die Konstruktion ein in sich geschlossenes Ganzes – ein Grundsystem, Gesamtsystem. Es können keine Erweiterungen vorgenommen werden, ohne das System zu stören. Das Gebäude hat eine in sich geschlossene Form.
– offenes System
 Hier ist es möglich, zu erweitern oder zu verkleinern, ohne das Ganze zu stören. Elemente, Teile, Subsysteme können hinzugefügt oder weggenommen werden.

Diese Systeme verlangen für die Detailausbildung zwei Fügungsprinzipien:
– integriertes Fügungsprinzip
 Beim integrierten Fügungsprinzip werden die Tragwerkselemente miteinander verbunden, die einzelnen Elemente sind nicht mehr als solche erkennbar. Ablesbar ist nicht das Element, sondern das Teil-/Subsystem/System.
 Die Elemente verschmelzen miteinander, eine Klassifizierung der Fügungsarten, wie beim additiven Fügungsprinzip, ist nicht mehr möglich.
– additives Fügungsprinzip
 Beim additiven Fügungsprinzip sind die Konstruktionsteile/-elemente noch als Einzelteile/-elemente erkennbar.

Fügungsprinzipien im additiven System

Ohne Zwischenglied:
– Stoß
 Die Elemente stoßen aufeinander; die Gestaltwirkung hängt von der Wahl der Verbindungsart ab.
– Überlappung
 Die Elemente sind versetzt angeordnet (Zuordnung Schwerlinie und Systemlinie versetzt). Die Ablesbarkeit der Einzelelemente ist deutlich.
– Durchdringung
 Die Auflösung des notwendigen Tragwerksdurchschnitts in mehrere Elemente ist möglich. Kleinere Querschnitte entstehen, die das Tragglied optisch leichter erscheinen lassen. Die Elemente sind ablesbar.

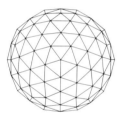

Geschlossenes System

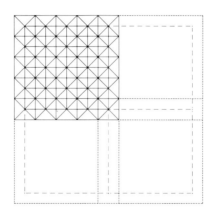

Offenes System

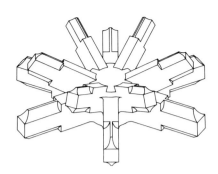

Integriertes Fügungsprinzip, z. B. Schweißverbindungen am US-Pavillon in Montreal von Richard Buckminster Fuller

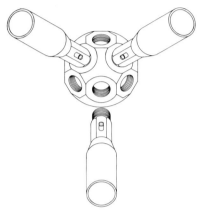

Additives Fügungsprinzip, z. B. Mero-System

Additives Prinzip ohne Zwischenglied	Stoß
	Überlappung
	Durchdringung
Additives Prinzip mit Zwischenglied	Kleines Verbindungselement
	Großes Verbindungselement
	Universalanschluß
	Individualanschluß
Integriertes Prinzip	

Mit Zwischenglied:
- kleines Verbindungselement
Ist das Verbindungselement kleiner als der Querschnitt des Tragelements, wirken die Elemente optisch getrennt. Die Fügung tritt zurück, die Elemente sind in Abmessung und Geometrie erkennbar.
- großes Verbindungselement
Ist das Verbindungselement größer als der Querschnitt des Tragelements, wird das »Verbinden« betont. Die Fügung und damit die Wahl der Verbindungsmittel wird zum gestaltprägenden Teil.

- Universalanschluß
Die beliebige Wiederholbarkeit gleicher Anschlußbedingungen prägt die Tragwerksstruktur – Mero-Knoten –. Es entsteht ein einheitlicher Ausdruck.
- Individualanschluß
Die Fügung ist individuell auf die Anforderungen aus Geometrie, Kraft und Form, die an dem jeweiligen Fügungspunkt angreifen, abgestimmt. Aufgrund der hierdurch entstehenden Vielzahl unterschiedlich ausgebildeter Knoten ergibt sich ein vielfältiger Ausdruck.

Verknüpfung von Geometrie, Kraft, Form

Die unter den Gesichtspunkten Geometrie, Kraft, Form behandelten Teilaspekte der Fügung werden für die Wechselbeziehung und das Erkennen der gegenseitigen Abhängigkeiten in einer Tabelle zusammengefaßt. Das Gesamtsystem und das konstruktive Detail bilden Bezugspunkte für die Betrachtung der Fügung unter konstruktiven und gestalterischen Gesichtspunkten.

Auswertung

Analyse und Auswertung der Daten von Bauwerken sollen eine nachvollziehbare, fundierte Beurteilung von objektiven Fakten ermöglichen. Um vergleichbare Aussagen treffen zu können, wurden Kriterien erstellt, die Einsichten in die Wechselwirkung von Nutzung (Programm, Erschließung), Konstruktion (Tragwerk, Raumabschluß, Installation) und Form eines Gebäudes ermöglichen. Der Schwerpunkt der Untersuchung liegt auf der Analyse der Tragwerke und erlaubt in erster Linie Einsichten in die Abhängigkeiten von Architektur und Tragwerk.

Das Tragwerk als Träger und Rückgrat der Architektur weist Angemessenheit und Qualität auf,

Kriterien

wenn die Konstruktion in der Durchgängigkeit aller Teile mit der Architektur eine Einheit bildet. Das Ganze muß immer mehr sein als die Summe der Teile.

Das Streben nach einer möglichst weitgehenden Objektivität wird durch die Auswahl der Projekte relativiert und ist eine individuelle Aussage. Sie ist ein Bekenntnis zu einer qualitätvollen Architektur, die wesentlich durch die Ästhetik der Technik geprägt ist.

Ort

Lage im Grundstück,
Einfügung in die Umgebung,
Topographie,
Orientierung,
äußere Erschließung,
Bodenbeschaffenheit.

Programm

Art der Nutzung,
Organisation der Nutzung,
Dimensionierung der Räume,
Orientierung der Räume,
Flexibilität.

Erschließung

Erschließungssysteme,
Rangordnung von Erschließungssystemen,
Wegeführung,
Verknüpfung von Innen und Außen.

Tragwerk

Bedeutung des Tragwerks,
Ablesbarkeit des Tragverhaltens,
Ablesbarkeit der Systeme,
materialgerechte Verwendung der Baustoffe,
Bedeutung der Fügung.

Raumabschluß

Anforderung aus Nutzung und Erschließung,
Art des Raumabschlusses,
Lage des Raumabschlusses zum Tragwerk,
Raumabschluß und Lastabtragung,
bauphysikalische Anforderungen/ Sonnenschutz,
Konstruktion und Bedeutung der Fügung,
materialgerechte Verwendung der Baustoffe,
Flexibilität.

Installation

Anforderung aus Nutzung und Erschließung,
Art der Systeme,
Lage der Installation zum Tragwerk und Raumabschluß,
Leitungsführung, horizontal und vertikal,
Flexibilität.

Form

Leitgedanke des Entwurfs,
Angemessenheit des Erscheinungsbilds,
Gliederung und Maßstab von Baukörper und Fassade,
Übereinstimmung des Bauwerks mit den Anforderungen aus der Nutzung (Inhalt und Form),
Gebäudegeometrie und Tragwerk,
Integration der Installation,
Wahl der Materialien,
Form als Bedeutungsträger.

Definition Kriterien Tragwerk

Die Bedeutung des Tragwerks, dessen Beziehung zum Innen- und Außenraum eines Bauwerks, wurde im Grundlagenteil dargelegt und gezeigt, welche prinzipiellen Möglichkeiten bestehen, die Konstruktion und ihre Teile sichtbar und ablesbar zu machen.

Beanspruchung und Tragwerksform
Tragwerksform und Beanspruchung stehen in einer engen Wechselbeziehung und müssen optimal aufeinander abgestimmt werden. Damit ist gewährleistet, daß diejenige Tragwerksform gefunden wird, die eine Abtragung der Lasten mit einem möglichst geringen Aufwand unter Einhaltung der geforderten Randbedingungen und Zielvorstellungen gewährleistet.

Ablesbarkeit des Tragverhaltens – Ablesbarkeit der Systeme, Subsysteme und Elemente
Ablesbarkeit des Tragverhaltens bedeutet: Die Funktion von Tragwerksteilen und Elementen wie Stütze, Abspannung, Träger und deren Wirkungsweise als Druck- oder Zugglied, Biegeträger oder Rahmen, sind nachvollziehbar und ablesbar. Voraussetzung für diese Ablesbarkeit sind ein logischer, den Prinzipien der Lastabtragung folgender Aufbau und Gliederung der einzelnen Systeme, Subsysteme und Elemente.

Materialgerechte Verwendung der Baustoffe
Materialgerechter Umgang mit Baustoffen heißt, daß bei der Wahl der Materialien und deren Querschnittsformen die materialtypischen Eigenschaften berücksichtigt werden, um Baustoff und Querschnittsform unter jeweils optimalen Bedingungen einzusetzen.

Bedeutung der Fügung
Die Bedeutung, die der Fügung der Tragwerksteile und Elemente eines Bauwerks beigemessen wird, ist erkennbar an:
— der Durchbildung der einzelnen Fügungsebenen,
— der Rolle, welche die Fügung in der Gesamtkonzeption eines Bauwerks spielt.
Die gute konstruktive Durchbildung der Fügung bestimmt die Wertigkeit des Details.

Beispiele

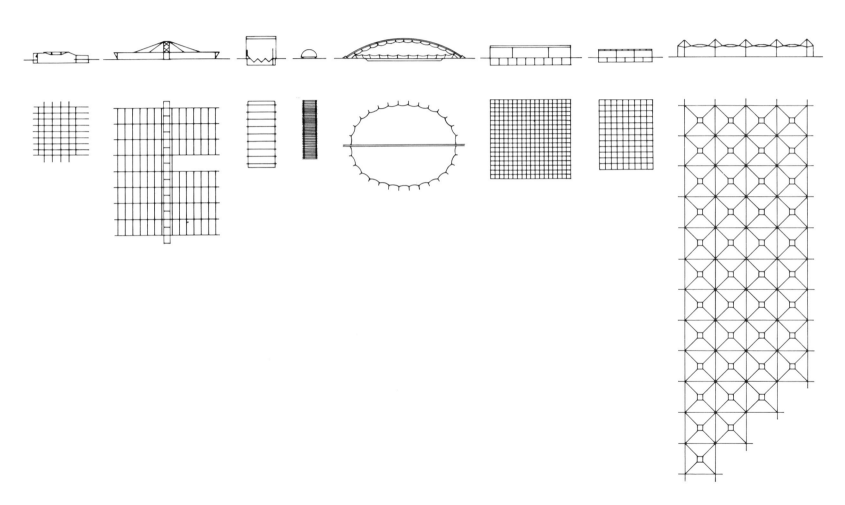

Sporthalle, Lorch

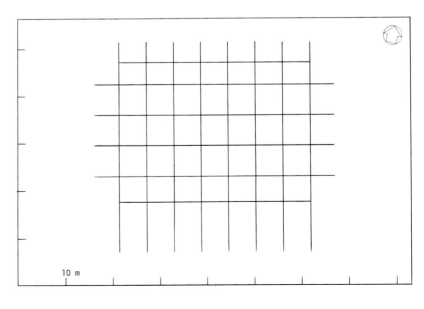

Sporthalle, Lorch
1.0 Dokumentation

1.1 Personen

Bauherr	Stadt Lorch, Baden-Württemberg
Architekten	Behnisch und Partner, Stuttgart
	Günter Behnisch, Fritz Auer, Winfried Büxel, Manfred Sabatke, Erhard Tränkner, Karlheinz Weber
Projektbearbeitung	Hannes Hübner, Peter Kaltschmidt, Hermann Peltz
Bauleitung	Lothar Frey, Lorch
Ingenieure	Stahlbau: Julius Natterer, München
	Betonbau: Berthold Seybold, Schwäbisch Gmünd
Sonderfachleute, Projektanten	Sanitär, Heizung, Lüftung: Dieter Haders, Fellbach
	Elektro: Roland Gackstatter + Partner, Stuttgart
	Bauphysik: Hans W. Bobran, Nürtingen

1.2 Termine

Planung, Bauzeit 1974–1975

1.3 Kenngrößen

Außenmaße ca. 49 × 36 m
Überbaute Fläche ca. 1764 m²
Umbauter Raum ca. 14 897 m³

1.4 Kosten

Februar 1985 193,– DM/m³

1.5 Gesetze, Vorschriften, Randbedingungen

Der Entwurf für den Bebauungsplan stammt von Behnisch und Partner.

Sporthalle Lorch
2.0 Idee, Konzept

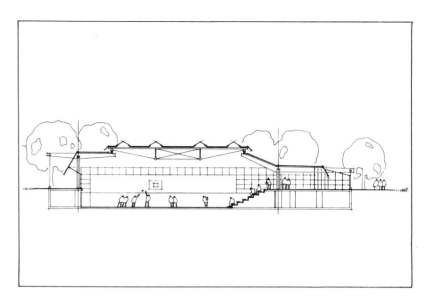

2.1 Ziele, Aufgabenstellung des Bauherrn

Als Ergänzung zum vorhandenen Progymnasium wünschte der Bauherr eine kleine Turnhalle mit einem angegliederten Schwimmbad.
    Im Laufe der Planung entschied man sich im Hinblick auf Förderungsrichtlinien und Kostenuntersuchungen für eine Dreifach-Sporthalle, die auch den ortsansässigen Sportvereinen zur Verfügung steht.

2.2 Zielvorstellungen, Aussagen Architekt

Günter Behnisch
»Wir hatten einen Bebauungsvorschlag entwickelt, der vorsah, daß auf dem der Stadt zugewandten Teil des Berges Schul- und Sportbauten in einer sehr lockeren, nicht zu hohen Bauweise errichtet werden sollten. Als erster Bauabschnitt entstand das Progymnasium. Dicht daneben wurde als zweiter Bauabschnitt eine Dreifach-Halle mit der Spielfeldgröße 27 × 45 m gebaut.
    Hier soll kurz auf die architektonischen Mittel eingegangen werden, die wir bei der Gestaltung der Halle einsetzten, um den Zielvorstellungen des Bebauungsvorschlags nahezubleiben. So mußten wir z. B. erreichen, daß diese Halle trotz ihrer Größe und ihrer Nähe zur Schule im richtigen Verhältnis zu dieser steht. Die architektonischen Mittel waren im wesentlichen folgende:
— Gestaltung und Dimensionierung der Baumassen und Räume,
— Ausformung der Konstruktion und der einzelnen Teile des Bauwerks,
— Wahl der Materialien und Farben.

Die Halle wurde zum Teil »eingegraben« und damit die Wirkung ihrer Größe nach außen gemildert. Die dadurch entfallenden Fensterflächen in der Spielzone sind ohnehin nicht erwünscht und engen Bespielbarkeit und Teilbarkeit der

Spielfläche ein. Die Fenster liegen deshalb – mit Ausnahme einer Ecke – hoch und sind nur so groß, daß sie den Kontakt zur Außenwelt gewährleisten. Die Hauptbelichtung erfolgt von oben. Sie ist wirkungsvoller, gleichmäßiger und bleibt dies auch bei Unterteilung der Halle.

Das Dach wurde als Haube ausgebildet. Das Gebäude duckt sich, schmiegt sich dem Gelände an und steht nicht als rechteckiger Kubus auf der Wiese. Die Dachform verleiht auch den Innenräumen eine ›bergende‹ Wirkung. Durch das Eingraben wirkt das Gebäude auf der Talseite, der dem Ort zugewandten und Zugangsseite, eingeschossig und angenehm proportioniert. Das weit ausladende schützende Dach empfängt den Ankommenden. Die Konstruktion der Halle kann man ›auseinandernehmen‹ in beiderseits stehende auskragende Rahmen, auf denen Gitterträger liegen. Dieses Auseinandernehmen wurde auch innerhalb der einzelnen Konstruktionsglieder weitergeführt. So sind bei den Rahmen die auf Biegung, Druck und Zug beanspruchten Teile entsprechend ihrer Beanspruchung ausgebildet (Normalprofil, Zugstab).

Das Auseinandernehmen bringt vieles in der Wirkung mit sich. Auf der einen Seite versteht man den Tragmechanismus besser. Selbst wenn man ihn nicht deutlich erkennt, spürt man ihn wohl – und zum andern wird das große Paket der Konstruktion aufgelöst. Es wäre ja möglich gewesen, über die ganze Breite einen großen Träger zu spannen, der dann sicher ganz imposant dagelegen hätte; so sind aus dem einen Träger verschiedene Tragwerke geworden, und diese sind wieder in unterschiedliche Elemente aufgelöst, die nach ihrer unterschiedlichen Beanspruchung geformt wurden.

Dies hat architektonisch zur Folge, daß das Imposante einer großen Halle weggeht, daß das Ganze sich auflöst in einzelne Dienste (Zug, Druck, Biegung) – es entsteht eine Gesellschaft von zusammenarbeitenden Bauteilen. Wir meinen, daß dies eine Möglichkeit ist, in unserer Zeit das Arbeiten an einer gemeinsamen Sache auch in der Konstruktion darzustellen.

Das Gebäude versucht, sich der Situation anzupassen, und will nicht von sich aus, nach den Gesetzen des neu Hinzukommenden, alles verändern. Es ist Situations-Architektur, und so möchten wir es auch gerne sehen.

Wir meinen insofern, daß der Architekt die Merkmale eines Maßschneiders an sich haben sollte und nicht die eines Feldwebels in einer Heereskleiderkammer. Nicht in der Art, daß er besonders aufwendige und teure Roben macht, aber in der, daß er das Kleid der Aufgabe anpaßt. Ein Gebäude ist eben mehr als ein Kleidungsstück, das man zehnmal trägt und dann wegwirft, sondern ein Ding, das über Jahre und Jahrzehnte steht, einen Ort prägt, seine Umgebung und viele Menschen beeinflußt.

Architektur ist bei Projekten dieser Größenordnung kein technisches Problem mehr. Es ist vielmehr vorwiegend eine Frage, wie man mit der Technik auskommt und lebt. Darüber hinaus ist es eine Frage der Moral – wenn man sich einmal über die technischen Probleme erhoben hat in der Art, daß man sie beherrscht –, wem man was zumuten kann, dem Ort, der Situation, dem Benutzer, der Stadt, unserem Leben?«[1]

2.3 Aussagen Ingenieur

Julius Natterer
»Wir waren als Ingenieurbüro mit der Ausführungsplanung der Stahldachkonstruktion beauftragt.

Es war eine enge persönliche Zusammenarbeit speziell in der Konzeptionsphase, wobei zwei Alternativen parallel – Stahl- und Holzvariante – entwickelt und ausgeschrieben wurden. Ausschließlich Preiskriterien (ca. DM 162 000,– Gesamtkosten des Daches der Stahlkonstruktion gegenüber ca. DM 184 000,– der Holzkonstruktion) ergaben den Ausschlag für Stahl, wobei die Nähe des billigsten Stahlunternehmens zur Baustelle bzw. zum Architekten eine wesentliche Voraussetzung gab.
Einfluß auf das Gesamtkonzept
Sämtliche Kriterien der Tragwerksplanung – vor allem Belichtung – wurden im einzelnen diskutiert und gewertet und führten zu einer sogenannten maßgeschneiderten Dachkonstruktion.

Der Stellenwert der sichtbar gelassenen Dachkonstruktion für das Gesamtkonzept des Bauwerks war von wesentlicher Bedeutung. Sondervorschläge von Firmen, auch im Bereich von Details, wurden absolut ausgeschlossen.

In einem persönlichen Gespräch während der Rohbauphase der Dachkonstruktion sagte mir Professor Behnisch folgendes: ›Wenn diese Halle nicht gut wird, dann ist es bestimmt nicht Ihr Fehler‹.

Allgemein zur Zusammenarbeit Architekt – Ingenieur kann ich gerade auch dieses Projekt als wesentlichen Baustein meiner leider nur in dem Bereich von Holzbauten veröffentlichten Arbeit über methodisches Konstruieren von Tragwerken ansehen.«[2]

2.4 Expertenaussagen

Begründung zum Deutschen Stahlbaupreis
»Die Sporthalle in Lorch ist ein überzeugendes Beispiel für die Übereinstimmung von Inhalt, Konstruktion und Form.

Der spielerisch-sportliche Aspekt der Aufgabe ist durch die räumlichen und konstruktiven Elemente gleichermaßen aufgenommen, wird in der gefundenen Gestalt interpretiert und zum Ausdruck gebracht.

Die hier verdeutlichte Ausweitung und Differenzierung des konstruktiven Bewußtseins für Stahlbau wird von der Jury als ein weiterführender Beitrag zur Anwendung von Stahl im Bauen bewertet.

Mit der Darstellung einer solchen erweiterten Leistungsfähigkeit wird zugleich belegt, welche zusätzliche räumliche Qualität mit der dem Material immanenten Perfektion und Präzision ›spielerisch‹ erreicht werden kann.

Vorbildlich wird durch das Gebäude gezeigt, wie eine großflächige Halle mit Tribüne in das Umfeld – hier eine bewegte Landschaft – harmonisch eingefügt werden kann.

Bei der Konstruktion werden die Möglichkeiten einer Differenzierung der tragenden Dachelemente phantasievoll ausgeschöpft. Die dadurch entstehende Leichtigkeit der unterspannten Träger – als Koppelelemente zwischen den tragenden Kragarmen der Hallenstützglieder – geben Raum und Gebäude einen unverwechselbaren Ausdruck. Vor diesem Hintergrund treten offengebliebene Fragen der Detaildurchbildung zurück.«[3]

Sporthalle, Lorch

3.0 Ort

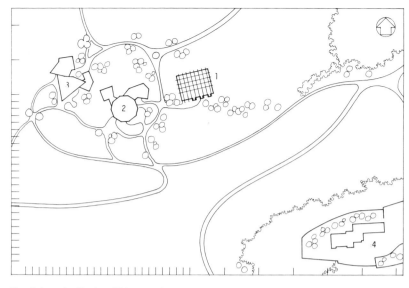

Lageplan
1 Sporthalle
2 Progymnasium
3 Hauptschule
4 Kloster

3.1 **Standort**

Stadt Lorch, Baden-Württemberg

3.2 **Situation**

Lorch ist eine kleine Stadt im Remstal, knappe 10 km westlich von Schwäbisch Gmünd. Nördlich von Lorch liegt der Welzheimer Wald. Im Süden liegen die Vorberge der Schwäbischen Alb, Hohenstaufen, Rechberg, Stuifen. Durch die »Ecke« des Römerwalls, das romanische Kloster, als Herkunftsort der Staufer hat Lorch geschichtliche Bedeutung.

Das neue Wohngebiet »Schäfersfeld« und die umliegenden Gemeinden machten ein neues Schul- und Sportzentrum notwendig.

Als Standort war einer der freien Hügel an der sehr engen Stelle des Remstals nördlich der Stadt Lorch vorgesehen. Von den Architekten wurde für dieses Gebiet ein Bebauungsvorschlag entwickelt, wonach auf dem der Stadt zugewandten Teil des Berges die Schulbauten und die Sporthalle in einer sehr lockeren und niederen Bauweise entstehen sollten.

Als erster Bauabschnitt wurde das Progymnasium realisiert. Dicht daneben entstand als zweiter Bauabschnitt eine Dreifachhalle mit der Spielfeldgröße 27 × 45 m. In einem dritten Bauabschnitt wurde die Hauptschule verwirklicht.

Sporthalle, Lorch
4.0 Programm

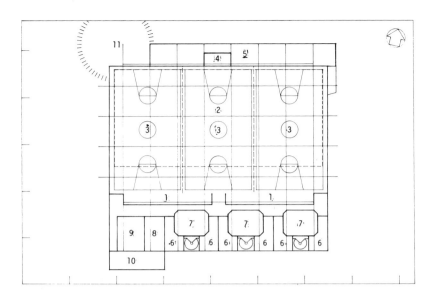

Untergeschoß
1 Ausfahrbare Mobiltribüne
2 Sporthalle
  27 × 45 m
3 Drei Spielfelder
  je 15 × 27 m
4 Regie
5 Geräte
6 Umkleiden
7 Duschen
8 Lehrer
9 Besuchertoiletten
10 Technik
11 Gymnastikhof

4.1 Nutzung

Die Sporthalle umfaßt ein Foyer, Garderobe, Theke, zwei mobile Tribünen mit insgesamt 460 Zuschauerplätzen. Das nach den Richtlinien des Deutschen Sportbunds konzipierte Sportfeld mit den Ausmaßen von 27 × 45 m läßt sich bei eingefahrenen Mobiltribünen durch zwei Trennvorhänge in drei Einzelhallen mit Spielfeldern von je 15 × 27 m unterteilen.

Umkleide- und Naßräume, Regie und Geräteräume befinden sich in dem »eingegrabenen« Untergeschoß. Ein kleiner Gymnastikhof ist direkt von der Spielfläche zu erreichen.

Sporthalle, Lorch
5.0 Erschließung

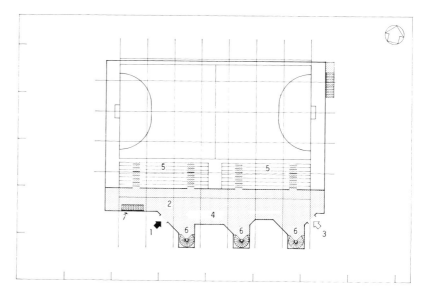

Erdgeschoß
1 Haupteingang
2 Foyer
3 Eingang Sportler
4 Garderobe
5 Ausfahrbare Mobiltribüne
6 Abgang zu den Umkleiden
7 Abgang zu den Besuchertoiletten

5.1 Innere Erschließung

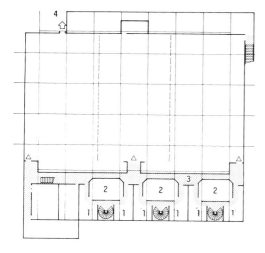

Die Halle wird von der Talseite ca. 3 m über der Spielfläche erschlossen. Über die als Galerie gestaltete, entlang der gesamten Hallenlängsseite geführte Erschließungszone (»Stiefelgang«) erreicht der Zuschauer bei ausgezogenen Mobiltribünen seinen Sitzplatz. Die Sportler gelangen über die schon von außen wahrnehmbaren Wendeltreppen zu den Umkleideräumen im Untergeschoß. Der »Turnschuhgang« verbindet auf gleicher Ebene mit drei Ausgängen die Garderoben mit den Sportflächen.

Untergeschoß
1 Umkleiden
2 Duschen
3 Zugänge Sportflächen (Turnschuhgang)
4 Ausgang Gymnastikhof

Sporthalle, Lorch

6.0 Tragwerk

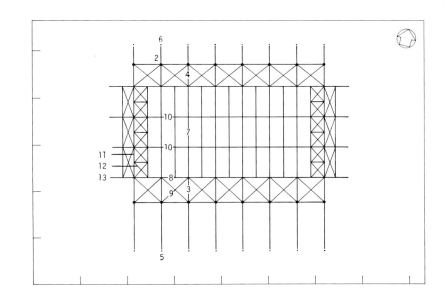

1. Stützen Hallentragwerk
   IPB 260
2. Stützen IPBl 260
3. Kragarm Stahlblech
   verschweißt
   (Höhe 400–700 mm)
4. Kragarm IPB 600
   aufgetrennt und
   umgekehrt verschweißt
   (Höhe bis 700 mm)
5. Abspannung Rundstahl
   Ø 60,3 × 8,8 mm
6. Abspannung Rundstahl
   2 Ø 45 mm
7. Dachbinder
   IPBl 220
   mit Unterspannungen
8. Längsträger
   IPB 260
9. Dachverbände
   L 55 × 6 mm
10. Zugstäbe Ø 12 mm
11. Dachbinder Endfeld
    IPE 600
12. Dachverbände
    Ø 27 mm
13. Giebelstützen
    IPBl 260

6.1 Gesamtsystem

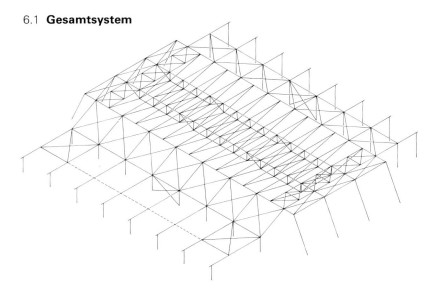

Für den rechteckigen Grundriß der Sporthalle wurde ein gerichtetes Tragsystem gewählt; die Lasten werden durch lineare Systeme in der Haupttragrichtung abgetragen. Das gesamte Tragsystem besteht aus mehreren Subsystemen, die geometrisch und in ihrer statischen Funktion klar getrennt sind:
– die unterspannten Träger,
– die abgespannten Halbrahmen und
– die giebelseitigen Pendelstützen.

6.2 Subsysteme

6.2.1 Unterspannte Träger

Für die größte Spannweite der zu überdeckenden Fläche ist ein System ebener unterspannter Träger in der Haupttragrichtung angeordnet. Die Obergurte werden durch die Dachhaut, die Umlenkstäbe durch vorgespannte Zugstäbe in der Untergurtebene stabilisiert. Die Stabilisierungskräfte werden in die an den Rändern des Dachtragwerks liegenden horizontalen Verbände eingeleitet.

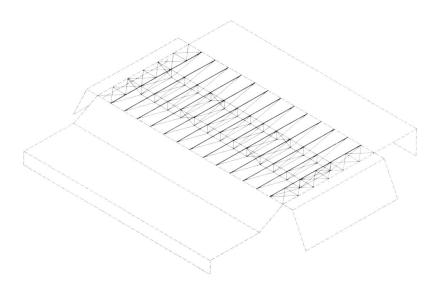

6.2.2 Abgespannte Halbrahmen

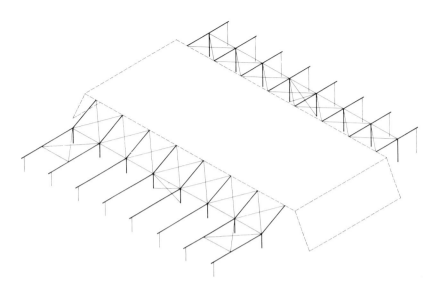

Die unterspannten Einfeldträger liegen an beiden Enden auf einem System von einhüftigen, abgespannten Rahmen auf und geben dort ihre Auflagerkräfte ab. Da der Abstand der Rahmen doppelt so groß wie derjenige der Dachbinder ist, muß an beiden Seiten ein Längsträger angeordnet werden.

6.2.3 Pendelstützen

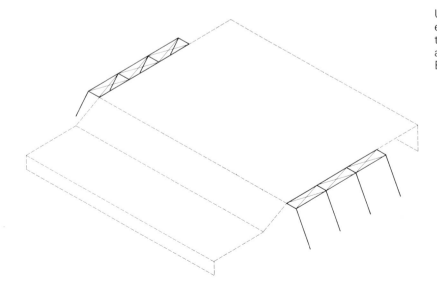

Um die geneigte Dachform zu ermöglichen, sind an den Giebelseiten abgeknickte Pendelstützen angeordnet, die sich an die beiden Endträger anlehnen.

6.3 Tragwerksteile/Tragwerkselemente

6.3.1 Abgespannte Halbrahmen

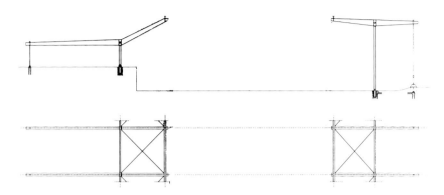

Die abgespannten Halbrahmen bestehen aus drei Elementen: den geraden oder abgeknickten, auf Biegung beanspruchten Rahmenriegeln mit den Zugelementen und den an die Rahmenriegel biegesteif angeschlossenen Stützen. Das Abspannglied des geraden Rahmenriegels bilden zwei nur auf Zug beanspruchbare Stahlstäbe (Ø 45 mm). Das Zugelement des abgeknickten Halbrahmens ist als Stahlrohr (Ø 60,3 × 8,8 mm) ausgeführt und kann somit auch Druckkräfte infolge antimetrisch auftretender Dachlasten aufnehmen.

Die Rahmenriegel sind dem Kräfteverlauf angepaßte, geschweißte I-Profile.

6.3.2 Unterspannte Träger

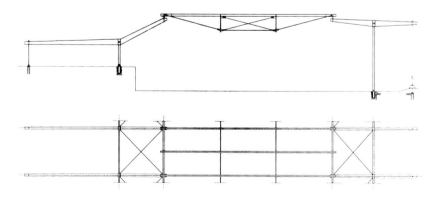

Die zweifach unterspannten Träger bestehen aus vier Elementen: dem als I-Profil ausgeführten Obergurt, den beiden Druckpfosten aus Stahlrohren (Ø 60,3 × 5 mm), den zweischnittig ausgeführten Unterspannungen mit Doppelstäben (Ø 42 mm) und den auskreuzenden Diagonalen (Ø 30 mm). Durch die Unterspannung der beiden »Luftstützen« entsteht ein elastisch unterstützter Dreifeldträger. Die Doppelstäbe sind so am Obergurt verankert, daß die Zugkräfte der Unterspannung als Druckkräfte in den Obergurt eingeleitet werden (»Selbstverankerung«).

6.3.3 Dachhaut

Das Stahltrapezblech übernimmt die Funktion der Nebenträger; es liegt auf den Hauptträgern (unterspannte Dachbinder und Halbrahmen) auf und überträgt die vertikalen (im schrägen Bereich auch die horizontalen) Lasten aus Eigengewicht, Schnee, Winddruck und Windsog sowie die Stabilisierungskräfte aus den Obergurten der unterspannten Träger. Der geringe Abstand der unterspannten Träger macht ein Sekundärtragsystem überflüssig. Im Bereich der im Abstand von 2,875 m liegenden unterspannten Träger übernimmt das dort angeordnete Trapezblech die Funktion von Nebenträger und Dachhaut. Im Bereich der Halbrahmen sind wegen des größeren Abstands Holzpfetten angeordnet, auf denen die Dachhaut (Aluminiumblech) aufliegt. Das Trapezblech dient als horizontale Dachscheibe, während im Bereich der Holzpfetten zusätzliche Maßnahmen zur horizontalen Aussteifung (Andreaskreuze) getroffen wurden.

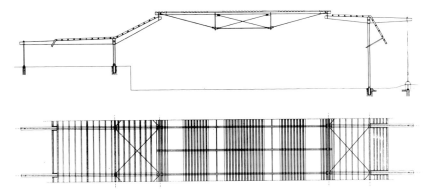

6.4 Tragverhalten

6.4.1 Vertikale Lasten

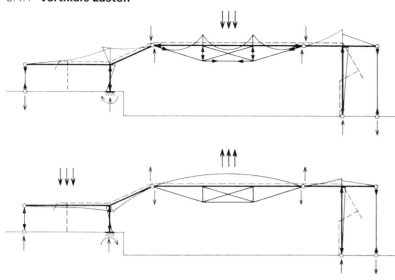

6.4.2 Horizontale Lasten

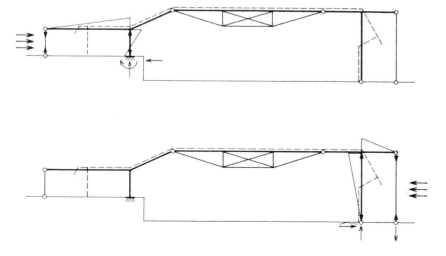

Abtragung der vertikalen Lasten
Eigengewicht und Schnee

Die vertikalen Lasten infolge Eigengewicht und Schnee werden von der Dachhaut an die unterspannten Träger und die abgespannten Halbrahmen abgegeben. Die Auflagerkräfte der Halbrahmen und der Zugglieder werden durch Wandscheiben im Untergeschoß des Gebäudes aufgenommen.

Schnee und Windsog

Die antimetrische Belastung durch Schnee- und Windsoglast erzeugt Druckkräfte in den Zuggliedern der abgespannten Halbrahmen. Diese Druckkräfte sind nur am langen Halbrahmen größer als die Zugkräfte infolge ständiger Last. Deshalb ist dieses Zugglied als Rohr ausgebildet und kann Druckkräfte aufnehmen.

Abtragung der horizontalen Windlasten
Gebäudequerrichtung

Die angreifenden Windkräfte werden über die horizontalen Windverbände in das jeweils unmittelbar angeschlossene Subsystem »eingespannter Halbrahmen mit Abspannung« oder »gelenkig gelagerter Halbrahmen mit Abspannung« eingeleitet.

Gebäudelängsrichtung

Die Windlasten, die auf die Giebelseite des Gebäudes treffen, werden über die horizontalen Windverbände in die zwischen den Halbrahmen angeordneten Druckriegel (Rohr ⌀ 60,3 × 5 mm) übertragen.

Die Druckriegel geben die Kräfte an die auf den Längsseiten des Gebäudes stehenden Vertikalverbände ab.

Die Diagonalstäbe dieser Verbände nehmen aufgrund ihres Querschnitts (Rundstahl ⌀ 35 mm) nur Zugkräfte auf.

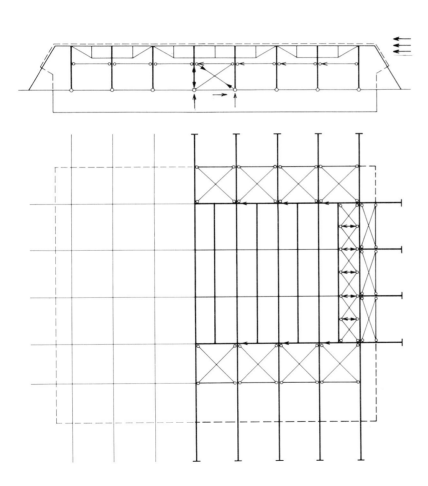

6.5 **Fügung**

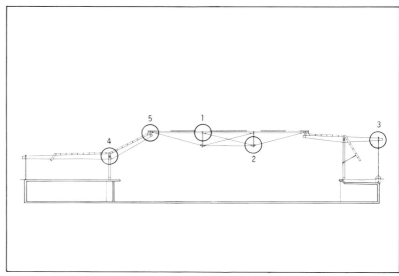

1 Fügung unterspannter Träger, Druckstab
  – Obergurt
2 Fügung unterspannter Träger, Druckstab
  – Unterspannung
3 Fügung Halbrahmen, Rahmenriegel
  – Abspannung
4 Fügung Halbrahmen, Rahmenecke
  – Windverband
5 Fügung Halbrahmen
  – unterspannter Träger

Die in der Kombination der verschiedenen Subsysteme erkennbare Vielfalt ist auch in allen konstruktiven Details vorhanden.

Profile werden weitgehend in Abstimmung mit der Beanspruchung und dem Tragverhalten festgelegt. Die sich im Knoten »treffenden« verschiedenen Profilformen sind nicht unmittelbar, sondern über Verbindungselemente kraftschlüssig miteinander verbunden. Die Gelenkpunkte und die biegesteifen Verbindungen innerhalb des Systems sind auch im Tragwerk eindeutig erkennbar.

Bei allen konstruktiven Details sind das Verbindungsmittel oder Verbindungsverfahren Schrauben und Schweißen. Die für das Fügen der einzelnen Tragelemente erforderlichen Zwischenstücke, zum Beispiel Bleche oder Rohrhülsen, werden an die jeweiligen Tragelemente angeschweißt.

Die Fügungsarten der Teile untereinander sind der jeweiligen Aufgabe entsprechend gewählt. Die meisten Verbindungen sind nach einem additiven Fügungsprinzip ausgebildet. Je nach Anforderung werden die Verbindungen mit oder ohne Zwischenglieder ausgeführt.

6.5.1 Fügung unterspannter Träger, Druckstab – Obergurt

Die Umlenkkräfte der Unterspannung werden über den Druckstab in den Obergurt des unterspannten Trägers eingeleitet. Auf diese Weise entsteht ein elastisch gestützter, auf Biegung beanspruchter Durchlaufträger. Die hochbeanspruchten Tragwerksteile wie Druckpfosten, Diagonalstab und Obergurt sind über ein Bindeblech durch Schweißnähte und einen Bolzen zentrisch miteinander verbunden.

Geometrie	Systemlinien	In der Ebene	●
		Im Raum	
		Anzahl	3
		Winkelbezug	90°
	Zuordnung Schwerachsen – Systemlinien	Identisch	●
		Versetzt	
		Symmetrisch	
	Querschnittsformen	Offene Profile	●
		Hohlprofile	●
		Vollprofile	●
		Einteiliger Querschnitt	●
		Mehrteiliger Querschnitt	
Kraft	Statisches System	Gelenkige Verbindung	●
		Biegesteife Verbindung	
	Kraftfluß, Kraftleitung	Zentrisch	●
		Exzentrisch	
		Unmittelbar	●
		Mittelbar	
	Beanspruchung der Tragwerksteile	Zug	●
		Druck	●
		Biegung	●
	Beanspruchung der Verbindungsmittel	Zug	
		Abscheren	●
		Zug, Druck	
	Verbindungsmittel – Verfahren	Geschraubt	●
		Geschweißt	●
		Geklebt	
Form	Additives Prinzip ohne Zwischenglied	Stoß	
		Überlappung	
		Durchdringung	
	Additives Prinzip mit Zwischenglied	Kleines Verbindungselement	●
		Großes Verbindungselement	
		Universalanschluß	
		Individualanschluß	●
	Integriertes Prinzip		

6.5.2 Fügung unterspannter Träger, Druckstab – Untergurt

Die Umlenkkräfte der Unterspannung werden in die Druckpfosten eingeleitet. Das Prinzip, die vielfältigen Elemente, aus denen das Tragwerksteil besteht, auch im Zusammenwirken im Knoten zu zeigen, ist durch das additive Aneinanderreihen deutlich. Die Schwerachse des druckbeanspruchten Rohrs ist identisch mit der Systemlinie, die Zugkraft wird auf zwei Rundstäbe verteilt, so daß sich Druckstab und Zugstäbe durchdringen. Die Vielzahl der Verbindungsbleche wird durch eine Schraube wieder zusammengefaßt.

Geometrie	Systemlinien	In der Ebene	●
		Im Raum	
		Anzahl	4
		Winkelbezug	
	Zuordnung Schwerachsen – Systemlinien	Identisch	
		Versetzt	●
		Symmetrisch	●
	Querschnittsformen	Offene Profile	
		Hohlprofile	●
		Vollprofile	●
		Einteiliger Querschnitt	
		Mehrteiliger Querschnitt	●
Kraft	Statisches System	Gelenkige Verbindung	●
		Biegesteife Verbindung	
	Kraftfluß, Kraftleitung	Zentrisch	●
		Exzentrisch	
		Unmittelbar	●
		Mittelbar	
	Beanspruchung der Tragwerksteile	Zug	●
		Druck	●
		Biegung	
	Beanspruchung der Verbindungsmittel	Zug	
		Abscheren	●
		Zug, Druck	
	Verbindungsmittel – Verfahren	Geschraubt	●
		Geschweißt	
		Geklebt	
Form	Additives Prinzip ohne Zwischenglied	Stoß	
		Überlappung	
		Durchdringung	
	Additives Prinzip mit Zwischenglied	Kleines Verbindungselement	●
		Großes Verbindungselement	
		Universalanschluß	
		Individualanschluß	●
	Integriertes Prinzip		

6.5.3 Fügung Halbrahmen, Rahmenriegel – Abspannung

Die Auflagerkraft des auskragenden Rahmenriegels wird über die Zugelemente in die Wände des Untergeschosses geleitet. Die Zugkraft ist symmetrisch zur Systemlinie auf zwei Abspannungen verteilt. Über Verbindungselemente fließen die Kräfte in Stegblech und Gurte. Die Querschnittsform des I-Trägers ist der Biegebeanspruchung des Rahmenriegels angepaßt.

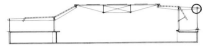

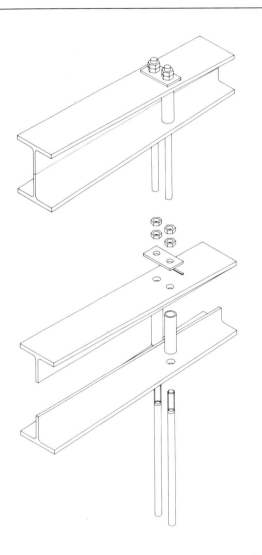

Geometrie	Systemlinien	In der Ebene	●
		Im Raum	
		Anzahl	2
		Winkelbezug	90°
	Zuordnung Schwerachsen – Systemlinien	Identisch	
		Versetzt	●
		Symmetrisch	●
	Querschnittsformen	Offene Profile	●
		Hohlprofile	
		Vollprofile	●
		Einteiliger Querschnitt	
		Mehrteiliger Querschnitt	●
Kraft	Statisches System	Gelenkige Verbindung	●
		Biegesteife Verbindung	
	Kraftfluß, Kraftleitung	Zentrisch	●
		Exzentrisch	
		Unmittelbar	●
		Mittelbar	
	Beanspruchung der Tragwerksteile	Zug	●
		Druck	
		Biegung	●
	Beanspruchung der Verbindungsmittel	Zug	●
		Abscheren	
		Zug, Druck	
	Verbindungsmittel – Verfahren	Geschraubt	●
		Geschweißt	
		Geklebt	
Form	Additives Prinzip ohne Zwischenglied	Stoß	
		Überlappung	
		Durchdringung	●
	Additives Prinzip mit Zwischenglied	Kleines Verbindungselement	
		Großes Verbindungselement	
		Universalanschluß	
		Individualanschluß	
	Integriertes Prinzip		

6.5.4 Fügung Halbrahmen, Rahmenecke – Windverband

In der biegesteifen Ecke werden Biegemomente, Querkräfte und Normalkräfte vom Rahmenriegel in die Stütze eingeleitet. Die im Schwerpunkt des I-Profils angeschlossenen Elemente der Windaussteifung (Druckriegel des Vertikalverbands und Zugdiagonale des Horizontalverbands) übertragen ihre Kräfte im räumlichen Knotenpunkt der Rahmenecke. Die Tragelemente der Rahmenecke leiten die Kräfte zentrisch und unmittelbar ab. Die verschiedenen Kraftrichtungen und Querschnittsformen werden über unterschiedliche Verbindungsbleche aufgenommen und weitergeleitet.

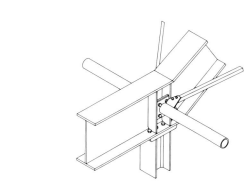
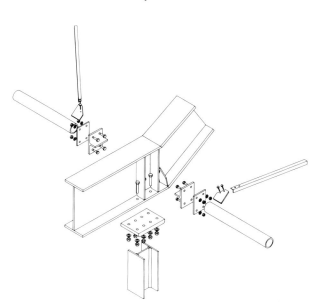

Geometrie	Systemlinien	In der Ebene	
		Im Raum	•
		Anzahl	5
		Winkelbezug	45°, 90°
	Zuordnung Schwerachsen – Systemlinien	Identisch	•
		Versetzt	
		Symmetrisch	
	Querschnittsformen	Offene Profile	•
		Hohlprofile	•
		Vollprofile	
		Einteiliger Querschnitt	•
		Mehrteiliger Querschnitt	
Kraft	Statisches System	Gelenkige Verbindung	•
		Biegesteife Verbindung	
	Kraftfluß, Kraftleitung	Zentrisch	•
		Exzentrisch	
		Unmittelbar	•
		Mittelbar	
	Beanspruchung der Tragwerksteile	Zug	•
		Druck	•
		Biegung	
	Beanspruchung der Verbindungsmittel	Zug	•
		Abscheren	•
		Zug, Druck	
	Verbindungsmittel – Verfahren	Geschraubt	•
		Geschweißt	•
		Geklebt	
Form	Additives Prinzip ohne Zwischenglied	Stoß	
		Überlappung	
		Durchdringung	
	Additives Prinzip mit Zwischenglied	Kleines Verbindungselement	•
		Großes Verbindungselement	
		Universalanschluß	
		Individualanschluß	•
	Integriertes Prinzip		

6.5.5 Fügung Halbrahmen – unterspannter Träger

Die vertikalen Auflagerkräfte des direkt gelagerten Dachbinders und des Längsträgers werden an den Riegel des Halbrahmens abgegeben. Durch das Addieren der ⊥-Träger sind Schwerachsen und Systemlinien in der Höhenlage versetzt. Eine Übertragung von Horizontalkräften ist dadurch ausgeschlossen. In die rechtwinklig einander zugeordneten ⊥-Träger sind Zwischenbleche eingeschweißt, um eine gleichmäßige Kraftleitung zu erhalten. Damit am Kragträger eine horizontale Auflagerfläche entsteht, ist der Rahmenriegel in die Horizontale abgeknickt.

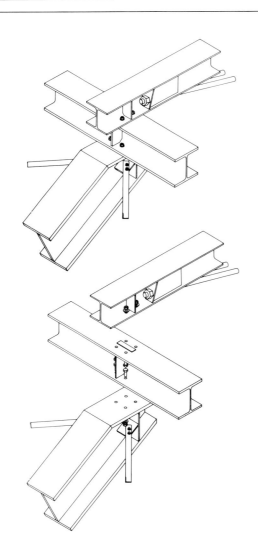

Geometrie	Systemlinien	In der Ebene		
		Im Raum		•
		Anzahl		3
		Winkelbezug		
	Zuordnung Schwerachsen – Systemlinien	Identisch		
		Versetzt		•
		Symmetrisch		
	Querschnittsformen	Offene Profile		•
		Hohlprofile		
		Vollprofile		
		Einteiliger Querschnitt		•
		Mehrteiliger Querschnitt		
Kraft	Statisches System	Gelenkige Verbindung		•
		Biegesteife Verbindung		
	Kraftfluß, Kraftleitung	Zentrisch		
		Exzentrisch		•
		Unmittelbar		
		Mittelbar		•
	Beanspruchung der Tragwerksteile	Zug		
		Druck		•
		Biegung		•
	Beanspruchung der Verbindungsmittel	Zug		
		Abscheren		•
		Zug, Druck		
	Verbindungsmittel – Verfahren	Geschraubt		•
		Geschweißt		
		Geklebt		
Form	Additives Prinzip ohne Zwischenglied	Stoß		
		Überlappung		•
		Durchdringung		
	Additives Prinzip mit Zwischenglied	Kleines Verbindungselement		
		Großes Verbindungselement		
		Universalanschluß		
		Individualanschluß		
	Integriertes Prinzip			

Sporthalle, Lorch
7.0 Raumabschluß

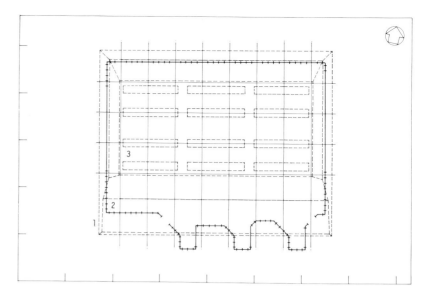

1 Trapezblech
  (mit herabgezogenen Dachrändern)
2 Senkrechter Raumabschluß als Pfosten-Riegel-Glasfassade
3 Oberlichter

7.1 Konstruktive Durchbildung

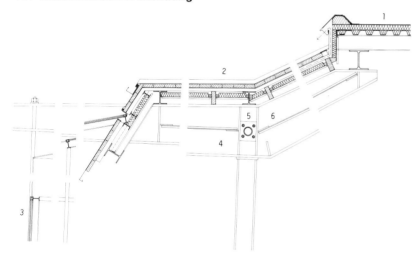

Horizontaler Raumabschluß

Die Anpassung an das vorgegebene Lichtraumprofil über der Spielfläche der Zuschauer- und Eingangszone und die Zielsetzung der Einfügung des Gebäudes in die besonderen örtlichen Verhältnisse führten zu den charakteristischen Abschrägungen und Abstufungen des Daches.

Für die Dachkonstruktion wurden zwei verschiedene Prinzipien angewendet:
- Warmdach
  Flachdach über den unterspannten Trägern,
- Kaltdach
  geneigte Dachflächen über den abgespannten Halbrahmen und den Giebelstützen.

Oberlichter
Die Hauptbelichtung der Sportfläche erfolgte über 1,8 m breite Satteloberlichter, die auch bei Unterteilung der Halle für ausreichend gleichmäßiges Licht sorgen. Als Sonnenschutz dienen innenliegende, horizontal geführte Markisen.

Schnitt Dachkonstruktion
1 Warmdach
2 Kaltdach
3 Treppenhausverglasung
4 Abgespannter Halbrahmen
5 Rohr ⌀ 60,3 × 5 mm
6 Dachverband 55 × 6 mm

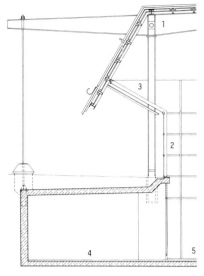

Vertikalschnitt Nordfassade
1 Abgespannter Halbrahmen
2 Pfosten-Riegelfassade
3 Schrägverglasung
4 Eingegrabene Geräteräume
5 Spielebene

Vertikaler Raumabschluß

Alle Außenwände und tragenden Innenwände im Untergeschoß (eingegrabener Bereich, Spielebene) sind mit Ausnahme einer verglasten Ecke zum Gymnastikhof in Stahlbeton ausgeführt. Bis auf Teile der Stirnseiten und drei Wandscheiben an den Abgängen zu den Umkleideräumen sind die Pfosten-Riegel-Fassaden im Eingangsgeschoß bis auf Fußbodenhöhe verglast. Je nach Anforderung wurden unterschiedliche Glassorten verwendet:
– Drahtspiegelglas 7 mm,
– Plexiglas 7 mm,
– Einscheibensicherheitsglas 6,5 mm.

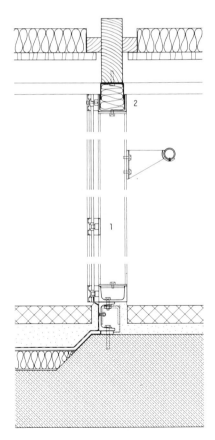

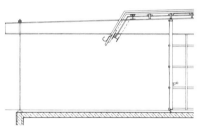

Vertikalschnitt Südfassade
1 Pfosten-Riegelfassade
2 Beweglicher Dachausschluß
3 Handlauf

Sporthalle, Lorch
8.0 Installation

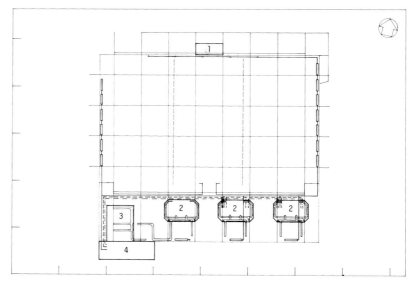

Hallengeschoß
1 Regieraum
2 Duschraum
3 Haupt-WC
4 Technik
5 Heizung Vorlauf und Rücklauf
6 Kalt-/Warmwasser
7 Desinfektion
8 Zuluft
9 Abluft

8.1 Systeme

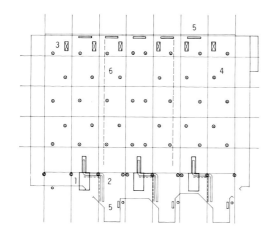

Eingangsgeschoß
1 Zuluft- und Umluftgeräte
2 Zuluft, Duschen, Umkleiden
3 Dachradiallüfter
4 Scheinwerfer
5 Radiator
6 Trennvorhang

Die Sporthalle wird über eine Warmwasserheizungsanlage beheizt; als Brennstoff dient Öl. Die Heizzentrale für das gesamte Areal befindet sich im Progymnasium. Das Kesselvorlaufwasser wird über eine Fernleitung zur Übergabestation im Technikraum gepumpt. Die Warmwasserbereitung und die Lüftungsanlage werden direkt angefahren. Als Heizelemente dienen Röhrenstahlradiatoren in Gliederbauweise und Stahlkonvektoren.

Jeder Hallenteil besitzt eine Be- und Entlüftungsanlage für die Hallen sowie Umkleiden und Duschen. Jede Anlage besteht aus einem gemeinsamen Zuluftgerät und getrennten Dachabluftventilatoren.

Die Gesamtluftmenge des frei auf dem Dach stehenden Zuluftgeräts beträgt 11 200 m^3/h, wobei 9500 m^3/h auf die Halle und 1700 m^3/h auf Umkleiden und Duschen entfallen. Für diese Räume sind Nacherhitzer eingebaut, um eine Einblastemperatur von 26 °C zu erreichen.

Eine weitere Absauganlage über Dachlüfter ist für die Haupt-WC-Anlage installiert.

Die Hallenbeleuchtung erfolgt über vom Tragwerk abgehängte Scheinwerfer mit Metallhalogenlampen. Die Beleuchtung ist in zwei Schaltgruppen – Übungsbeleuchtung und Veranstaltungsbeleuchtung – unterteilt. Die drei Kleinspielfelder können zudem separat geschaltet werden.

Für Durchsagen und Übertragungen des Pausensignals besitzt die Halle eine besondere Verstärkeranlage für eine Beschallung von 200 Watt. Die Anlage ist nur für Sprachqualität ausgelegt.

8.2 Leitungsführung und Tragwerk

Durch die Trennung der Lüftungsanlage in drei getrennte Funktionseinheiten und die Plazierung der Zuluftgeräte auf dem Dach sind die Leitungswege kurz, und das Tragwerk wird im Innenraum durch Lüftungsleitungen nicht wesentlich beeinflußt.

Die Anschlüsse der Radiatoren auf der Eingangsebene werden von der unter der UG-Decke liegenden Verteilungsleitung durch den Boden geführt. Die Konvektoren auf Spielebene liegen an der Stirnseite der Halle hinter einer Wand als Holzträger. Die Hauptverteilung der Wasser-, Heizungs- und Desinfektionsleitungen erfolgt über einer abgehängten Zwischendecke des Turnschuhgangs.

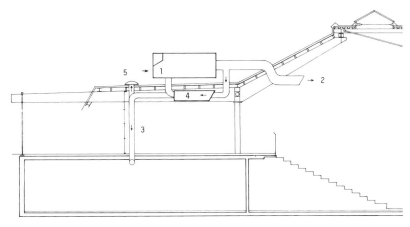

Vertikalschnitt Südfassade
mit aufgesetztem
Zuluftgerät
1 Frischluft
2 Zuluft Halle
3 Zuluft Duschen, Umkleiden
4 Umluft
5 Abluft Duschen, Umkleiden

Sporthalle, Lorch
9.0 Auswertung

9.1 Entwurfsbestimmende Zielvorstellungen

- Offene, niedrige Bauweise,
- ein Gebäude, das sich der Umgebung anpaßt, – kein rechteckiger Kubus,
- leichtes, aufgelöstes Tragwerk,
- Ablesbarkeit der Konstruktion,
- auf die Umgebung und den Zweck der Bauteile abgestimmte Farbgebung,
- leichte Materialien entsprechend den Anforderungen an die Nutzung – Sport.

9.2 Zusammenwirken von Nutzung, Konstruktion und Form

Ort

Die Einfügung der Sporthalle in die Landschaft folgt der Zielsetzung des Bebauungsplans, der Gebäude in einer lockeren, niedrigen Bauweise vorsieht.

Um das gewünschte Erscheinungsbild zu erreichen, wurden folgende architektonischen Mittel eingesetzt:
- Die Halle und die Nebenräume werden 3,00 m eingegraben, das Gebäude wirkt auf der Talseite eingeschossig.
- Ausbildung des Daches als Haube: Die Dachform ist sowohl auf die Gebäudehöhe als auch auf den Innenraum abgestimmt.
- Das metallisch glänzende Blechdach wirkt entmaterialisierend. Das Erscheinungsbild verändert sich mit den Jahreszeiten.

Programm

Die Raumzuordnung und die Raumgrößen sind optimal auf die unterschiedlichen Nutzungen abgestimmt. Raumform und Tragwerk stimmen überein.

Raumbildende Elemente wie Trennvorhänge, Sonnenschutzelemente oder Klimageräte sind ent-

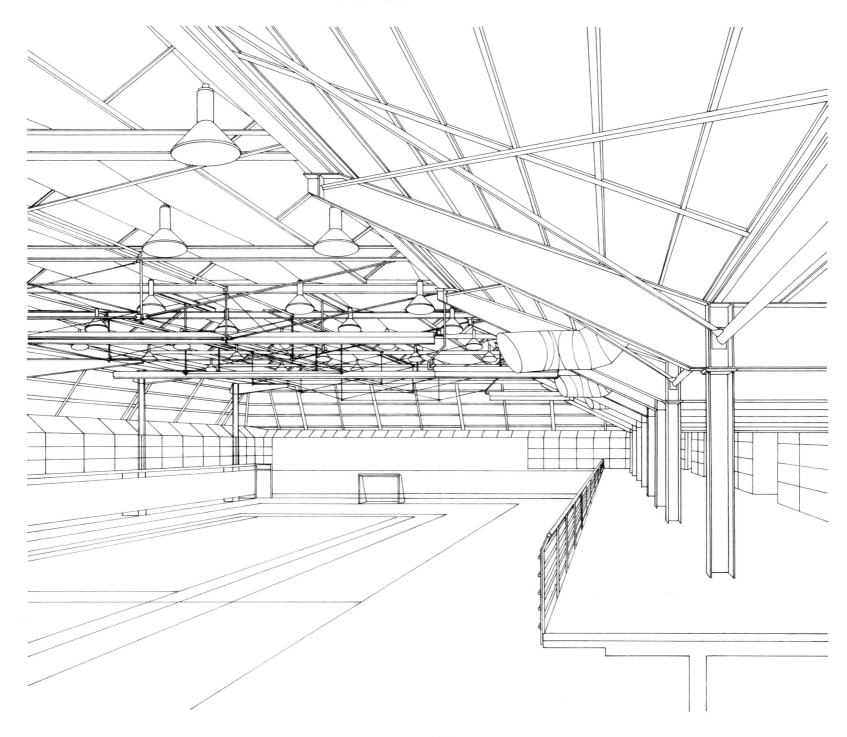

sprechend ihren Bedingungen im additiven Prinzip angeordnet.

Das Raumangebot und die Spielfeldgrößen entsprechen den Normen des DSB (Deutscher Sportbund).

Erschließung

Das Erschließungssystem ist gekennzeichnet durch drei Wendeltreppen für die Sportler und eine einläufige, gerade Treppe für die Besucher.

Das Ordnungsschema der Wendeltreppen ermöglicht:
— einfache Orientierung, die Erschließungselemente sind schon von außen beim Betreten der Halle wahrnehmbar;
— der Stiefelgang entfällt; er ist in die öffentliche Zone im Erdgeschoß integriert;
— kurze Wege, Reduzierung von dunklen Fluren im Untergeschoß,
— Belichtung der im Untergeschoß gelegenen offenen Umkleideräume durch den Treppenraum,
— Gliedern und Auflockern der Fassade zur Talseite.

Tragwerk

Bedeutung des Tragwerks
Das Tragwerk ist Bestandteil einer Konzeption, in welcher der spielerische Gedanke sportlicher Betätigung im Bauwerk zum Ausdruck kommen soll. Das filigrane, in hochbeanspruchte Elemente aufgelöste Tragwerk entspricht in allen Teilen dieser Zielvorstellung und wird zum gestaltprägenden Element der Sporthalle.

Beanspruchung und Tragwerksform
Das Tragsystem wird in abgespannte Halbrahmen und unterspannte Träger (hybrides System) aufgelöst, dadurch Reduzierung der Abmessungen der Tragwerksteile und Elemente. Die Form der Haupttragwerksteile, biegebeanspruchte Halbrahmen und unterspannte Träger, entspricht der jeweilgen Beanspruchung durch Biegemomente oder Normalkräfte.

Ablesbarkeit des Tragverhaltens
Ablesbarkeit der Systeme, Subsysteme und Elemente
Die Subsysteme und Elemente sind, bedingt durch den hohen Grad der Auflösung und Gliederung der Systeme, klar definiert. Funktionsweise und Tragverhalten aller Teile sind ablesbar und nachvollziehbar.

Materialgerechte Verwendung der Baustoffe
Für die Haupttragwerksteile wurde ausschließlich der Baustoff Stahl verwendet. Den unterschiedlichen Beanspruchungen (Biegung, Druck, Zug) entsprechend wurden für die Tragwerksteile materialtypische Querschnitte (I-Profile, Rohre, Stäbe) gewählt.

Bedeutung der Fügung
Dem offenen System entspricht das gewählte additive Fügungsprinzip. Für jeden Fügungspunkt wird eine adäquate, der jeweiligen Funktion und Beanspruchung entsprechende Lösung gesucht. Die konstruktiven Details werden zum gestaltprägenden Element.

Raumabschluß

Für die gleichmäßige Belichtung der Sportflächen sorgen die Satteloberlichter. Die zurückgesetzten vertikalen Fensterflächen ermöglichen in erster Linie für den Zuschauer den Kontakt zur Außenwelt und verstärken die Wirkung des Daches als Haube. Sonnenschutzvorrichtungen sind nur bei den Oberlichtern erforderlich. Die Sportler empfinden die stirnseitige Verglasung als störend. Die Schrägverglasungen unter dem Dach sind schmutzempfindlich. Die Untersicht des Daches zeigt die verwendeten Materialien der Dachkonstruktion, Holz und Stahl, in Abstimmung mit Nutzung und Tragwerk. Die Verwendung von Plexiglas ermöglicht die einfache Detailausbildung bei der Durchdringung von Tragwerksteilen und Glasfassade. Das Aluminiumblech als Dachhaut verleiht dem Gebäude ein technisches Erscheinungsbild und ermöglicht durch Spiegelungen in jeder Jahreszeit eine farbliche Abstimmung zur umgebenden Landschaft.

Installation

Raumbildende Installationen – Heizung, Lüftung – sind entsprechend den Anforderungen aus der Nutzung und ihren eigenen Bedingungen gestaltet und verlegt (verdeckt oder offen). Die drei großformatigen Lüftungsaggregate sind nicht nur platzsparend und funktionell auf dem Dach untergebracht, sondern bewußt in die Gesamtgestaltung der Südfassade einbezogen.

Form

Das Gebäude paßt sich der Situation an. Es ist für den Ort entworfen. Die Architektur bringt in Form und Tragwerk zum Ausdruck, daß die Nutzung Sport als Spiel betrieben wird. Die Individualität der einzelnen Bauteile – aus Tragwerk, Raumabschluß und Installation – ist ablesbar und trägt zur Verständlichkeit der ihr zugewiesenen Funktionen bei. Durch die Farbgebung wird die Gesamtwirkung gesteigert, zum Beispiel sind Teile, die tragen, mit kräftigen, Sicherheit ausstrahlenden Farben behandelt. Schlanke zugaufnehmende Teile sind in hellen Tönen – etwa gelb – gestrichen.

Inmos Halbleiterfabrik, Newport/GB

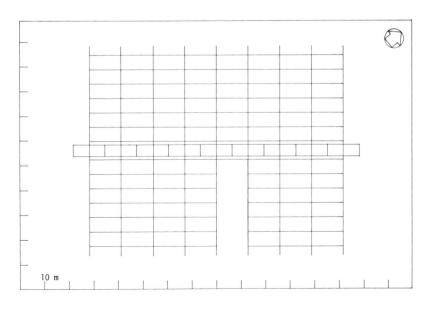

10 m

Inmos Halbleiterfabrik, Newport/GB
1.0 Dokumentation

1.1 **Personen**

Bauherr	Inmos Mikrochip Company
Architekten	Richard Rogers + Partners Ltd., London
	Julia Barfield, David Barlett, Pierre Botschi, Mike Davis, Saly Eaton, Michael Elkan, Marco Goldschmied, Kunimi Hayashi, Tim Inskip, Peter Munn, David Nixon, Richard Rogers, John Young
Ingenieure	Anthony Hunt Associates, London
	Joint Partners Tony Hunt/David Hemmings
	Associates
	Allan Bernau
	Alan Jones
Versorgungs-ingenieure	Yrme Engineers
Kalkulatoren	Hans Comb Partnership
Bauunternehmer	Laing Management Contracting Ltd.

1.2 **Termine**

1978/1979	Entwurf
April 1982	Übergabe des fertigen Gebäudes an den Bauherrn.

1.3 **Kenngrößen**

1. Bauabschnitt
Außenmaße: ca. 86,4 × 105,6 m
Überbaute Fläche: ca. 8110 m²
Umbauter Raum: ca. 50 000 m³

Inmos Halbleiterfabrik, Newport/GB

2.0 Idee, Konzept

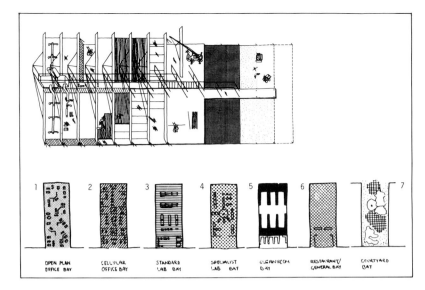

Bauprozeß und Nutzungsalternativen
1 Großraumbüro
2 Zellenbüro
3 Standard-Laborraum
4 Spezial-Laborraum
5 Reinstraum
6 Restaurant
7 Begrünter Innenhof

2.1 **Ziele, Aufgabenstellung des Bauherrn**

Der Bauherr forderte ein Gebäude mit Produktionsanlagen für Mikrochips, Büroflächen und Nebenräumen. An die Klimatisierung ergeben sich aus der Produktion von Mikrochips außergewöhnlich hohe Anforderungen.

Ein zügiger Entwurfs- und Konstruktionsablauf sollte gegeben sein.

2.2 **Zielvorstellungen, Aussagen Architekt**

Die Architekten modifizierten die Wünsche des Bauherrn und fügten eine Reihe von Zielvorstellungen als Richtlinien hinzu, aus denen das Gebäude entstand:
— Der Entwurf sollte Änderungen in der Nutzung problemlos zulassen, da das Raumprogramm erst während der Bauphase entstand.
— Das Gebäude sollte maximale Flexibilität, potentielles Wachstum und wechselnde Raumaufteilung erlauben, um den Anforderungen einer neuen und schnell wachsenden Industrie zu entsprechen; große stützenfreie Flächen waren gefordert.
— Gebäudeerweiterungen sollten ohne Unterbrechung der Produktion vorgenommen werden können.
— Entwurf und Konstruktion sollten an das kurzfristige Planungsprogramm des Bauherrn angepaßt werden.
— Der Entwurf mußte für jeden Bauplatz geeignet sein.
— Das Gebäude sollte sowohl als Hochleistungs-, Präzisions-, Produktionsmaschine erscheinen wie auch als freundliches, anregendes Umfeld für die Beschäftigten.[13]

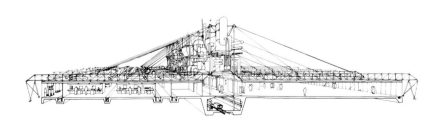

2.3 **Aussagen Ingenieur**

David J. Hemmings
»Wir wurden von den Architekten in der Grundlagenermittlungsphase hinzugezogen (Stadium A im Leistungsverzeichnis des Royal Institute of British Architects RIBA). Die gute Zusammenarbeit war ein Resultat des vollen Einsatzes aller am Projekt beteiligten Personen. Das Gebäude sollte für eine konkrete Nutzung gebaut werden, die Beteiligung des Nutzers (im Team) war besonders wichtig. Um diesem Umstand Rechnung zu tragen, wurde ein Projektleiter ernannt und als Repräsentant des Kunden dem Entwurfsteam vorangestellt. Der hochinstallierte Charakter des Gebäudes bedingte außerdem, daß der Installationsingenieur im Entwurfsteam eine tragende Rolle spielte. Durch die enge Zusammenarbeit aller Beteiligten war es uns auch möglich, das Konzept in seiner Ganzheit zu beeinflussen.

Einige der zentralen Anforderungen des Programms gaben uns mehr Einfluß, als dies normalerweise üblich ist. Als Beispiele seien genannt: stützenfreier Innenraum, hohe Belastung des Tragwerks durch Installationen, die Forderung nach minimal umbautem Raum.

Die Faktoren, welche die Ausformung der Tragstruktur wesentlich bestimmten, waren:
— stützenfreier Innenraum,
— minimaler umbauter Raum,
— große Traglasten durch Service-Installationen,
— leichte Montage des Tragwerks,
— Erweiterbarkeit,
— Veränderbarkeit.

Die Aufzählung ist ohne Rangfolge, die Priorität der Faktoren in bezug auf die jeweilige Einzellösung ist von Fall zu Fall verschieden.

Die ästhetische Würdigung des Tragwerks bleibt dem individuellen Geschmack überlassen. Wir sind jedoch der Überzeugung, daß sie vom funktionalen Aspekt her so intensiv auf die Forderung des Programms eingeht wie bei kaum einem Gebäude, das unter praktischen Gesichtspunkten entworfen wurde.

Das Gebäude wurde so konzipiert, daß darin in einem 24-Stunden-Schichtsystem gearbeitet werden kann. Das bedeutet, daß es möglich sein muß, Wartungsarbeiten oder zukünftige Installationen außerhalb des Produktionsbereiches vornehmen zu können.

Der stützenfreie Innenraum erlaubt eine fortgesetzte Veränderung des Produktionsbereichs, wie das in der High-tech-Industrie unabdingbar ist. Die Praktikabilität dieser Veränderbarkeit ist bereits erwiesen: Nach Inbetriebnahme (des Gebäudes) wurden neue Versorgungseinheiten installiert und ein Innenhof eingefügt, ohne daß die Produktion dadurch beeinträchtigt wurde.

Die Wahl von Chlorkautschukfarbe als Anstrich wurde hauptsächlich getroffen, um die Wartung zu erleichtern — nicht primär, um das Erscheinungsbild zur Geltung zu bringen.«[2]

2.4 Expertenaussagen

Constructa-Preis 1986 – Anerkennung

Beurteilung des Preisgerichts:
»Die architektonische Leistung des Inmos-Projektes liegt in der gelungenen Integration einer intelligenten konstruktiven Lösung mit den klimatechnischen und funktional-räumlichen Anforderungen. Ästhetik und Technik werden zu einer untrennbaren Einheit.

Die Forderungen nach frei unterteilbaren, stützenlosen Produktionsflächen und klimatisierten Sauberkeitsräumen führten zu einer innovativen konstruktiven Lösung mit abgehängten, über dem Dach liegenden Dreigurtträgern. Die lineare Anordnung der hierfür notwendigen Pylone wurde zum ordnenden Rückgrat der Gesamtanlage und umschreibt die Erschließungsachse sowie die als Skulptur gestaltete Klimatechnik. Diese zentrale Achse gibt dem Bauwerk sein unverwechselbares Erscheinungsbild und zeigt, daß durch eine intelligente und sorgfältige Gestaltung der bloßen technischen Notwendigkeiten wie Konstruktion und Klimatechnik eine hohe ganzheitliche architektonische Qualität und Wirtschaftlichkeit erreichbar ist.«[3]

Inmos Halbleiterfabrik, Newport/GB

3.0 Ort

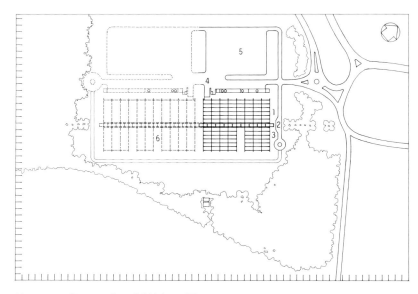

Lageplan
Fabrikationsgebäude
1. Bauabschnitt
1 Produktionsbereich
2 Versorgungs- und
  Erschließungsachse
3 Forschungs- und
  Verwaltungsbereich
4 Anlieferung
5 Parkierung
6 Erweiterung

3.1 Standort

Newport, Gwent, South Wales, GB

3.2 Situation

Die vom Bauherrn sehr knapp bemessene Planungszeit erforderte einen Entwurf, der in verschiedenen Flächenlayouts und auf jedem beliebigen Grundstück zu realisieren war. Während dem Entwurfsprozeß standen mehrere Grundstücke zur Disposition. Wichtige Transportwege und ein hohes Potential an geschulten und ungeschulten Arbeitskräften waren Anlaß, das Fabrikgebäude in Newport bei Gwent zu errichten.

Der erste Bauabschnitt umfaßt einen Teilbereich von acht der insgesamt 20 geplanten Felder. Bei Bedarf kann das Gebäude nach Westen erweitert werden, ohne den laufenden Produktionsbetrieb zu beeinträchtigen.

Inmos Halbleiterfabrik, Newport/GB

4.0 Programm

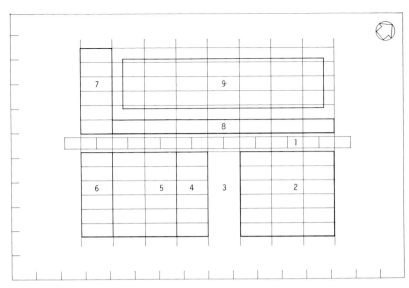

1 Erschließungszone
2 Büro
3 Innenhof
3 Restaurant
5 Labor
6 Technik
7 Anlieferung, Lager
8 Umkleide- und Nebenräume
9 Produktion

4.1 **Nutzung**

Das Entwurfskonzept des Gebäudes besteht aus einem mehrgeschossigen linearen Verkehrs- und Versorgungsrückgrat, an dem zu beiden Seiten die eingeschossigen stützenfreien Nutzungsbereiche angeordnet sind.

Den Hauptteil der Flächen (ca. 50%) beanspruchen der im Norden gelegene Produktionsbereich mit Anlagen zur Fertigung von weiterentwickelten Mikrochips – sehr große integrierende Halbleiterschaltkreise – sowie die dazugehörigen Nebenräume, Anlieferungs- und Auslieferungslager, Labor und Technikräume. Die Abteilungen der Verwaltung und ein Restaurant liegen an der Südseite des Rückgrats.

Ein begrünter Innenhof zwischen den Büros und dem Restaurant sorgt für Tageslicht und geschützte Außenbereiche.

Inmos Halbleiterfabrik, Newport/GB
5.0 Erschließung

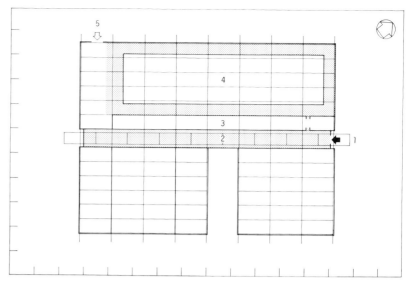

1 Haupteingang
2 Kommunikationsstraße
3 Umkleide, Schleusen
4 Reinstraum
5 Anlieferung

5.1 Personenerschließung

Das Rückgrat, 7,20 m breit und 106 m lang, bildet im Erdgeschoß eine großzügige, natürlich belichtete Kommunikationsstraße, über die beidseitig die Nutzflächen erschlossen werden. Diese interne »Straße« bietet Raum genug zur Unterbringung von Verkaufsautomaten, öffentlichen Fernsprechern, Sitzgruppen, Zierpflanzen und Wartezonen für die Büros.

Die einfache lineare Erschließungsform ermöglicht eine vollständige Sicherheitsüberwachung und kann problemlos in den künftigen Bauabschnitten weitergeführt werden. Dadurch stehen in allen Bauetappen sämtliche Gebäudeeinrichtungen allen Beschäftigten zur Verfügung.

Der Produktionsbereich an der Nordseite umfaßt den Reinstraum, der vom Rückgrat über die Umkleideräume erschlossen wird. Die Umkleideräume, in denen das Personal Spezialkleidung anlegen muß, dienen gleichzeitig als Luft- und Staubschleusen zum Reinstraum.

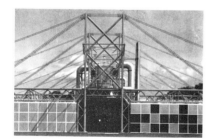

Inmos Halbleiterfabrik, Newport/GB
6.0 Tragwerk

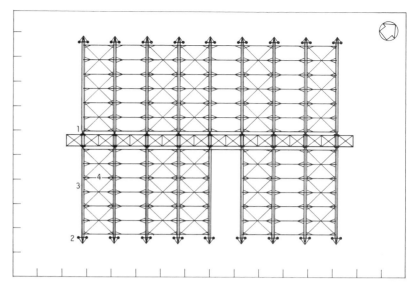

1 Pylone
2 Randstützen
3 Hauptträger
4 Nebenträger

6.1 Gesamtsystem

Das Stahltragwerk setzt sich aus vier Subsystemen zusammen:
- Pylone und Randstützen,
- Hauptträger,
- Abspannungen,
- Nebenträger.

Die Formen der einzelnen Tragwerksteile entsprechen der jeweiligen Beanspruchung. Das Prinzip der Auflösung in druck- und zugbeanspruchte Elemente mit möglichst geringen Abmessungen wurde in fast idealem Maße verwirklicht. Das gesamte Tragwerk liegt außerhalb des Raumabschlusses und trägt entscheidend zum Erscheinungsbild des Bauwerks bei.

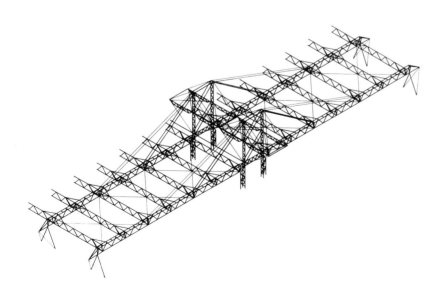

6.2 Subsysteme

6.2.1 Pylone und Randstützen

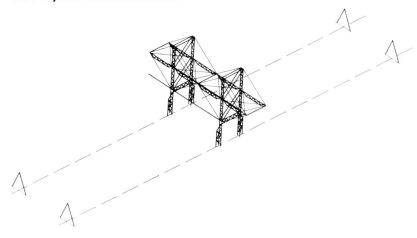

Die Pylone, die das »Rückgrat« des Tragwerks bilden, dienen zusammen mit den außenliegenden Randstützen als Auflager für die Hauptträger und tragen die anfallenden Vertikal- und Horizontallasten ab.

6.2.2 Hauptträger und Nebenträger

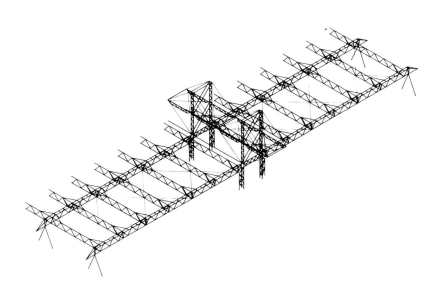

Die Hauptträger überspannen stützenfrei ein Feld von 38,00 × 13,20 m. Zur Verringerung der auftretenden Biegebeanspruchung und Verformung sind die Träger in den Drittelspunkten der Stützweite abgespannt. Auf diese Weise entsteht das System eines dreifeldrigen Durchlaufträgers mit elastischen Mittelauflagern.

Das System der Nebenträger bildet das Auflager für die unten angehängte Dachhaut. Sie liegen im Abstand von 6,00 m auf den Hauptträgern auf. In den Feldern, in denen horizontale Windverbände angeordnet sind, übernehmen die Nebenträger zusätzlich die Funktion des Druckriegels eines ausgekreuzten Gelenkvierecks.

6.2.3 Abspannungen

Die am Tragwerk angeordneten Abspannungen erfüllen zwei grundsätzlich unterschiedliche Funktionen:
- Die Hauptabspannungen, die an den Pylonen verankert sind, bewirken eine Zwischenauflagerung der Hauptträger; entsprechend ihrer Neigung erhalten sie unterschiedlich große Zugkräfte und sind in der Zahl der Einzelstäbe diesen Kräften angepaßt.
- Die Abspannungen an den gespreizten Randstützen bewirken eine Teileinspannung des Hauptträgers am Endauflager und reduzieren somit die Verformungen in den anschließenden Endfeldern der Träger.

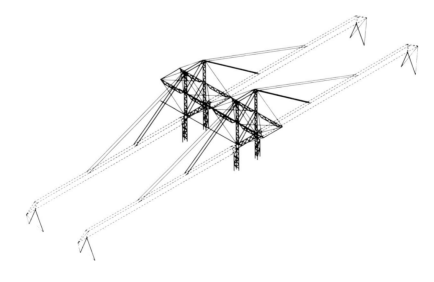

6.3 Tragwerksteile – Tragwerkselemente

6.3.1 Pylone

Das »Rückgrat« des Tragwerks wird von 15 m hohen Rohrfachträgern gebildet, die 4,80 m voneinander entfernt stehen.

In den Bereichen über dem Dachtragwerk (Ebene 1 und 2) bestehen die Pylone aus ebenen Trägern, im unteren Bereich werden sie zu dreistieligen Fachwerkstützen erweitert. Diese Portalrahmen sind in Gebäudelängsrichtung in Ebene 1 durch ⊥-Träger, in Ebene 2 durch Fachwerkträger gelenkig miteinander verbunden. Diese Träger bilden die Druckriegel der zwischen den Portalrahmen angeordneten Auskreuzungen. Am Kopf der Pylone werden die Hauptabspannungen umgelenkt und durch Zugglieder zwischen den Doppelpylonen »kurzgeschlossen«.

In Ebene 1 sind die Hauptträger gelenkig an die Rahmen angeschlossen.

In Querrichtung sind die Pylone oberhalb der Ebene 1 durch Auskreuzungen, in Höhe der Hauptträger durch die biegesteif angeschlossenen Fachwerkriegel verbunden.

Durch das Zusammenwirken der Längs- und Queraussteifung der Pylone entsteht ein steifer Mittelkern zur Ableitung der Vertikal- und Horizontallasten.

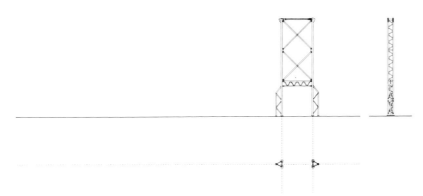

6.3.2 Hauptträger

Die Hauptträger des Tragwerks sind als geschweißte Rohrfachwerkträger mit doppeltem Obergurt, einfachem Untergurt und geneigten Diagonalen ausgeführt. Die Ausführung des Ober- und Untergurts entspricht der Biegebeanspruchung des elastisch gelagerten Dreifeldträgers: Der Bereich der positiven Biegemomente (gedrückter Obergurt, gezogener Untergurt) ist wesentlich größer als derjenige der negativen Biegemomente (gezogener Obergurt, gedrückter Untergurt).

Die Stabilität der Hauptträger gegen seitliches Kippen wird durch den höhengleichen Abschluß der Nebenträger vergrößert.

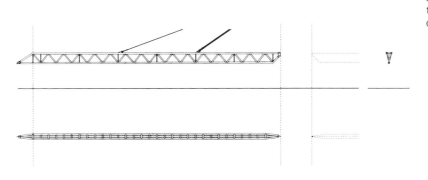

6.3.3 Nebenträger

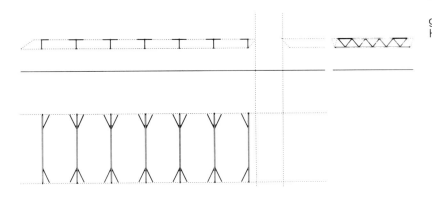

Die Nebenträger liegen im Abstand von 6,00 m und sind als ebene, einfeldrige Rohrfachwerkträger ausgeführt. An den Nebenträgern ist ein quadratischer Rost abgehängt, an dem der horizontale Raumabschluß aus Stahltrapezblech befestigt ist.

Die Systemhöhe der Nebenträger entspricht derjenigen der Hauptträger, so daß problemlose Anschlußbedingungen vorliegen. Die geringere Beanspruchung der Nebenträger ist durch die Wahl kleinerer Querschnittsabmessungen der Einzelelemente berücksichtigt. Die Obergurte der Fachwerkträger werden an den Auflagern durch horizontale Streben, die am Obergurt der Hauptträger befestigt sind, seitlich gehalten. Damit wird die Knicklänge des gedrückten Obergurts verringert.

6.3.4 Abspannungen

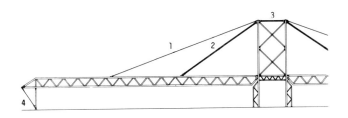

Die Hauptabspannungen (1 und 2) nehmen die vertikalen Auflagerkräfte des Hauptträgers auf und geben sie am Pylonkopf ab. Die beiden Pylonköpfe sind durch Zugglieder (3) miteinander verbunden, so daß in die Pylone nur Normalkräfte eingeleitet werden.

Infolge der unterschiedlichen Neigung und Länge der Abspannstäbe treten unterschiedlich große Zugkräfte auf. Die kürzeren Abspannungen (2) bestehen aus zwei Doppelstäben ⌀ 50 mm, die längeren (1) aus zwei Einzelstäben ⌀ 50 mm. Für die kurzen Zugglieder (3) genügen ebenfalls zwei Doppelstäbe ⌀ 50 mm, da sie nur die Horizontalkomponenten der angeschlossenen Hauptabspannungen übernehmen müssen.

Die Abspannungen am Endauflager (4) bewirken zusammen mit der V-Stütze eine Einspannung des Hauptträgers. Das Moment wird in Zug- und Druckkraft aufgelöst, und die Zugglieder sind als Stahlstäbe ⌀ 36 mm ausgeführt.

6.4 Tragverhalten

6.4.1 Vertikale Lasten

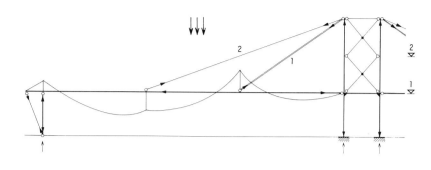

Abtragung der vertikalen Lasten
Eigengewicht und Schnee

Die vertikalen Lasten infolge Eigengewicht und Schnee werden über den Raumabschluß und die Nebenträger in die Hauptträger geleitet. Die elastisch gelagerten, dreifeldrigen Hauptträger geben diese Lasten direkt an die Endstützen und über die Abspannungen an die Pylone ab.
  Der Verlauf der Biegemomente zeigt den Zusammenhang zwischen Neigung und Länge der Abspannungen und den aufnehmbaren vertikalen Kräften: Sie nehmen mit flacher werdender Neigung (Vertikalkomponente wird kleiner) und wachsender Länge (Längendehnung wird größer) ab.

Entsprechend bleibt das Biegemoment beim nachgiebigen »Auflager« der Abspannung 2 im positiven Bereich (Untergurt gezogen, Obergurt gedrückt), während es am wesentlich steiferen Auflager der Abspannung 1 und am eingespannten Endauflager in den negativen Bereich (Untergurt gedrückt, Obergurt gezogen) wechselt.

Windsog

Für den Lastfall Windsog sind keine zusätzlichen Maßnahmen erforderlich, da die ständigen Lasten wesentlich größer als die abhebend wirkenden Soglasten sind.

6.4.2 Horizontale Lasten

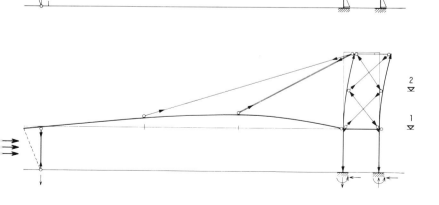

Abtragung der horizontalen Windlasten
Gebäudequerrichtung

Die Horizontallasten infolge Wind, die auf die Gebäudelängsseite treffen, werden über die Fassade, Rand- und Hauptträger sowie über den Windverband in Ebene 2 in die versteiften Portalrahmen abgetragen. Vom Wind getroffene Flächen sind der vertikale Raumabschluß und die in der Kernzone in der Höhe 1 und 2 untergebrachten Aggregate und Leitungen der Haustechnik.

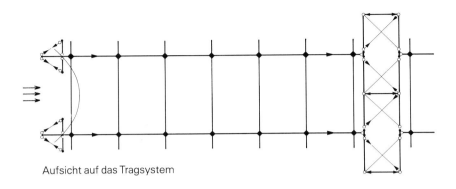

Aufsicht auf das Tragsystem

Gebäudelängsrichtung

Die Windlasten, die auf die Querseiten des Gebäudes treffen, werden über die Fassade in die horizontalen Windverbände eingeleitet. Diese wirken zusammen mit den Nebenträgern und Hauptträgern als liegender Fachwerkträger, der seine Lasten an die V-förmigen Endstützen und an die Portalrahmen abgibt.

Sämtliche Zugglieder sind so vorgespannt, daß sie über den Abbau von Zugkräften auch Druckkräfte aufnehmen können.

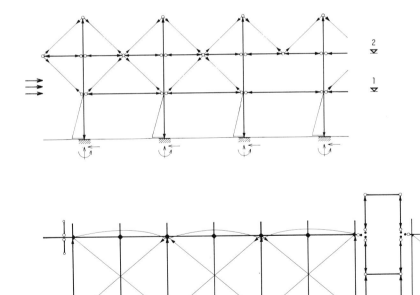

Aufsicht

6.5 Fügung

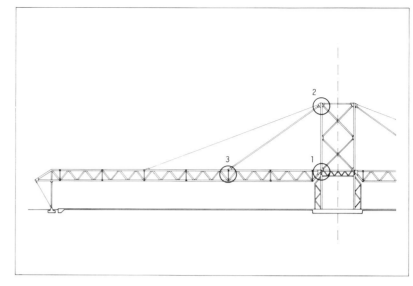

1 Fügung
  Pylone-Portalrahmen-
  Hauptträger
2 Fügung
  Pylone – Abspannungen
3 Fügung
  Abspannung – Hauptträger
  Hauptträger – Nebenträger

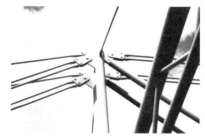

Bei der Betrachtung der Fügungsprinzipien des Tragwerks muß grundsätzlich unterschieden werden zwischen
— der Fügung der Einzelelemente zu einem Tragwerkteil und
— der Fügung der Tragwerksteile untereinander zu den Subsystemen und dem Gesamttragwerk.
Die Stahlrohrelemente bilden durch unlösbare Schweißverbindungen die Fachwerkträger und -rahmen, während die einzelnen Tragwerksteile, also Nebenträger, Hauptträger und Portalrahmen, durch gelenkige Bolzenverbindungen gefügt sind. Diese Fügungen sind additiv ausgeführt und unter konstruktiven und montagetechnischen Gesichtspunkten optimiert.

6.5.1 Fügung Pylone – Portalrahmen – Hauptträger

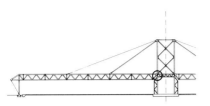

Die vertikalen und horizontalen Auflagerlasten des Hauptträgers werden an den Portalrahmen abgegeben.

Die Verbindung ist als gelenkige, lösbare Bolzenverbindung ausgeführt. Die aus nichtrostendem, hochfestem Stahl hergestellten Scherbolzen sind durch Beilagscheiben und Splinte gesichert. Die hohe Festigkeit verringert die Abmessungen der Bolzen und damit die Gesamtgröße der Anschlüsse. Der Montagevorgang wurde durch das Fehlen von Schrauben und Muttern wesentlich vereinfacht. Der Anschluß erfolgt als zweischnittige Verbindung über angeschweißte Binde- und Knotenbleche.

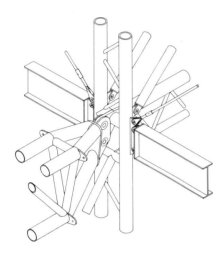

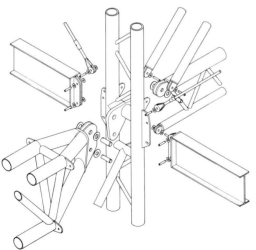

Geometrie	Systemlinien	In der Ebene	
		Im Raum	●
		Anzahl	3
		Winkelbezug	90°
	Zuordnung Schwerachsen – Systemlinien	Identisch	●
		Versetzt	
		Symmetrisch	
	Querschnittsformen	Offene Profile	●
		Hohlprofile	●
		Vollprofile	
		Einteiliger Querschnitt	
		Mehrteiliger Querschnitt	●
Kraft	Statisches System	Gelenkige Verbindung	●
		Biegesteife Verbindung	
	Kraftfluß, Kraftleitung	Zentrisch	●
		Exzentrisch	
		Unmittelbar	●
		Mittelbar	
	Beanspruchung der Tragwerksteile	Zug	●
		Druck	●
		Biegung	
	Beanspruchung der Verbindungsmittel	Zug	
		Abscheren	●
		Zug, Druck	
	Verbindungsmittel – Verfahren	Geschraubt	●
		Geschweißt	
		Geklebt	
Form	Additives Prinzip ohne Zwischenglied	Stoß	
		Überlappung	
		Durchdringung	
	Additives Prinzip mit Zwischenglied	Kleines Verbindungselement	●
		Großes Verbindungselement	
		Universalanschluß	
		Individualanschluß	●
	Integriertes Prinzip		

6.5.2 Fügung Pylone – Abspannungen

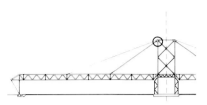

Im Verankerungspunkt der Abspannungen werden die Zugkräfte umgelenkt und als Druckkräfte in die Pylone abgegeben. Die angeschlossenen Rundrohre gewährleisten mit den Zuggliedern ein Zusammenwirken und eine Queraussteifung von zwei Pylonen.

Die einteiligen Stäbe werden direkt über aufgeschweißte Augen und Knotenbleche an die Pylone angeschlossen, während die zweiteiligen Stäbe über zusätzliche Bindebleche an die Knotenbleche angeschlossen sind. Durch diese Maßnahme werden Knotenpunkte geometrisch aufgelöst und vereinfacht.

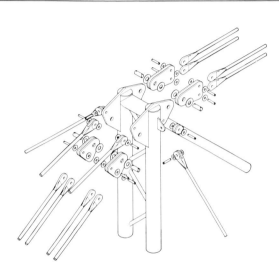

Geometrie	Systemlinien	In der Ebene	•
		Im Raum	
		Anzahl	4
		Winkelbezug	
	Zuordnung Schwerachsen – Systemlinien	Identisch	•
		Versetzt	
		Symmetrisch	
	Querschnittsformen	Offene Profile	
		Hohlprofile	•
		Vollprofile	•
		Einteiliger Querschnitt	
		Mehrteiliger Querschnitt	•
Kraft	Statisches System	Gelenkige Verbindung	•
		Biegesteife Verbindung	
	Kraftfluß, Kraftleitung	Zentrisch	•
		Exzentrisch	
		Unmittelbar	•
		Mittelbar	
	Beanspruchung der Tragwerksteile	Zug	•
		Druck	•
		Biegung	
	Beanspruchung der Verbindungsmittel	Zug	
		Abscheren	•
		Zug, Druck	
	Verbindungsmittel – Verfahren	Geschraubt	•
		Geschweißt	
		Geklebt	
Form	Additives Prinzip ohne Zwischenglied	Stoß	
		Überlappung	
		Durchdringung	
	Additives Prinzip mit Zwischenglied	Kleines Verbindungselement	•
		Großes Verbindungselement	
		Universalanschluß	
		Individualanschluß	•
	Integriertes Prinzip		

6.5.3 Fügung Abspannung – Hauptträger; Hauptträger – Nebenträger

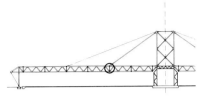

An diesem Fügungspunkt werden vier Funktionen erfüllt:
- Verankerung der kurzen Abspannung am Hauptträger,
- Anschluß einer Nebenträgerachse an den Hauptträger,
- Verankerung der Zugstäbe, die eine seitliche Halterung der Nebenträger gewährleisten,
- Anschluß der Diagonalstäbe des horizontalen Windverbands.

Das einmal gewählte Fügungsprinzip wird konsequent durchgeführt: Anschluß der einteiligen Stäbe über zweischnittige Augen an den angeschweißten Knotenblechen; Anschluß der zweiteiligen Abspannung über Bindebleche.

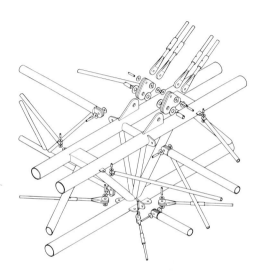

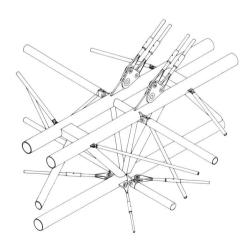

Geometrie	Systemlinien	In der Ebene	
		Im Raum	•
		Anzahl	3
		Winkelbezug	
	Zuordnung Schwerachsen – Systemlinien	Identisch	•
		Versetzt	
		Symmetrisch	
	Querschnittsformen	Offene Profile	
		Hohlprofile	•
		Vollprofile	•
		Einteiliger Querschnitt	
		Mehrteiliger Querschnitt	•
Kraft	Statisches System	Gelenkige Verbindung	•
		Biegesteife Verbindung	
	Kraftfluß, Kraftleitung	Zentrisch	•
		Exzentrisch	
		Unmittelbar	•
		Mittelbar	
	Beanspruchung der Tragwerksteile	Zug	•
		Druck	•
		Biegung	
	Beanspruchung der Verbindungsmittel	Zug	
		Abscheren	•
		Zug, Druck	
	Verbindungsmittel – Verfahren	Geschraubt	•
		Geschweißt	
		Geklebt	
Form	Additives Prinzip ohne Zwischenglied	Stoß	
		Überlappung	
		Durchdringung	
	Additives Prinzip mit Zwischenglied	Kleines Verbindungselement	•
		Großes Verbindungselement	
		Universalanschluß	
		Individualanschluß	•
	Integriertes Prinzip		

Inmos Halbleiterfabrik, Newport/GB
7.0 Raumabschluß

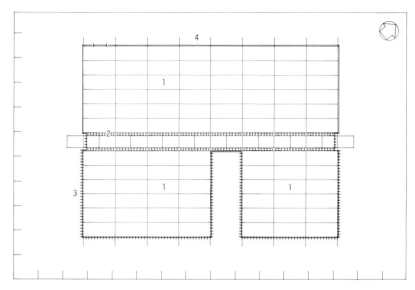

1 Horizontaler Raumabschluß als Flachdach
2 Schrägverglasung zur Belichtung der Erschließungszone
3 Vertikaler Raumabschluß als Pfosten-Riegel-Element-Fassade verglast
4 Geschlossen

7.1 Konstruktive Durchbildung

Horizontaler Raumabschluß

Die zwischen den Hauptträgern angeordneten Nebenträger im Abstand von 6,00 m nehmen mit Hilfe von Hängestäben einen Rost aus Rechteckrohrprofilen auf, der mit 1,10 × 6,00 m großen Trapezblechtafeln abgedeckt ist.
Die darüberliegende Wärmedämmung ist mit einer fünfschichtigen verschweißten Dachfolie abgedeckt.

Vertikaler Raumabschluß

Die Außenwände bestehen aus einer standardisierten, stehenden Pfosten-Riegel-Konstruktion, die jede Art von Ausfachung zuläßt: Einfach- oder Doppelverglasungen, durchsichtige, opake oder undurchsichtige Paneele.
Dies ermöglicht dem Bauherrn, die Gestalt der Fassaden den veränderten Nutzungen anzupassen.

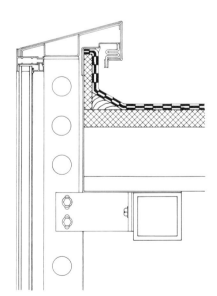

Vertikalschnitt
Dachanschluß

Inmos Halbleiterfabrik, Newport/GB
8.0 Installation

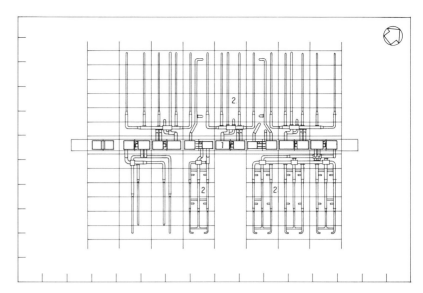

Dachaufsicht
1 Zwei Geschosse mit Installationsboxen
2 Außenliegende Verteilungskanäle zu den unterschliedlichen Nutzungsbereichen

8.1 Systeme

Entsprechend dem Gesamtkonzept, der Erweiterbarkeit sowie der Anpassung an sich schnell verändernde Technologien wurden die Hauptlüftungsanlagen in leicht zugängliche Installationsmodule aufgelöst. Dadurch konnten auch die Rohrlängen im oberen Teil des »Rückgrats« minimiert werden.

Um staubfreie Luft, konstante Temperaturen und Feuchtigkeitsbedingungen zu gewährleisten, verfügen die Reinsträume über eine Hochleistungsklimaanlage.

8.2 **Leitungsführung und Tragwerk**

Die hohe Belastung des Tragwerks durch Installationen sowie die Forderung nach stützenfreien Innenräumen führten neben Nutzungsüberlegungen zum mehrgeschossigen »Rückgrat« als haupttragendem Element. Die abgehängten Dachfachwerkträger bilden über den eingeschossigen Zonen den Bereich zur Unterbringung aller Hauptleitungskanäle. Die Rohre durchstoßen das Dach jeweils dort, wo sie benötigt werden.

Installationsleitungen aus der Energiezentrale für Warm- und Kaltwasser, Kühlwasser, Druckluft usw. verlaufen im oberen Teil des Rückgrats und versorgen die einzelnen Klimazonen. Produktionsabfälle werden in linearen Unterflurkanälen gesammelt. Die produktionsrelevanten Versorgungsleitungen werden über Installationswände in den jeweiligen Fertigungszonen verteilt.

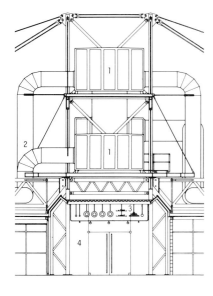

Schnitt durch Versorgungsachse
1 Installationsboxen
2 Außenliegende Verteilungskanäle
3 Offene Versorgungsleitungen
4 Erschließungszone

Inmos Halbleiterfabrik, Newport/GB

9.0 Auswertung

9.1 Entwurfsbestimmende Zielvorstellungen

- Nutzungsunabhängige Raumgrößen,
- maximale Flexibilität,
- große, stützenfreie Flächen,
- Erweiterbarkeit ohne Störung des laufenden Betriebs,
- standortunabhängiges Gebäudekonzept,
- kurze Bauzeit,
- hochleistungstechnisches Erscheinungsbild,
- freundliche, anregende Atmosphäre für die Beschäftigten.

9.2 Zusammenwirken von Nutzung, Konstruktion und Form

Ort

Die Umgebung hat keinen Einfluß auf die Gebäudestruktur. Für den Standort waren maßgebend:
- gute Verkehrsanbindungen,
- hohes Potential an Arbeitskräften,
- ebenes Grundstück mit genügend Raum für Erweiterungen.

Programm

Schnell sich verändernde Produktionsverfahren erfordern nutzungsneutrale, flexible Raumangebote. Dies wird erreicht durch:
- 13,20 m Breite × 38,00 m Tiefe, stützenfreie, unterteilbare Räume, die in der Reihung zu beliebig großen Nutzungsblocks zusammengefügt werden können,
- lineares Erschließungssystem,
- außenliegendes Tragwerk,
- außenliegende Installation,
- Erweiterbarkeit – in einer Richtung.

Erschließung

Die entwurfsbestimmende, 7,20 m breite dreigeschossige Erschließungsachse für Personen und Installationen bildet das »Rückgrat« der gesamten Anlage:
- öffentliche Kommunikationszone,
- Automaten, Sitzgruppen, Fernsprecher usw.,
- freundliche Atmosphäre,
- einfaches Orientierungssystem,
- optische Sicherheitskontrolle,
- natürliche Belichtung,
- Anschluß an den Innenhof,
- auch von innen erlebbares Tragwerk,
- einfache Erweiterbarkeit.

Tragwerk

Bedeutung des Tragwerks
Das außenliegende, in allen Teilen sichtbare Tragwerk bestimmt zusammen mit den Installationen das Erscheinungsbild des Bauwerks. Form und konstruktive Durchbildung des Tragwerks entsprechen in ihrer technischen Ästhetik der Hochtechnologie einer Halbleiterfabrik. Das Tragwerk dient als Struktur, die den Belangen der Nutzung entspricht.

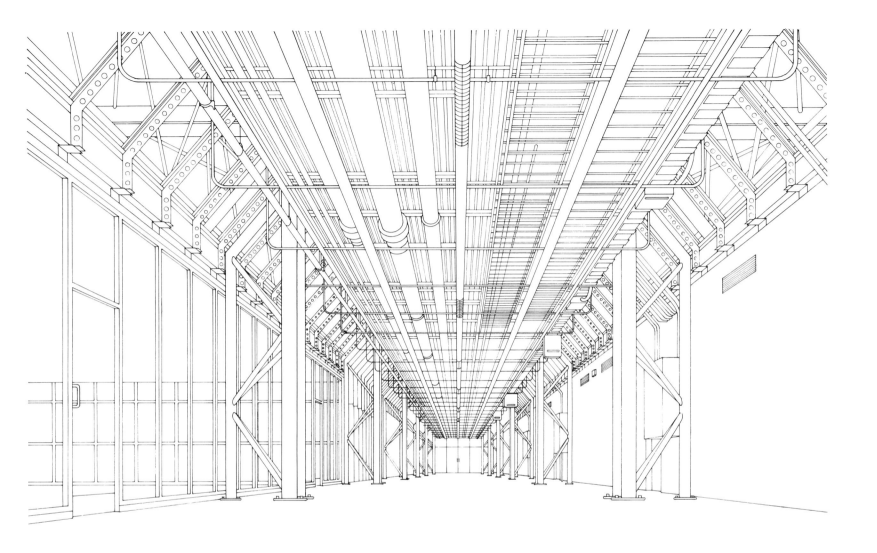

Beanspruchung und Tragwerksform
Das Tragwerk wird in ein hybrides Tragsystem aufgelöst, bei dem nur normalkraftbeanspruchte Teile (Druck-, Zugstäbe, Fachwerkträger) auftreten. Dadurch werden die Abmessungen der Tragwerksteile wesentlich reduziert.

Ablesbarkeit des Tragverhaltens, Ablesbarkeit der Systeme, Subsysteme, Elemente
Additiver Aufbau der Elemente und Subsysteme und Zuordnung der einzelnen Funktionen (Ziehen, Stützen, Aussteifen) an die jeweiligen Tragwerksteile. Dadurch entstehen größtmögliche Transparenz und Ablesbarkeit der Systeme und deren Tragverhalten.

Materialgerechte Verwendung der Baustoffe
Für das gerichtete Tragsystem werden linienförmige Tragwerksteile, die ausnahmslos aus Stahl bestehen, verwendet.
  Dem Leitgedanken der Hochleistung und Präzision entspricht der Baustoff Stahl in hohem Maße.
  Entsprechend der Beanspruchung durch Druck- und Zugkräfte werden nur doppeltsymmetrische (Hohl- oder Vollprofile), materialtypische Querschnittsformen verwendet.

Bedeutung der Fügung
Das additive Fügungsprinzip entspricht dem offenen, erweiterbaren System. Der Gedanke der montagegerechten Verbindung führte bei allen Fügungspunkten zum Prinzip der Bolzenverbindung. Sämtliche Details sind nach rein funktionalen Gesichtspunkten konstruiert.

Raumabschluß

Der vertikale Raumabschluß aus industriell gefertigten, austauschbaren Wandelementen entspricht der Forderung nach Flexibilität. Die Aufteilung der geschlossenen und verglasten quadratischen Felder wirkt spielerisch und teilweise zufällig. Das filigrane, geometrische Erscheinungsbild der Fassade wird erreicht durch:
— innenliegende Fassadenstützen,
— nach außen flache Horizontal- und Vertikalsprossen in gleicher Breite,
— zurückgesetzten Sockel und Dachrand.

Installation

Die frühe und enge Zusammenarbeit der Fachingenieure führte zu einer funktionellen und gestalterischen Einheit von Tragwerk und Installation:
— Die großen Traglasten der Installationsboxen werden auf zwei Geschossen mit kurzen Spannweiten durch die Pylone aufgenommen.
— Kurze Leitungswege werden durch getrennte, außenliegende Installationsmodule erreicht.
— Leichte Zugänglichkeit von außen für Revisionsarbeiten und Ergänzung oder Austausch von Systemen ist gegeben.
— Die Leitungsführung läuft parallel zur Personenerschließung.
— Die Installationszone für offene Leitungsführung liegt im Innenraum.
Nachteile können sich ergeben durch:
— viele Durchdringungspunkte im horizontalen Raumabschluß,
— Isolierung und Wetterschutz von außenliegenden Leitungen und Aggregaten.

Form

Die ganzheitliche architektonische Qualität und das elegante, leichte und technische Erscheinungsbild werden erzielt durch:
— funktionelle Übereinstimmung von Nutzung, Tragwerk und Installation,
— minimalen umbauten Raum – niedrige Baukörper – durch außenliegendes Tragwerk,
— zweigeschossige, offene Installationsebenen in konstruktiver und gestalterischer Übereinstimmung mit dem Tragwerk,
— einfache, ablesbare Fügungsdetails,
— Farbgebung in Abstimmung der Systeme,
— technische Ästhetik und präzise Durcharbeitung aller Bereiche.

OSLW-Kohlelager, Fürstenfeldbruck

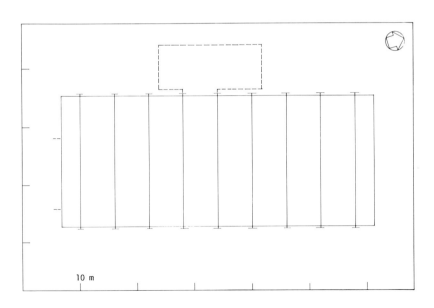

OSLW-Kohlelager, Fürstenfeldbruck
1.0 Dokumentation

1.1 **Personen**

Bauherr	Bundesrepublik Deutschland, vertreten durch Finanzbauamt München II – Siegfried Walch
Architekten	Prof. Kurt Ackermann und Partner, München Jürgen Feit, Peter Jaeger, Richard Martin Mitarbeiter: Jürgen Krauss, Heinz Riegel
Ingenieur	Werner Abelein, München
Grünplanung	Grünplanung GmbH, Freising – Günther Grzimek
Terminplanung	Drees + Sommer, Stuttgart
Betriebstechnik Heizzentrale	ROM – Rudolf Otto Mayer

1.2 **Termine**

Planungsbeginn	1974
Baufertigstellung	1977

1.3 **Kenngrößen**

Außenmaße	Kohlelager 52,80 × 20,40 m Höhe Traufe 13,20 m Oberkante Träger 15,60 m Kohleübergabestation 15,00 × 7,70 m Höhe 5,80 m
Überbaute Fläche	Kohlelager und Übergabestation 107 × 119 = 1196 m^2
Umbauter Raum	Kohlelager und Übergabestation 20 236 m^3

1.4 **Kosten**

11,5 Mio DM für alle Bauwerke der Heizzentrale

OSLW-Kohlelager, Fürstenfeldbruck

2.0 Idee, Konzept

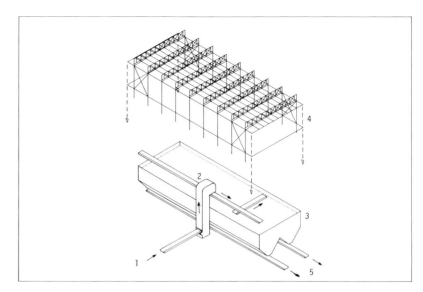

1 Anlieferung
2 Vollautomatische Förderanlage
3 Kohlelagerwanne in Stahlbeton
4 Über die Lagerwanne gestülpte leichte Stahlrahmenkonstruktion
5 Kesselhaus

2.1 Ziele, Aufgabenstellung des Bauherrn

Wegen zu geringer Heizleistung und Überalterung der vorhandenen Anlage des Flughafens sowie durch den Neubau der Offiziersschule der Luftwaffe war der Neubau einer Heizzentrale auf dem Flughafengelände notwendig.

Für die neue Heizzentrale wurde als Auflage der Bundesregierung festgelegt, Kohle als Brennstoff zu verwenden.

2.2 Zielvorstellungen, Aussagen Architekt

Kurt Ackermann
»Für die städtebauliche Situierung spielte die unmittelbare Nachbarschaft der Offiziersschule eine bedeutende Rolle und verlangte nach einer maßstäblichen Einfügung. Das Entwurfsziel war die Errichtung von funktionalen ›Hüllen‹, die Ablesbarkeit der Funktionen nach technischen und formalen Gesichtspunkten. Jeder Bauteil sollte an seiner Funktion und seinen typischen Gestaltmerkmalen erkennbar sein. Die Wahl der Baustoffe wurde nach den technischen und konstruktiven Notwendigkeiten getroffen. Wichtige Gesichtspunkte waren die stützenfreie Überspannung der Räume, notwendige Montagebühnen für den Maschinenbau und Möglichkeiten für Abhängungen. Die Tragkonstruktion sollte ablesbar sein und die Gesamtanlage durch die einzelnen Bauteile entsprechend proportioniert und gegliedert werden.

Die völlige Stützenfreiheit der vollautomatischen Anlage des Kohlebunkers war Voraussetzung für den Einbau der Maschinenteile und gewährleistete gleichzeitig eine Umbaufreiheit für weitere technische Einrichtungen. Die möglichst glatte Raumumhüllung sollte keine Kohlenstaubablagerungen zulassen.

Neben den funktionalen Erfordernissen führte die gestalterische Vorstellung nach ablesbaren tragenden Teilen, nach der Funktion erkennbaren Baukörpern zu diesem Ergebnis.

Der Ingenieur widmete sich vor allem den statischen Problemen und der Dimensionierung der Bauteile. Die Arbeiten wurden in engem Kontakt geleistet, lediglich bei der Konstruktion des Kohlela-

gers wurden keine ausgefahrenen Wege beschritten. Vorgegeben waren:
- technische Funktionen eines vollautomatischen Kohlelagers,
- Anpassung der Hülle als Umweltschutz,
- Eingehen der Konstruktion auf das architektonische Gesamtkonzept.

Um eine angemessene Durchgängigkeit aller Details zum Gesamtkonzept zu erreichen, wurden alle Fügungspunkte mit einfachen, klaren Ausbildungen gelöst, deren Funktion ablesbar ist.

Die Farbgestaltung aller Metallteile wurde in einem durchgehenden schwarzblauen Farbton vorgenommen, um Verschmutzungen und rasche Alterungen möglichst gering zu halten.«[1]

2.3 Aussagen Ingenieur

Werner Abelein
»Ich wurde hinzugezogen zur Entwurfsberatung.
Die Zusammenarbeit war sehr gut (Teamwork).
Auf die Gesamtkonzeption konnte ich keinen Einfluß nehmen.

Hauptziel war die Ökonomie. Fügung und Montagevorgang wurden ausschließlich beachtet unter dem Gesichtspunkt äußerster Ökonomie. Leichtigkeit und Systematik der Konstruktion wurden von mir nicht beachtet, da sie keine eigentlichen Ziele meiner Arbeit, sondern allenfalls die Hilfsbegriffe zur Erreichung der eigentlichen Ingenieurziele waren.

Das Erscheinungsbild gefällt mir mit Ausnahme der sich in der Ansicht überlagernden Dachfachwerke gut.«[2]

OSLW-Kohlelager, Fürstenfeldbruck
3.0 Ort

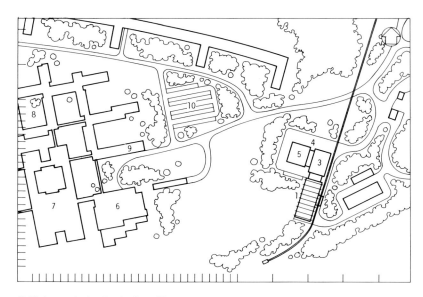

Lageplan

Heizzentrale
1 Kohlelager
2 Kohleübergabestation
3 Kesselhaus
4 Schaltwarte
5 Pumpenhaus

Offiziersschule
6 Wirtschaftsgebäude
7 Hörsaalgebäude
8 Lehrgruppen A, B, C, D
9 Stabsgebäude
10 Gästeparkplatz

3.1 **Standort**

Offiziersschule der Luftwaffe, Fürstenfeldbruck

3.2 **Situation**

Die neuen Bauten für die Bundeswehr liegen am Rande von Fürstenfeldbruck in unmittelbarer Nähe des Flughafens auf ehemaligen, zwischenzeitlich wieder aufgefüllten Kiesgruben.

Die Einfügung der neuen Heizzentrale in die Umgebung erfolgte unter Berücksichtigung guter vorhandener Anlieferungsmöglichkeiten, Kaminhöhe in bezug auf die Landemöglichkeit für Flugzeuge, Umweltbelastung durch Kohlestaub und die unmittelbare Nachbarschaft zur neuen Offiziersschule.

Der Neubau der Heizzentrale gliederte sich in drei Baukörper: entlang dem Anschlußgleis der Kohlelagerbunker mit dem vollautomatischen Kohlelager und der Übergabestation, das Kesselhaus mit Kamin und daran anschließend die Schaltwarte mit Anlage für die Steuerung und die Personalräume.

Funktionale Zusammenhänge zwischen Kesselhaus und Kohlelager bestimmten die Gebäudehöhen. Um das Kohlelager trotz der großen Spannweite möglichst niedrig zu halten, wurde die Tragkonstruktion nach außen gelegt.

OSLW-Kohlelager, Fürstenfeldbruck

4.0 Programm

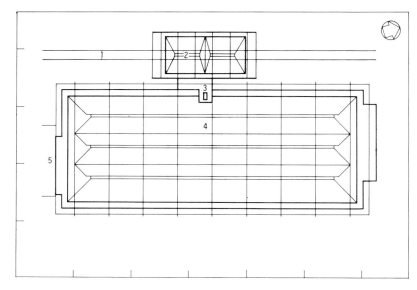

1 Anschlußgleis
2 Kohleübergabestation
3 Becherwerk
4 Kohlelager
5 Durchfahrt mit darüberliegendem Aschensilo als Anschluß

4.1 Nutzung

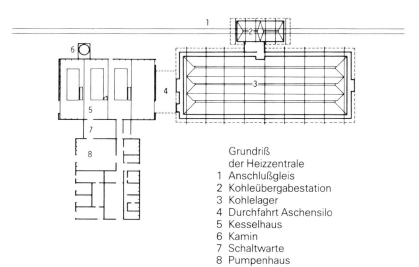

Grundriß der Heizzentrale
1 Anschlußgleis
2 Kohleübergabestation
3 Kohlelager
4 Durchfahrt Aschensilo
5 Kesselhaus
6 Kamin
7 Schaltwarte
8 Pumpenhaus

Die gesamte Anlage ist aus funktionalen Zusammenhängen entwickelt. Dadurch ergeben sich drei Bauteile, die über »Gelenke« miteinander verbunden sind. Kohlelager und Kesselhaus sind durch den Aschensilo verbunden. Das Pumpenhaus schließt sich über die Schaltwarte an das Kesselhaus an. Entsprechend der Funktion der drei Gebäudeteile sind auch die Tragwerke verschieden.

Das Kohlelager (Lagerkapazität 5000 t) besteht aus einem abgesenkten Untergeschoß, in dem auf Stahlbetonschotten im Achsabstand von 6,00 m die gefaltete Kohlelagerwanne ruht. Die über die Lagerwanne gestülpte Stahlrahmenkonstruktion mit einer Außenwandbekleidung aus gekanteten Aluminiumblechen erfüllt zum einen die Forderung nach möglichst geringer Umweltbelastung durch Kohlestaub; zum anderen sind an ihr die Kohleverteilungsbänder, Notbekohlung und Wartungsbühnen aufgehängt.

OSLW-Kohlelager, Fürstenfeldbruck
5.0 Erschließung

Untergeschoß
1 Anschlußgleis
2 Kohleübergabestation
3 Becherwerk
4 Treppen ins UG

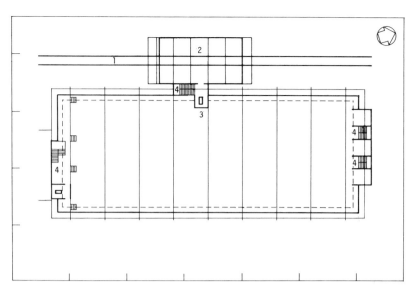

5.1 Personenerschließung

Das vollautomatische Kohlelager wird nur zur Maschinenwartung von Personen betreten. Ins Untergeschoß führen dazu mehrere Stahltreppen, die an den beiden Stirnseiten und im Bereich der Kohleübergabestation angeordnet sind.

Die Kohleverteilungsbänder im Dachraum sind über einen Wartungssteg vom Kesselhaus über den Aschensilo zugänglich.

5.2 Ver- und Entsorgung

Kohletransport

Die Kohlenanlieferung erfolgt über einen direkten Gleisanschluß mit der Eisenbahn. Von der Übergabestation wird die Kohle über eine vertikale Förderanlage auf die Verteilerbänder geführt, von denen der Abwurf in die Lagerwanne erfolgt. Schneckentransportanlagen, die unter den drei Rinnen liegen, befördern die Kohle zu den Heizkesseln.

Entsorgung

Die Brennstoffrückstände (Schlacke, Flugasche, Ruß) werden pneumatisch an den Kesseln abgezogen und in den 60 m³ fassenden Aschensilo gefördert. Dieser wird über eine Austragschnecke mit Befeuchtung direkt auf Lkws entleert.

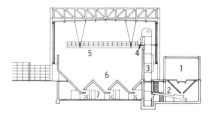

1 Kohleübergabetrichter
2 Förderband
3 Becherwerk
4 Längsförderband
5 Querverteilung
6 Kohlelager
7 Kohleentnahme

OSLW-Kohlelager, Fürstenfeldbruck
6.0 Tragwerk

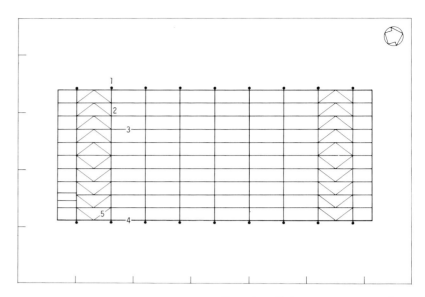

1 Rahmenstiel IPBL 450
2 Rahmenriegel als Fachwerkträger
3 Nebenträger IPE 160
4 Randträger
5 Zugdiagonale L 90 × 8

6.1 Gesamtsystem

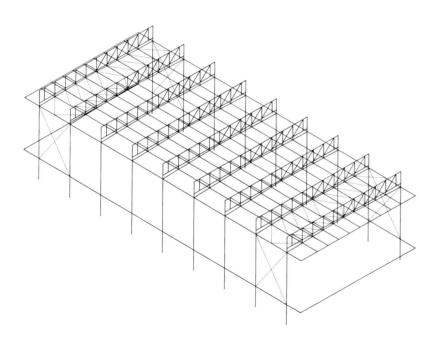

Das über die Lagerwanne gestülpte Stahltragwerk mit seiner Außenwandverkleidung bildet zum einen die äußere Hülle des Kohlelagers, zum anderen dient es zur Abhängung der Beschickungseinrichtungen.

Das Tragwerk setzt sich aus zwei Subsystemen zusammen:
— neun eingespannten Stahlrahmen,
— dem System der Nebenträger.
Um die Bauwerkshöhe gering zu halten, wurden die Stahlrahmen nach außen gelegt, während die abgehängten Nebenträger im Gebäudeinnern liegen.

Alle Tragwerksteile sind so entworfen und konstruiert, daß ihre Funktion und Beanspruchung klar ablesbar und nachvollziehbar sind.

6.2 Subsysteme

6.2.1 Rahmen

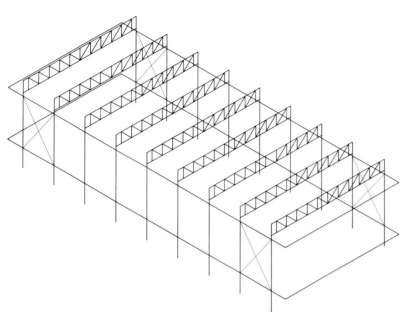

Die in ihrer Tragrichtung eingespannten Stahlrahmen stehen im Abstand von 6,00 m und weisen eine Spannweite von 22,40 m auf. Die Höhe bis Unterkante Rahmenriegel beträgt 13,02 m, die Rahmenriegel selbst besitzen eine Systemhöhe von 2,16 m.

Die Rahmenstiele bestehen aus einem einteiligen Querschnitt, während die Rahmenriegel als Fachwerkträger mit Ober- und Untergurten, Vertikal- und Diagonalstäben ausgeführt sind. Jeweils an den Knotenpunkten der Untergurte sind über einen Zwischenträger die Nebenträger abgehängt.

Die in beiden Endfeldern angeordneten Windverbände gewährleisten die Aussteifung der Rahmen in Längsrichtung:
– Die in der Dachebene liegenden Zugstäbe bilden zusammen mit den Nebenträgern horizontale K-Fachwerkträger.
– Mit den als Druckgurte wirksamen oberen und unteren Randträgern wirken die Zugstäbe der vertikalen Auskreuzungen als aussteifende Verbände.

Die an beiden Stirnseiten angeordneten Vertikalverbände (L 65 × 15) gewährleisten die Aussteifung der Giebelfassaden, die um den halben Achsabstand über die Stahlrahmen hinausragen.

6.2.2 Nebenträger

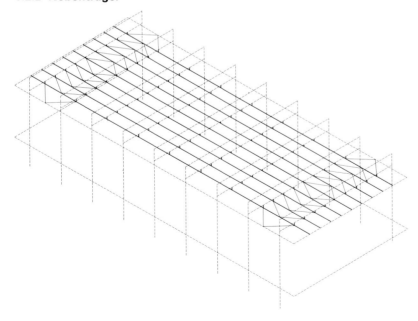

Das System der Nebenträger wird von einer Schar von Durchlaufträgern gebildet. Ihr Abstand von 2,16 m ist auf die Geometrie der Fachwerkriegel abgestimmt. Die Nebenträger dienen sowohl als Auflager für das darauf liegende Stahltrapezblech als auch als Aufhängepunkte für die verschiedenen technischen Einrichtungen des Kohlelagers, wie Kohleverteilungsbänder, Notbekohlung und Wartungsbänder.

6.3 Tragwerksteile, Tragwerkselemente

6.3.1 Rahmenstiele

Die Stiele der Stahlrahmen dienen als Auflager für die biegesteif angeschlossenen Fachwerkriegel. Aufgrund der im Verhältnis zum Rahmenriegel geringen Biegesteifigkeit (IPBL 450) ist die Rahmenwirkung gering. An die Stiele angeschlossen sind die oberen und unteren Randträger, die zur Aufnahme der vertikalen Fassadenpfosten (IPBL 160) dienen.

Die Stiele sind in ihrer Haupttragrichtung in die Fundamente eingespannt.

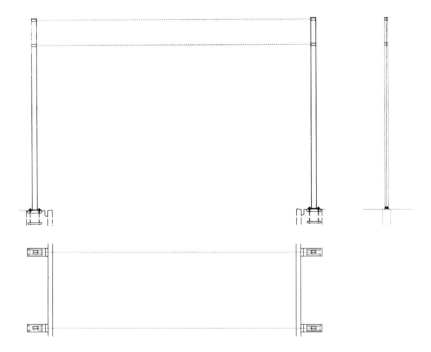

6.3.2 Rahmenriegel

Die Riegel der Stahlrahmen sind als Fachwerkträger ausgeführt. Die Auflösung des reinen Biegeträgers in ein Stahlfachwerk bringt wesentliche Vorteile mit sich:
- die Abtragung der Lasten über zug- und druckbeanspruchte Stäbe,
- Reduzierung des Tragsystems auf die unbedingt notwendigen Tragwerksteile, damit verbunden
- Reduzierung des Materials und somit des Eigengewichts des Systems,
- Transparenz des außenliegenden, sichtbaren Tragwerks und Ablesbarkeit seines Tragverhaltens.

Das parallelgurtige Fachwerk besteht aus folgenden Elementen:
- Ober- und Untergurt als geschlossener Kastenquerschnitt, zusammengesetzt aus zwei U-Profilen ([300),
- senkrechte Pfosten und Diagonalen aus Walzprofilen (IPE 300).

Die Systemhöhe des Trägers entspricht dem Abstand der senkrechten Stäbe, so daß quadratische Gefache entstehen. Durch die Wahl der Systemgeometrie des Fachwerks – zu den Auflagern hin steigende Diagonalen – werden die vertikalen Pfosten (geringe Knicklänge) auf Druck, die diagonalen Streben auf Zug belastet.

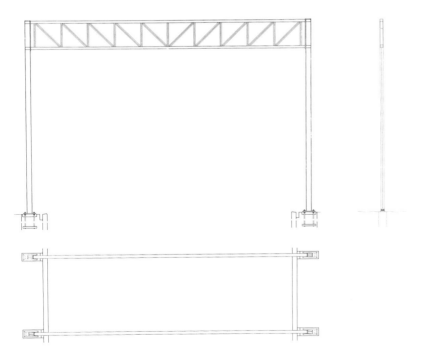

6.3.3 Nebenträger, Randträger

Die durchlaufenden Nebenträger (IPE 160) sind über einen im Dachgefälle liegenden Zwischenträger (IPE 180) an die unteren Knoten der Fachwerkträger angehängt, wodurch eine optimale Einleitung und Abtragung der Kräfte gewährleistet ist.

Das Gefälle ermöglicht die Entwässerung der Dachfläche zum Dachrand hin und wird durch unterschiedliche Längen der Hänger erzielt.

Auf den Nebenträgern liegt die Dachhaut, ein in Richtung des Dachgefälles gespanntes Trapezprofilblech.

Die ringsum laufenden oberen (⊥-Profil, Flansche 300 × 10 mm, Steg 980 × 10 mm) und unteren (IPBL 300) Randträger dienen, neben ihrer Funktion als Druckriegel, zur Aufnahme der vertikalen Fassadenpfosten. Der obere Randträger bildet zudem in Verbindung mit der Regenrinne das längsseitige Randauflager des Trapezprofils.

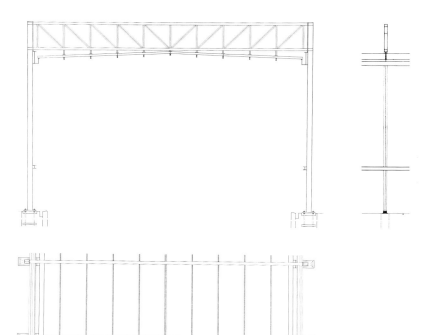

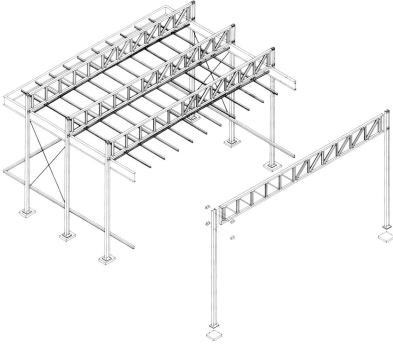

6.4 Tragverhalten

6.4.1 Vertikale Lasten

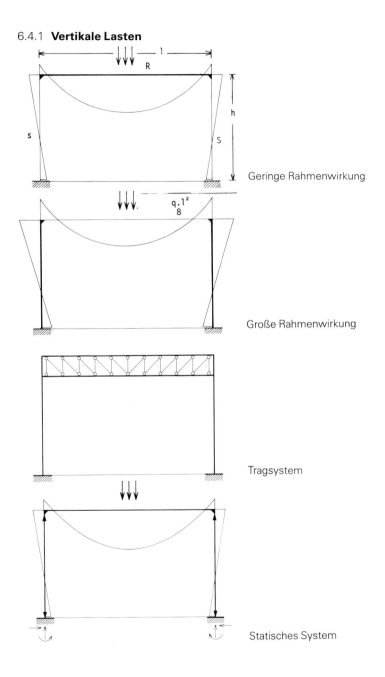

Geringe Rahmenwirkung

Große Rahmenwirkung

Tragsystem

Statisches System

Das Tragsystem, bestehend aus Fachwerkriegel und einteiligen Stielen, läßt sich weiter reduzieren auf das statische System eines eingespannten Rahmens. An diesem System wird das prinzipielle Tragverhalten des Rahmentragwerks dargestellt und analysiert.

Abtragung der vertikalen Lasten
Eigengewicht und Schnee

Die Abtragung der vertikalen Lasten erfolgt über die Rahmenwirkung des Tragsystems: Biegung im eingespannten Rahmenriegel (R), Biegung und Normalkraft in den Stielen (S).

Die Rahmentragwirkung, das heißt der Einspanngrad des Riegels in die Stiele, hängt vom Verhältnis der Biegesteifigkeit (EIs/h bzw. EIr/l) der Tragwerksteile ab:

Je größer die Riegelsteifigkeit gegenüber der Steifigkeit der Stiele ist, desto geringer wird die Rahmenwirkung und umgekehrt.

Bei statisch unbestimmten Systemen wie dem eingespannten Rahmen wird mit der Querschnittswahl der Tragwerksteile das Tragverhalten des Systems wesentlich beeinflußt.

Das Rahmentragwerk des Kohlelagers ist durch eine sehr geringe Rahmenwirkung gekennzeichnet: Das Rahmenmoment M_l beträgt nur ca. $1/20$ des Feldmoments M_{max} des Riegels; das Rahmensystem geht über in das System eines Einfeldträgers auf zwei Stützen. Dieser Beanspruchung – großes Biegemoment in Feldmitte bei großer Durchbiegung des Trägers – wurde durch die Auflösung des Biegeträgers in ein Fachwerksystem mit niedrigem Eigengewicht und hoher Biegesteifigkeit Rechnung getragen. Dadurch werden die Verformungen auf das für die am Fachwerkriegel abgehängten Beschickungssysteme zulässige Maß reduziert.

Durch die Abhängung der Dach- und Kranlasten an die unteren Fachwerkknoten wurde eine dem Fachwerksystem entsprechende Einleitung der Lasten erzielt.

Windsog

Abhebend wirkende Windsoglasten haben beim vorliegenden Tragwerk keine Bedeutung, da die ständig wirkenden Eigenlasten wesentlich größer als die Windsoglasten sind.

6.4.2 Horizontale Lasten

Abtragung der Horizontallasten infolge Wind und Bremskraft der Krane

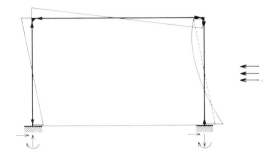

Gebäudequerrichtung

Die horizontalen Lasten werden über die Rahmenwirkung des Systems abgetragen. Aufgrund der großen Biegesteifigkeit der Fachwerkriegel, die eine nahezu volle Einspannung der Stiele in die Riegel zur Folge hat, sind die in diesem Lastfall auftretenden Biegemomente und Normalkräfte gering. Zudem bietet die gewählte Fassadenanordnung eine geringe Windangriffsfläche.

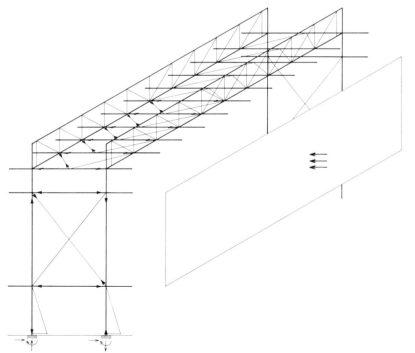

Gebäudelängsrichtung

Die Windkräfte, die auf die Giebelseite des Gebäudes treffen, werden über die Rand- und Nebenträger vom in der Dachebene liegenden Windverband (K-Fachwerksystem mit Zugdiagonalen L 90 × 8) in die vertikalen Windverbände der Endfelder eingeleitet.
  Die Querschnitte der vertikalen Verbände (L 65 × 15) erlauben nur die Übertragung von Zugkräften. Auftretenden Druckkräften entziehen sich die Stäbe durch Ausknicken aus der Systemachse.

6.5 Fügung

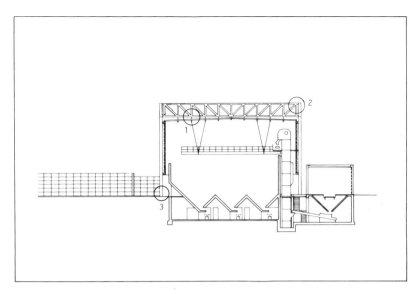

1 Fügung Untergurt
  – Nebenträger
2 Fügung Rahmenriegel
  – Rahmenstiel
3 Fügung Rahmenstiel
  – Fundament

Bei der Fügung der Tragwerksteile und -elemente werden beide Prinzipien angewendet:
- Die Tragwerkselemente des Fachwerksriegels (Ober- und Untergurt, Pfosten und Diagonalen) und die Tragwerksteile (Rahmenriegel und -stiele) werden nach dem additiven Fügungsprinzip verschweißt.
- Die Subsysteme Rahmen, Nebenträger und die Windverbände sind durch Schraubverbindungen zum Gesamttragwerk gefügt (additives Fügungsprinzip).

6.5.1 Fügung Untergurt – Nebenträger

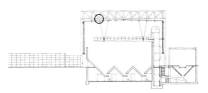

In den unteren Knotenpunkten des Fachwerkriegels werden die vertikalen und horizontalen Dach- und Kranlasten über die am Untergurt angeschweißten Hänger eingeleitet. Die Übertragung der Druck- und Zugkräfte der Fachwerkstäbe erfolgt durch Verschweißen der Profile, während Hänger, Zwischen- und Nebenträger miteinander verschraubt sind.

Die Knoten sind so konstruiert, daß keinerlei Exzentrizität der angeschlossenen Tragwerkselemente auftritt.

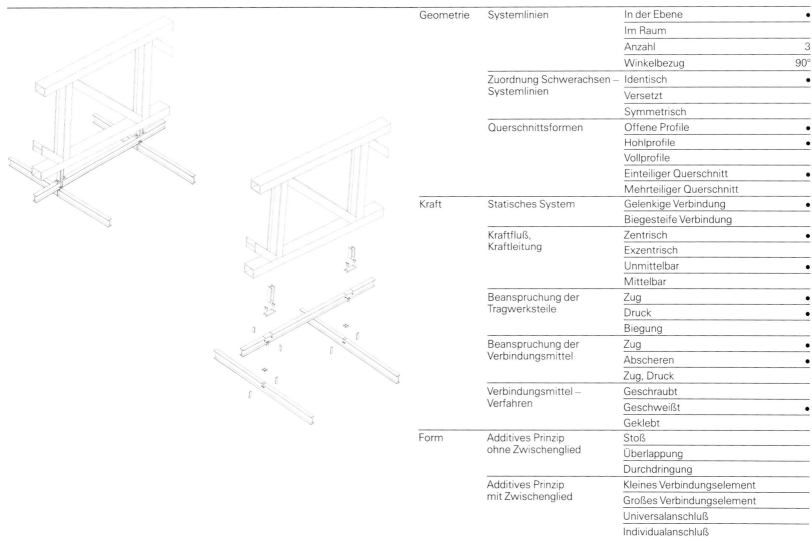

Geometrie	Systemlinien	In der Ebene	•
		Im Raum	
		Anzahl	3
		Winkelbezug	90°
	Zuordnung Schwerachsen – Systemlinien	Identisch	•
		Versetzt	
		Symmetrisch	
	Querschnittsformen	Offene Profile	•
		Hohlprofile	•
		Vollprofile	
		Einteiliger Querschnitt	•
		Mehrteiliger Querschnitt	
Kraft	Statisches System	Gelenkige Verbindung	•
		Biegesteife Verbindung	
	Kraftfluß, Kraftleitung	Zentrisch	•
		Exzentrisch	
		Unmittelbar	•
		Mittelbar	
	Beanspruchung der Tragwerksteile	Zug	•
		Druck	•
		Biegung	
	Beanspruchung der Verbindungsmittel	Zug	•
		Abscheren	•
		Zug, Druck	
	Verbindungsmittel – Verfahren	Geschraubt	
		Geschweißt	•
		Geklebt	
Form	Additives Prinzip ohne Zwischenglied	Stoß	
		Überlappung	
		Durchdringung	
	Additives Prinzip mit Zwischenglied	Kleines Verbindungselement	
		Großes Verbindungselement	
		Universalanschluß	
		Individualanschluß	
	Integriertes Prinzip		•

6.5.2 Fügung Rahmenriegel – Rahmenstiel

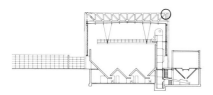

In der Rahmenecke werden die vertikalen Auflagerkräfte (Querkräfte) und die horizontal wirkenden Gurtkräfte, die aus dem zu übertragenden Eckmoment resultieren, in die Rahmenstiele eingeleitet.

Aus geometrischen und formalen Gründen wurden die Rahmenstiele aus der Achse des äußersten Fachwerkpfostens versetzt. Diese für die Beanspruchung der Tragwerksteile unerhebliche Exzentrizität schafft Raum für Randträger und Fassade.

Die Krafteinleitung erfolgt über eine trägerhohe Kopfplatte, die sowohl mit dem Ober- und Untergurt des Fachwerkriegels als auch mit dem Rahmenstiel verschweißt worden ist.

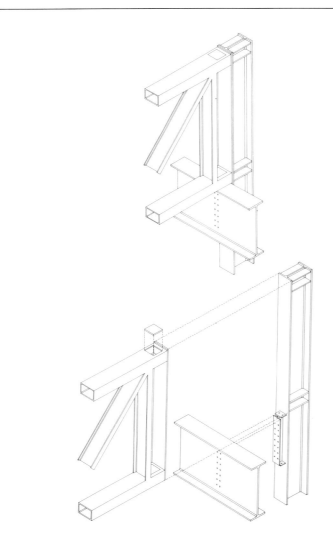

Geometrie	Systemlinien	In der Ebene	
		Im Raum	•
		Anzahl	3
		Winkelbezug	90°
	Zuordnung Schwerachsen – Systemlinien	Identisch	
		Versetzt	•
		Symmetrisch	
	Querschnittsformen	Offene Profile	•
		Hohlprofile	
		Vollprofile	
		Einteiliger Querschnitt	
		Mehrteiliger Querschnitt	•
Kraft	Statisches System	Gelenkige Verbindung	
		Biegesteife Verbindung	•
	Kraftfluß, Kraftleitung	Zentrisch	
		Exzentrisch	•
		Unmittelbar	•
		Mittelbar	
	Beanspruchung der Tragwerksteile	Zug	•
		Druck	•
		Biegung	•
	Beanspruchung der Verbindungsmittel	Zug	
		Abscheren	•
		Zug, Druck	•
	Verbindungsmittel – Verfahren	Geschraubt	
		Geschweißt	•
		Geklebt	
Form	Additives Prinzip ohne Zwischenglied	Stoß	
		Überlappung	
		Durchdringung	
	Additives Prinzip mit Zwischenglied	Kleines Verbindungselement	
		Großes Verbindungselement	
		Universalanschluß	
		Individualanschluß	
	Integriertes Prinzip		•

6.5.3 Rahmenstiel – Fundament

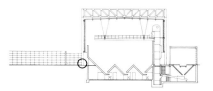

Die Normalkräfte und Biegemomente des Rahmenstiels werden in das Einzelfundament eingeleitet. Die Krafteinleitung erfolgt über eine am Stiel angeschweißte Fußplatte durch vier Hammerkopfschrauben, die so angeordnet sind, daß sich eine Stützenfußeinspannung in der Tragrichtung des Rahmens ergibt.

Geometrie	Systemlinien	In der Ebene	•
		Im Raum	
		Anzahl	2
		Winkelbezug	90°
	Zuordnung Schwerachsen – Systemlinien	Identisch	•
		Versetzt	
		Symmetrisch	
	Querschnittsformen	Offene Profile	•
		Hohlprofile	
		Vollprofile	
		Einteiliger Querschnitt	•
		Mehrteiliger Querschnitt	
Kraft	Statisches System	Gelenkige Verbindung	
		Biegesteife Verbindung	•
	Kraftfluß, Kraftleitung	Zentrisch	•
		Exzentrisch	
		Unmittelbar	•
		Mittelbar	
	Beanspruchung der Tragwerksteile	Zug	
		Druck	•
		Biegung	•
	Beanspruchung der Verbindungsmittel	Zug	•
		Abscheren	•
		Zug, Druck	
	Verbindungsmittel – Verfahren	Geschraubt	•
		Geschweißt	•
		Geklebt	
Form	Additives Prinzip ohne Zwischenglied	Stoß	
		Überlappung	
		Durchdringung	
	Additives Prinzip mit Zwischenglied	Kleines Verbindungselement	
		Großes Verbindungselement	•
		Universalanschluß	
		Individualanschluß	•
	Integriertes Prinzip		

OSLW-Kohlelager, Fürstenfeldbruck

7.0 Raumabschluß

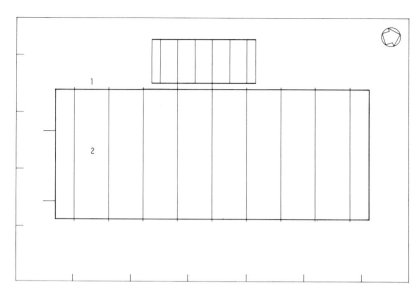

1 Vertikaler Raumabschluß Aluminiumlamellen
2 Horizontaler Raumabschluß aus Trapezprofilblech

7.1 Konstruktive Durchbildung

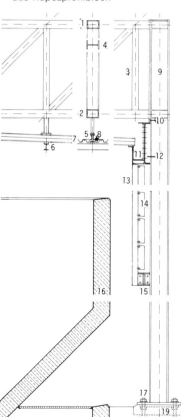

Vertikalschnitt
1 Obergurt 2 [300
2 Untergurt 2 [300
3 Senkrechte IPE 300
4 Diagonalen IPE 300
5 IPE 180
6 IPE 160
7 Trapezprofilblech
8 Abdeckblech
9 Rahmenstiel IPBl 450
10 Auflagernocke
11 Regenrinne mit Gefälle
12 Aussteifung 950 × 135 × 10
13 Pfosten IPBl 160
14 Gekantetes Aluminiumblech einbrennlackiert
15 IPBl 300
16 Stahlbetonwanne
17 2 × 2 Hammerkopfschrauben M 72 × 6, 1 = 2300 mm
18 Justierschraube
19 Betonverguß

Horizontaler Raumabschluß

Unter jeden Fachwerkträger wurde über Distanzstücke (IPE 120) ein zu den Dachrinnen geneigter Träger (IPE 180) abgehängt, unter dem die Nebenträger (IPE 160) im Abstand von 2,00 m befestigt sind. Als Deckungsmaterial wurden Trapezprofilbleche verwendet.

Vertikaler Raumabschluß

Die Außenwände bestehen aus einer Stahlrahmenkonstruktion mit Vertikalstützen (IPBl 160), die im Abstand von 3,00 m mit dem unteren (IPBl 200) und oberen zusammengesetzten Randträger (950 × 135 × 10 mm) verschraubt sind. Die Wetterschale wird durch gekantete, schwarzblau einbrennlackierte Aluminiumbleche gebildet.

OSLW-Kohlelager, Fürstenfeldbruck

8.0 Installation

1 Kohleübergabetrichter
2 Förderband
3 Becherwerk
4 Langförderband
5 Querförderband und Abwurfgeräte
6 Schneckentransportanlage UG
7 Förderband UG
8 Becherwerk mit Übergabe zum Kesselhaus
9 Förderbahnträger
10 Halogenscheinwerfer
11 Dachentwässerung

8.1 Systeme

Längsschnitt
1 Becherwerk
2 Längsförderband
3 Querförderband und Auswurfgeräte
4 Schneckentransportanlage
5 Kran zur Notbekohlung
6 Aschensilo
7 Heizkessel

Im unbeheizten Kohlelager beschränken sich die Installationen auf die vertikalen und horizontalen Förderanlagen für den Kohletransport, einen Kran zur Notbekohlung und die Notbeleuchtung für Wartungsarbeiten.

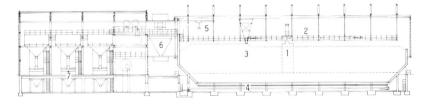

8.2 Leitungsführung und Tragwerk

Um den Innenraum des Kohlelagers von Installationen freizuhalten, sind die reversiblen Förderbänder mit den Abwurfgeräten und der Kran für die Notbekohlung an das ebene Dachtragwerk gehängt.

OSLW-Kohlelager, Fürstenfeldbruck

9.0 Auswertung

9.1 Entwurfsbestimmende Zielvorstellungen

- Maßstäbliche Einfügung in die Umgebung,
- Ablesbarkeit der Funktionen nach technischen und formalen Gesichtspunkten,
- stützenfreie Überspannung der Räume,
- Wahl der Baustoffe nach konstruktiven Notwendigkeiten,
- möglichst geringe Umweltbelastung durch Kohlestaub.

9.2 Zusammenwirken von Nutzung, Konstruktion und Form

Ort

Vorhandene Gleisanlagen zur Anlieferung der Kohle und die Nachbarschaft zur Offiziersschule bestimmten die Lage des Gebäudes.

Programm

Größe und Gliederung der drei kubischen, zusammenhängenden Baukörper sind aus rein funktionalen und technischen Zusammenhängen entwickelt.

Erschließung

Das Gebäude ist geprägt durch die technischen Anlagen der vollautomatischen Kohleförderung. Anlieferung, Kohletransport, Lagerung, Kohleübergabe zu den Heizkesseln, Notbekohlung und die Entsorgung der Brennstoffrückstände bestimmen Größe und Gliederung der Baukörper.

Tragwerk

Bedeutung des Tragwerks
Das außenliegende, klar ablesbare Tragwerk ermöglicht den geforderten stützenfreien Innenraum des Kohlelagers. Es bestimmt wesentlich das Erscheinungsbild des Bauwerks und unterstreicht dessen funktionale, der Nutzung entsprechende Gestalt.

Beanspruchung und Tragwerksform
Die hochbelasteten (Dach- und Installationslasten), weitgespannten Riegel des Rahmentragwerks wurden in Fachwerkträger aufgelöst. Dadurch erfolgte eine Reduzierung der tragenden Querschnitte und Verminderung der Durchbiegung. Durch sehr schlanke Rahmenstiele besteht nur eine geringe Rahmenwirkung.

Ablesbarkeit des Tragverhaltens
Ablesbarkeit der Systeme, Subsysteme und Elemente
Das Tragverhalten des Systems »Rahmen mit angehängten Lasten« ist ablesbar. Die Konstruktion ist gegliedert in tragende, aussteifende und raumabschließende Subsysteme und Elemente, deren Formen sich ausschließlich aus den jeweiligen Funktionen ableiten.

Materialgerechte Verwendung der Baustoffe
Industriell gefertigte Halbzeuge (Profilstahl) wurden für ein gerichtetes, linienförmiges Tragsystem verwendet, ebenso materialgerechte, nach Funktionen differenzierte Verbindungsmittel.

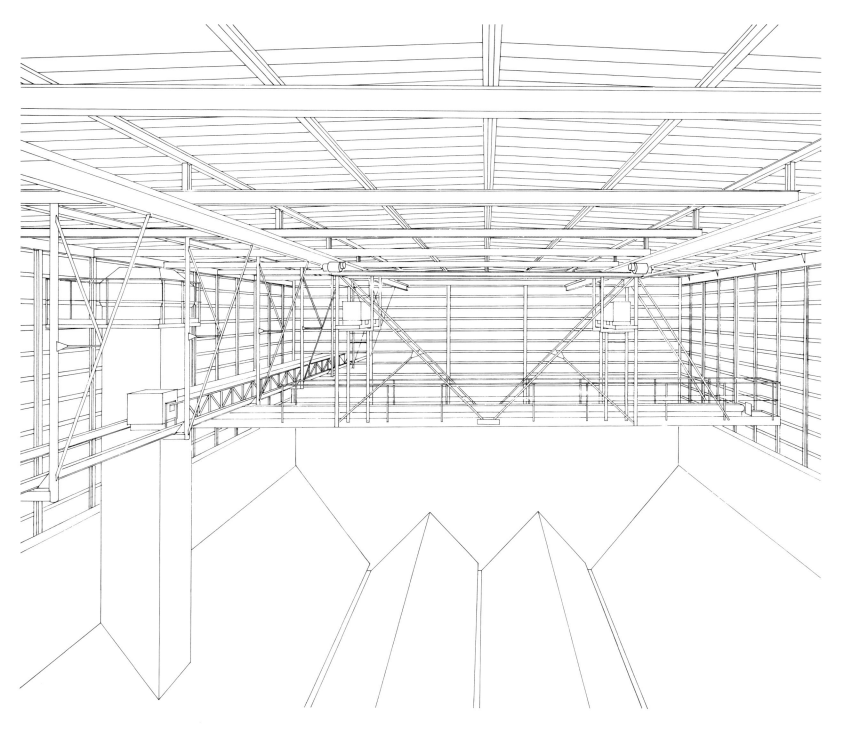

Bedeutung der Fügung

Die Bedeutung der einzelnen Fügungspunkte tritt zugunsten der Gesamtwirkung des Bauwerks zurück. Die konstruktive Durchbildung der Details führt zu einfachen, klaren Verbindungen, deren Funktion ablesbar und nachvollziehbar ist.

Dem Herstellungsvorgang entsprechen die Fügungsprinzipien: werkstattgefertigter, geschweißter Fachwerkriegel, montagegerechte Schraubverbindungen von Rahmenriegel und Stiel.

Raumabschluß

Die Überdachung des Kohlelagers ermöglicht das Austrocknen der gelagerten Kohle und verhindert das Austreten von Kohlestaub beim Betrieb der Förderanlagen. Um den Innenraum von Tragwerksteilen freizuhalten und das Gebäude in der Höhe der Heizzentrale anzugleichen, wurde das Rahmentragwerk nach außen gelegt. Die formale Gestaltung des Raumabschlusses bewirkt:
— die Ablesbarkeit der Funktionen,
— sichtbare Lagerwanne in Stahlbeton mit darübergestülpter leichter Hülle aus Aluminiumlamellen,
— optische Reduzierung der Gebäudehöhe durch horizontale Gliederung der Wandelemente.

Installation

Die gebäudebezogenen Installationen haben keinen wesentlichen Einfluß auf das Gesamtkonzept. Die Höhe des Rahmenriegels wird maßgeblich beeinflußt durch die abgehängten Lasten der verschiedenen Kohleförderanlagen. Um die Gebrauchsfähigkeit der reversiblen Förderanlagen zu gewährleisten, ist ein verformungsarmes Tragwerk erforderlich.

Form

Das klassische, zeitlose, elegante Erscheinungsbild des Kohlelagers als Ergebnis einer komplexen technischen Aufgabe wurde erreicht durch:
— funktionale Gestaltung,
— Gliederung und Minimierung des Baukörpers durch außenliegendes Tragwerk,
— Materialwahl nach technischen Erfordernissen,
— Sorgfalt und Präsision der Details.

IBM-Ausstellungspavillon Exhibit, Stuttgart

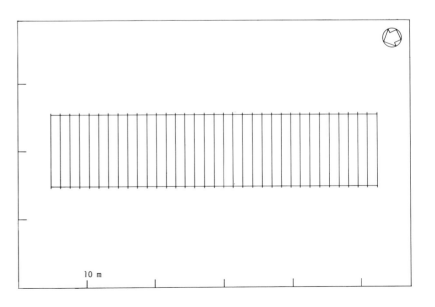

10 m

IBM-Ausstellungspavillon Exhibit, Stuttgart
1.0 Dokumentation

1.1 **Personen**

Bauherr	IBM Europa
Architekten	Building Workshop SRL
	Renzo Piano, Shunji Ishida, Alessandro Traldi
	Mitarbeiter:
	François Doria, Giorgio Fascioli und Ottavio Di Blasi
	Koordination vor Ort:
	Nori Okabe, Paul Vincent und Jean Baptiste Lacoudre
Ingenieure	Ove Arup und Partner
	Peter Rice, Tom Barker
	Mitarbeiter:
	David Atling, Alistair Guthrie, Robert Kinch, Andrew Sedgwick, John Lewis
Sonderfachleute Projektanten	Konstruktion und Ausführung:
	Calabrese Engineering SPA, Bari
	Montage:
	Imprefeal SPA,
	Koordinator: I. Guicciardi

1.2 **Termine**

Frühjahr 1982	Idee, Konzept, Kontaktaufnahme mit den Architekten
März 1983	Vorstellung bei der Unternehmensleitung, Auftragsvergabe
Januar 1984	Erster Bogen als Prototyp vorgestellt
17. Mai 1984	Erste Ausstellungseröffnung in Paris. Danach wird die Ausstellung bis 1987 in verschiedenen europäischen Städten aufgebaut (Paris, Mailand, London, Lyon, Kopenhagen, Amsterdam, Oslo, York, Stuttgart 2.–27. 9. 1985, Berlin, Rom, Brüssel, Zürich usw.).

1.3 **Kenngrößen**

Außenmaße	10,80 × 47,60 m, Höhe 6,00 m
Überbaute Fläche	514 m²
Umbauter Raum	1730 m³
Ausstellungsfläche	400 m²
	Flächenbedarf des Ausstellungspavillons einschließlich der Flächen für die Betriebscontainer, Trafo, Versorgungsleitungen sowie Grün und Belagflächen: 3190 m²

1.4 **Kosten**

Gebäudekosten	1 Mio Dollar für die Gebäudestruktur
Gesamtkosten Stuttgarter Schau	1,5 Mio DM
Davon Umgebungsarbeiten	450 000 DM
	Die Erstellungskosten variieren je nach Standort (Genehmigungsverfahren, Platzmiete, Wiederherstellung des Baufelds usw.)

1.5 **Gesetze, Vorschriften, Randbedingungen**

Nach Land, Stadt und Standort des Ausstellungspavillons sind die Forderungen der zuständigen Behörden unterschiedlich.

Für die Baustandorte Stuttgart und Berlin wurde das Tragwerk von einem deutschen Ingenieurbüro nochmals geprüft und entsprechend den Vorschriften bei den Behörden zur Genehmigung eingereicht.

In Stuttgart wurde vorübergehend eine Bushaltestelle verlegt. In Berlin mußten Probebohrungen zur Untersuchung der Wurzelgrößen des umliegenden Baumbestands vorgenommen werden.

IBM-Ausstellungspavillon Exhibit, Stuttgart
2.0 Idee, Konzept

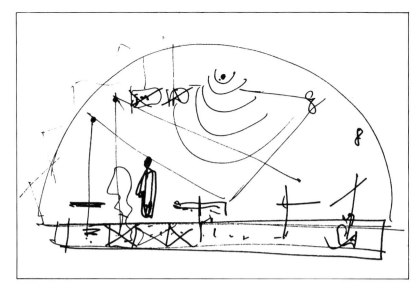

2.1 Ziele, Aufgabenstellung des Bauherrn

Ziel der Ausstellungen ist, vor allem die Jugend und breite Bevölkerungsschichten über neue technologische Entwicklungstendenzen der Firma IBM zu informieren. Durch intensive Kontakte mit der Technik und aufklärende Gespräche soll dazu beigetragen werden, ablehnende Haltungen zum Fortschritt der Informationstechnologien abzubauen.

2.2 Zielvorstellungen, Aussagen Architekt

Renzo Piano
»Die ersten Arbeitswochen am Projekt des IBM-Ausstellungspavillons verbrachten wir mit langen Diskussionen über den Naturbegriff sowie über die Transparenz und Schönheit der Gewächshäuser. Die ersten beiden Verbindungsstücke aus Holz und Aluminium nahmen wir dabei immer wieder in die Hand und suchten nach einer Lösung, die diesen zusammengefügten Elementen die Einfachheit der Natur verlieh. Das mag etwas absurd erscheinen, aber es war – in Wirklichkeit – die instinktive Reaktion auf die Idee, ein Gebäude für die Informationstechnologie zu errichten; denn ich selbst gehöre einer Generation an, die diesen technologischen ›Wunderwerken‹ noch mißtraut und ihnen gegenüber eine alte Angst empfindet. Diese Furcht löste sich rasch auf, und das ›Monstrum‹ wurde gezähmt: Nach und nach schlüpften wir in die Haut einer neuen Generation, die im Computer ein gefügiges Werkzeug sieht und dank diesem mit aller Wahrscheinlichkeit noch kritischer und selbständiger sein wird. Von diesem Augenblick an entwickelte sich das Projekt fast wie von selbst, aufwendig wie es ein Computer sein kann, aber trotzdem durchschaubar, verständlich und aufgrund der verwendeten Materialien fast vertraut. Die verwendete Bauform – der Bogen – ist die unmittelbarste, die sich ein Baumeister erträumen kann. Um unsere gesamte Energie den Details zuwenden zu können, haben wir den Weg der Einfachheit gewählt (nicht alle sind sich dessen bewußt, aber in einem Gebäude sind die Details alles).«[1]

IBM-Ausstellungspavillon Exhibit, Stuttgart

3.0 Ort

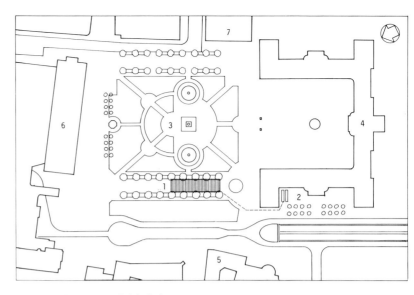

Lageplan
1 Ausstellungspavillon
2 Betriebscontainer
3 Schloßplatz
4 Neues Schloß
5 Altes Schloß
6 Königsbau
7 Kunstgebäude

Standort Stuttgart, Schloßplatz

3.1 Standort

3.2 Situation, Aufbau

Versorgungscontainer
Standort Stuttgart

Das Ausstellungsgebäude wird in zwanzig bedeutenden Städten zu unterschiedlichen Jahreszeiten in charakteristischen innerstädtischen Anlagensituationen aufgebaut. Die Ausstellungszonen, Grünanlagen (insbesondere Baumreihen zur Beschattung der Glasprismen) sowie der Kontext zu historischen Gebäuden sind wesentliche Maximen für die Standortwahl des Pavillons.

Alle Gebäudeteile und das Ausstellungsgut werden in 23 Groß- sowie 40 Fußcontainern verpackt. Fünf Zugmaschinen befördern die Teile zu den Standorten der verschiedenen Städte.

Um die Montagezeit zu verkürzen, wurden mit Ausnahme der Stirnwände, der Klimaanlage und des Rechenzentrums sämtliche Teile doppelt hergestellt. Während die Transportfahrzeuge zwischen den Ausstellungsorten pendeln, sind in beiden Orten 20 Monteure damit beschäftigt, den Pavillon samt Ausstellung ab- oder aufzubauen. Für den Aufbau werden 15 Tage benötigt. Vorbereitende Arbeiten, wie Genehmigung und Versorgung (Trafostation, Kabelschächte usw.), Erstellen der Fertigteil-Streifenfundamente, Vorbereitung der Grünanlagen, werden von örtlichen Unternehmen ausgeführt.

IBM-Ausstellungspavillon Exhibit, Stuttgart
4.0 Programm

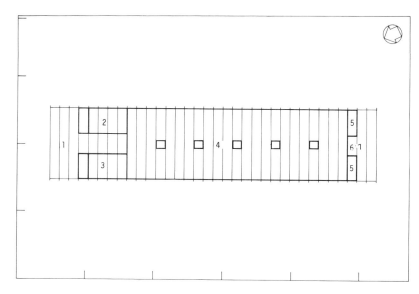

1 Überdachter Eingangsbereich
2 Empfang
3 Befragung der Besucher
4 Ausstellungsraum
5 Technikräume
6 Installationsboxen
7 Notausgang

4.1 Nutzung

Der relativ schmale, rechteckige Ausstellungspavillon wird durch zwei Stirnwände und eine Zwischenwand in zwei offene Vorzonen und in zwei konditionierte Innenräume geteilt: Ein kleiner Empfangsraum mit Informationsstand auf der einen Seite sowie ein Computer zur Ausstellungsbeurteilung der Besucher und Informationen über IBM auf der anderen Seite. Im großen Ausstellungsraum von 337 m² werden 30 Exponate der Firma gezeigt, die in drei Gruppen unterteilt sind:
– audiovisuelle (selbsterklärende) Objekte,
– Exponate, die von speziell ausgebildeten Studenten vorgeführt und erklärt werden,
– interaktive Exponate, an denen die Besucher tätig werden können (Tastaturen, Zeichengriffel, Mikrofon, berührungsempfindliche Bildschirme).

Die doppelwandigen Stirnwände werden zur Unterbringung der Klimageräte und anderer Installationen genutzt. Sie bieten außerdem die Möglichkeit, durch Doppeltüren in bestimmten Klimazonen einen Windfang auszubilden.

Zur Stromversorgung der Ausstellungsobjekte und zur Aufnahme der Abluftgeräte der Klimaanlage stehen, in der Raumachse aufgereiht, fünf Installationsboxen. Um das optische Erscheinungsbild zu verkleinern, sind sie mit Spiegeln verkleidet.

IBM-Ausstellungspavillon Exhibit, Stuttgart
5.0 Erschließung

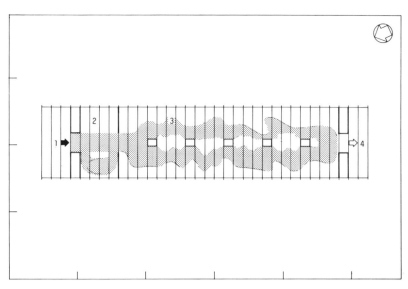

1 Eingang
2 Empfang
3 Rundgang
4 Notausgang

5.1 **Personenerschließung**

Der Pavillon wird je nach Topographie über einen Steg oder eine Treppe von der Stirnseite erschlossen. Am Empfang erhält der Besucher einen Plan, der den Gang durch die Ausstellung erläutert. Er führt durch den linken Teil des Ausstellungsraumes bis zum Ende der Halle und anschließend auf der rechten Seite in Richtung Eingang wieder zurück. Nach dem Rundgang wird dem Besucher Gelegenheit geboten, eine Beurteilung über die Ausstellung abzugeben. Durch ein elektronisches Zählsystem, das am Ein- und Ausgang installiert wird, ist aus feuerpolizeilichen Gründen sichergestellt, daß sich nie mehr als 200 Personen gleichzeitig im Ausstellungsraum befinden.

IBM-Ausstellungspavillon Exhibit, Stuttgart
6.0 Tragwerk

Halbkreisförmiger
Dreigelenkbogen
(zur Hälfte dargestellt)
1 Untergurt
2 Obergurt
3 Polykarbonat-Pyramiden

Bodentragwerk
(zur Hälfte dargestellt)
4 Bodenstützen
5 Boden – Fachwerkträger
6 Konsolen für Randträger
7 Randträger für Bogen-
  fußpunkt
8 Windverbände

6.1 Gesamtsystem

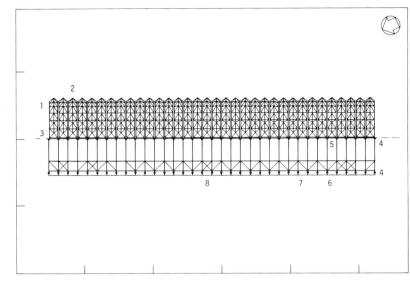

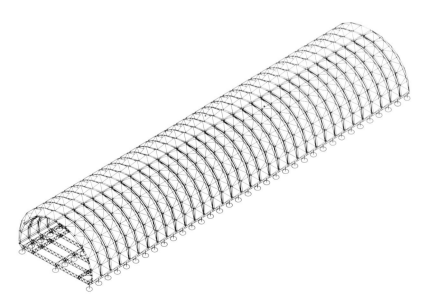

Das Gesamtsystem der Ausstellungspavillons besteht aus zwei Subsystemen:
- 34 aneinandergereihte Dreigelenkbogen bilden die äußere Hülle des Pavillons.
- Ein System von Bodenträgern und Stützen, die als Auflager für die Bogen dienen, tragen gleichzeitig den unteren Raumabschluß (Bodenplatte).

Der Entwurf des Tragwerks wurde von zwei Kriterien entscheidend beeinflußt:
- Übereinstimmung von konstruktiver Durchbildung und Gestalt des Tragwerks mit dem innovativen Charakter der in der Ausstellung »Exhibit« gezeigten Objekte einer hochentwickelten Technologie,
- einfacher Transport und schnelle Montage von möglichst leichten und gleichen Grundeinheiten für das Gesamttragwerk. Beim Auf- und Abbau kein Einsatz von maschinellen Hebezeugen.

6.2 Subsysteme

6.2.1 Bodenplatte

Die Tragstruktur der Bodenplatte wird durch ein System von Bodenträgern und Stützen gebildet und hat folgende Funktionen:
— Abtragung der Vertikal- und Horizontallasten aus den Bogen,
— Unterkonstruktion und Auflager für die Fußbodenpaneele,
— horizontale aussteifende Scheibe für das Gesamttragwerk.

Die Bodenträger bilden zusammen mit den Stützen hintereinander stehende Zweifeldrahmen mit Konsolen. In Gebäudelängsrichtung werden die Rahmen mit fünf durchlaufenden Trägern verbunden. Zwei der Längsträger liegen an den äußeren Stützenreihen und bilden zusammen mit den horizontalen Verbänden eine starre Scheibe. Der mittige Längsträger über den innenliegenden Stützen stabilisiert die Rahmenriegel.

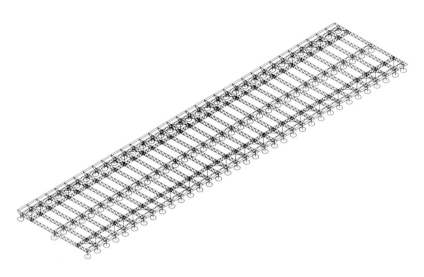

6.2.2 Dreigelenkbogen

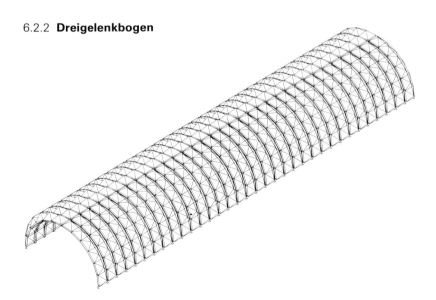

Ein System von 34 aneinandergereihten Dreigelenkbogen erzeugt eine »Röhre« mit einer Gesamtlänge von 47,60 m. Jeder Bogen besteht aus zwei identischen Hälften, die im Scheitel durch ein Gelenk miteinander verbunden sind.

Die Fußpunkte liegen auf den Konsolen der Bodenträger. Die kraftschlüssige Fügung der einzelnen Bogen untereinander gewährleistet das Zusammenwirken des Tragwerks.

6.3 Tragwerksteile

6.3.1 Bodenstützen

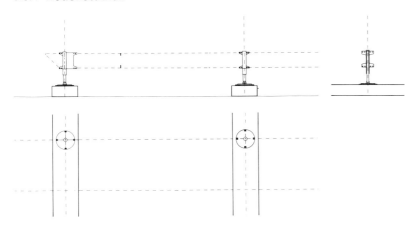

Die Bodenstützen bilden die Rahmenstiele des Subsystems »Bodenplatte«. Sie stehen in einem Achsabstand von 2,00 × 4,92 m in Querrichtung und 1,40 m in Längsrichtung. Der Stützenfuß besteht aus einer kreisrunden Stahlplatte, die Lasten werden direkt auf den Fundamentkörper abgegeben. Der Stützenfuß ist als Kugelgelenk ausgebildet, um eine zwängungsfreie Lagerung zu ermöglichen. Durch ein auf den Stützenschaft aufgedrehtes Gewinde ist die Höhenjustierung des Trägeranschlusses möglich, somit können Ungenauigkeiten der Fundamente ausgeglichen werden. Rahmenriegel, Konsole und Versteifungsträger sind über einen kreuzförmigen Universalanschluß biegesteif mit den Stützen verbunden.

6.3.2 Bodenträger

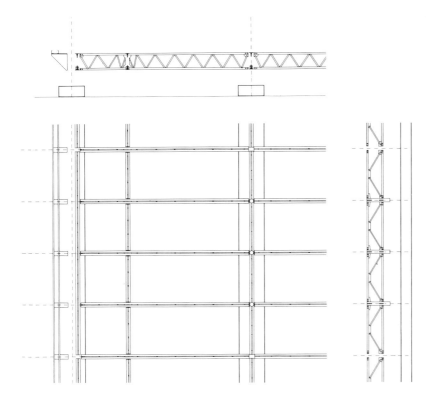

Durch den biegesteifen Anschluß der Bodenträger und der Konsolen an die Stützen entsteht ein zweifeldriges Rahmensystem mit gelenkig gelagerten Stützen. Aus transport- und montagetechnischen Gründen ist der Rahmenriegel in zwei Einfeldträger aufgeteilt.
Die Elemente des 45 cm hohen Fachwerkträgers bestehen aus:

– Ober- und Untergurt aus zwei gleichschenkligen Stahlwinkeln (50 × 5 bzw. 40 × 3 mm),
– Diagonalen mit 60° Neigung aus Flachstahl; die Abmessungen nehmen, entsprechend der Beanspruchung, zu den Auflagern hin zu.

Sämtliche Verbindungen der Elemente des Fachwerkträgers sind geschweißt.

6.3.3 Bogen

Die halbkreisförmigen Dreigelenkbogen erfüllen zwei Funktionen:
- Sie bilden das Primärtragwerk zur Abtragung aller Vertikal- und Horizontallasten
- und gewährleisten den oberen Raumabschluß des Ausstellungspavillons.

Das Konstruktionsprinzip des Bogens ist ein Dreigurt-Fachwerkbinder, bestehend aus einem Obergurt, zwei Untergurten und den räumlichen Diagonalen. Der Halbkreis des Bogens wird von zwei identischen Halbbogen mit einem äußeren Radius von 5,90 m und einem inneren Radius von 5,10 m gebildet.

Das Bogentragwerk besteht aus folgenden Elementen:
- schichtverleimte, gebogene Stäbe aus Buchenholz als Ober- und Untergurt,
- Pyramiden aus durchsichtigem Polykarbonat, deren steife Ecken die räumlichen Diagonalen des Fachwerkbogens bilden,
- Aluminiumprofile zur Randverstärkung der Pyramiden,
- gegossene Aluminiumteile zur Fügung der einzelnen Elemente.

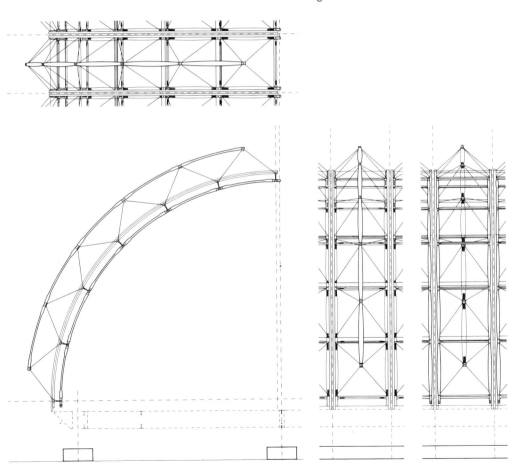

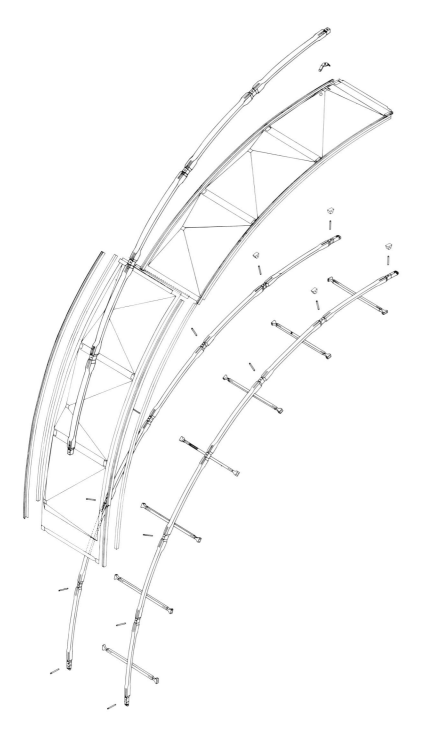

Aus transport- und montagetechnischen Gründen ist jeder Halbbogen nochmals in zwei Hälften unterteilt. Die beiden Halbbogen werden an Ort und Stelle vormontiert und auf die Bodenträger aufgestellt. Aufgrund der räumlichen Steifigkeit des Dreigurtfachwerks ist die Standsicherheit jedes einzelnen Dreigelenkbogens gewährleistet.

6.4 Tragverhalten

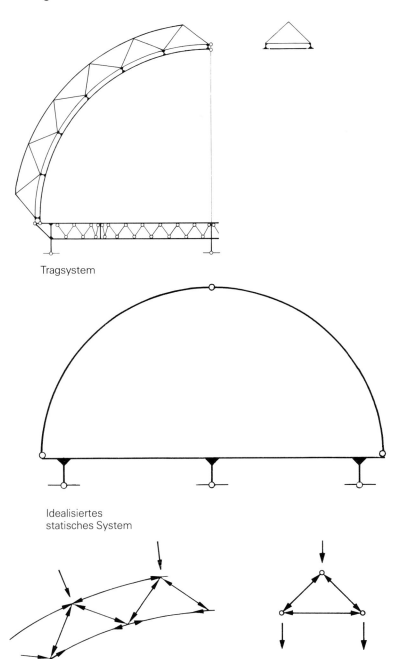

Tragsystem

Idealisiertes statisches System

Das röhrenförmige Tragwerk besteht aus einem System von 34 einzelnen halbkreisförmigen Dreigelenkbogen. Der Radius der gedachten Systemlinie beträgt 5,50 m und ist konstant. Der Bogen weicht also von der idealen parabelförmigen Stützlinie für gleichmäßig verteilte Lasten (zum Beispiel Eigengewicht) ab und trägt symmetrisch angreifende Lasten aus Eigengewicht über Druck und Biegung ab, wobei die Lastabtragung durch Druckkräfte überwiegt.

Durch das statisch bestimmte System treten durch ungleiche Setzungen im Bauwerk oder Montageungenauigkeiten keine zusätzlichen Zwängungskräfte auf.

Durch die Auflösung des Bogens in einen räumlichen Dreigurtbinder werden die auftretenden Druckkräfte und Biegemomente als Druck- und Zugkräfte in die Diagonalen (Kanten) der Pyramiden geleitet.

Die Größe der Tragfähigkeit dieser Elemente wurde durch experimentelle Versuche an einem Tragwerksmodell ermittelt.

6.4.1 Vertikale Lasten

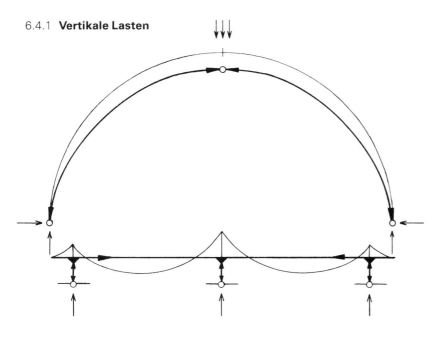

Abtragung der vertikalen Lasten
Eigengewicht, Verkehrslast und Schnee

Die Auflagerkräfte des Bogens werden an das Subsystem »Bodenplatte« abgegeben. Die Bodenträger sind als Zugband ausgebildet und tragen die Eigen- und Nutzlasten der Ausstellungsplattform über Biegung in die Stützen ab.

6.4.2 Horizontale Lasten

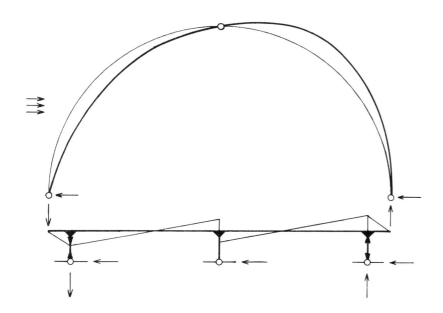

Abtragung der horizontalen Lasten
Windlasten

Gebäudequerrichtung

Die horizontalen Windlasten bewirken eine antimetrische Belastung des Bogens und erzeugen Druckkräfte und Biegemomente im Bogen.
  Die abhebenden Kräfte werden durch das Eigengewicht des Subsystems »Bodenplatte« und durch entsprechende Verankerungen der Stützenfüße in die Fundamentkörper aufgenommen.

Gebäudelängsrichtung

Die räumliche Ausbildung der Bogen als Dreigurtbinder gewährleistet die Standsicherheit in Bogenquerrichtung. Die vom Wind getroffenen Pyramidenflächen geben die Lasten über die Diagonalen zu den Untergurten, die an den Fußpunkten über ein Längsprofil mit der »Bodenplatte« verbunden sind. Die kraftschlüssigen Verbindungen der Bogen untereinander bewirken ein Zusammenwirken der Bogen bei der Abtragung der Windlasten.

Die Giebelwände des Pavillons sind nicht mit den Bogen verbunden. Die Standsicherheit wird durch eine Stahlkonstruktion, die sich auf die Bodenträger abstützt, gewährleistet.

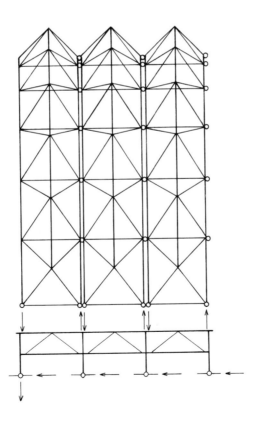

6.5 Fügung

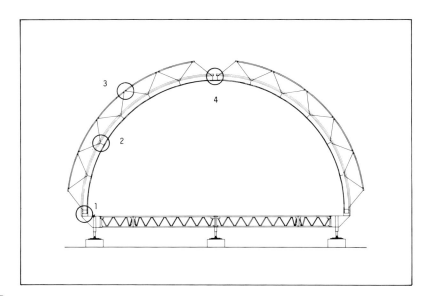

1 Fügung Bogen – Bodenplatte
2 Fügung Untergurt – Acrylglaspyramiden
3 Fügung Obergurt – Acrylglaspyramiden
4 Fügung Bogenträger – Bogenträger

Die konstruktive Durchbildung und die funktionale Gestalt der Fügungspunkte des Tragwerks wurden durch spezifische Randbedingungen und formale Absichten bestimmt:
— Der Ausstellungspavillon soll an verschiedenen Standorten in kurzer Zeit und ohne Einsatz von schweren Hebezeugen auf- und abgebaut werden.
— Die Einzelteile des Tragwerks sollen in ihren Abmessungen begrenzt werden, um einen Transport in Containern zu ermöglichen.
— Die Verträglichkeit der Fügungselemente mit den Materialien Holz, Stahl und Acrylglas der Tragwerkselemente soll gewährleistet sein.
— Die Durchgängigkeit des architektonischen Erscheinungsbildes ist Zielvorstellung.

6.5.1 Fügung Bogen – Bodenplatte

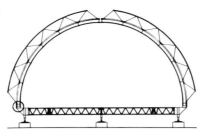

Am Fußpunkt des Dreigelenkbogens werden die vertikalen und horizontalen Auflagerkräfte des Bogens an das Subsystem »Bodenplatte« abgegeben. Da die Systembreite des Bogenuntergurts kleiner ist als der Abstand der Bodenträger, ist ein Zwischenträger in Form von zwei verschweißten U-Profilen angeordnet.

Die Elemente des Bogens, die beiden Untergurtstäbe und die Acrylglaspyramide, sind an einer Fußplatte aus gegossenem Aluminium gelenkig angeschlossen. Die Kräfte werden durch Schrauben und Scherstifte übertragen.

Alle Verbindungen sind zentrisch ausgeführt. Dadurch werden keine zusätzlichen Momente übertragen.

Geometrie	Systemlinien	In der Ebene		•
		Im Raum		
		Anzahl		3
		Winkelbezug		90
	Zuordnung Schwerachsen – Systemlinien	Identisch		•
		Versetzt		
		Symmetrisch		
	Querschnittsformen	Offene Profile		•
		Hohlprofile		
		Vollprofile		•
		Einteiliger Querschnitt		•
		Mehrteiliger Querschnitt		
Kraft	Statisches System	Gelenkige Verbindung		•
		Biegesteife Verbindung		
	Kraftfluß, Kraftleitung	Zentrisch		•
		Exzentrisch		
		Unmittelbar		•
		Mittelbar		
	Beanspruchung der Tragwerksteile	Zug		•
		Druck		•
		Biegung		•
	Beanspruchung der Verbindungsmittel	Zug		
		Abscheren		•
		Zug, Druck		
	Verbindungsmittel – Verfahren	Geschraubt		•
		Geschweißt		•
		Geklebt		
Form	Additives Prinzip ohne Zwischenglied	Stoß		
		Überlappung		
		Durchdringung		
	Additives Prinzip mit Zwischenglied	Kleines Verbindungselement		•
		Großes Verbindungselement		
		Universalanschluß		
		Individualanschluß		•
	Integriertes Prinzip			

6.5.2 Fügung Untergurt – Acrylglaspyramide

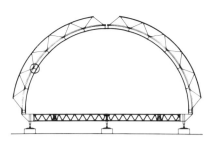

Die Kanten der Acrylglaspyramiden und die Untergurtstäbe bilden die unteren Gelenkpunkte des Dreigurt-Fachwerks. Die Kräfte der Fachwerkdiagonalen werden in den Untergurt eingeleitet. Die Querverbindungen der einzelnen Bogenbinder sind untereinander hergestellt. Die Untergurtstäbe werden über gespreizte Aluminiumknoten miteinander biegesteif verklebt, während die Pyramiden durch Edelstahlstifte mit den Untergurten verbunden sind. Dieses Fügungsprinzip gewährleistet das Zusammenwirken von Pyramide und Untergurt und ermöglicht eine zwängungsfreie Lagerung der Acrylglaspyramiden.

Geometrie	Systemlinien	In der Ebene	
		Im Raum	•
		Anzahl	3
		Winkelbezug	90°
	Zuordnung Schwerachsen – Systemlinien	Identisch	
		Versetzt	•
		Symmetrisch	
	Querschnittsformen	Offene Profile	
		Hohlprofile	
		Vollprofile	•
		Einteiliger Querschnitt	•
		Mehrteiliger Querschnitt	
Kraft	Statisches System	Gelenkige Verbindung	•
		Biegesteife Verbindung	
	Kraftfluß, Kraftleitung	Zentrisch	
		Exzentrisch	•
		Unmittelbar	
		Mittelbar	•
	Beanspruchung der Tragwerksteile	Zug	•
		Druck	•
		Biegung	
	Beanspruchung der Verbindungsmittel	Zug	
		Abscheren	
		Zug, Druck	•
	Verbindungsmittel – Verfahren	Geschraubt	•
		Geschweißt	
		Geklebt	•
Form	Additives Prinzip ohne Zwischenglied	Stoß	
		Überlappung	
		Durchdringung	
	Additives Prinzip mit Zwischenglied	Kleines Verbindungselement	•
		Großes Verbindungselement	
		Universalanschluß	
		Individualanschluß	
	Integriertes Prinzip		

6.5.3 Fügung Obergurt – Acrylglaspyramiden

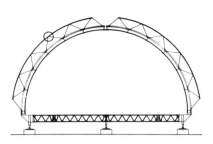

Der biegesteife Obergurt des Fachwerkbogens gibt die auftretenden Kräfte an die räumlichen Diagonalen der Acrylglaspyramiden ab.

Die Fügung der Obergurtstäbe entspricht der biegesteifen Verbindung der Untergurtstäbe. Obergurt und Acrylglaspyramiden sind über ein Gußteil gekoppelt. Auch an diesem Punkt wird den unterschiedlichen Temperaturverformungen der Holz- und Kunststoffelemente durch Zwischenschaltung von Unterlagscheiben aus Neoprene Rechnung getragen. Die Verbindung ist durch Schrauben und Bolzen gesichert.

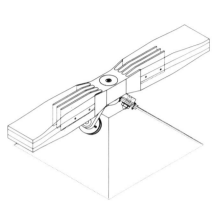

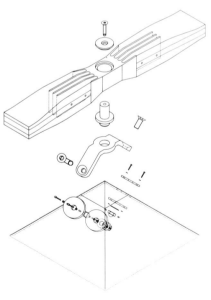

Geometrie	Systemlinien	In der Ebene	
		Im Raum	•
		Anzahl	5
		Winkelbezug	
	Zuordnung Schwerachsen – Systemlinien	Identisch	•
		Versetzt	
		Symmetrisch	•
	Querschnittsformen	Offene Profile	
		Hohlprofile	
		Vollprofile	•
		Einteiliger Querschnitt	•
		Mehrteiliger Querschnitt	
Kraft	Statisches System	Gelenkige Verbindung	•
		Biegesteife Verbindung	
	Kraftfluß, Kraftleitung	Zentrisch	•
		Exzentrisch	
		Unmittelbar	•
		Mittelbar	
	Beanspruchung der Tragwerksteile	Zug	•
		Druck	•
		Biegung	
	Beanspruchung der Verbindungsmittel	Zug	
		Abscheren	
		Zug, Druck	•
	Verbindungsmittel – Verfahren	Geschraubt	•
		Geschweißt	
		Geklebt	
Form	Additives Prinzip ohne Zwischenglied	Stoß	
		Überlappung	
		Durchdringung	
	Additives Prinzip mit Zwischenglied	Kleines Verbindungselement	•
		Großes Verbindungselement	
		Universalanschluß	
		Individualanschluß	•
	Integriertes Prinzip		

6.5.4 Fügung Bogenträger – Bogenträger

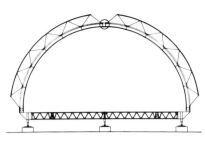

Im Scheitelpunkt werden die beiden Bogenhälften zu einem Dreigelenkbogen geschlossen. Entsprechend dem statischen System sind nur die Untergurte des Bogens miteinander verbunden, um eine Übertragung von Biegemomenten auszuschließen. Die Detailausbildung der Knoten erlaubt eine einfache und schnelle Montage.

Geometrie	Systemlinien	In der Ebene	●
		Im Raum	
		Anzahl	2
		Winkelbezug	90°
	Zuordnung Schwerachsen – Systemlinien	Identisch	●
		Versetzt	
		Symmetrisch	
	Querschnittsformen	Offene Profile	
		Hohlprofile	
		Vollprofile	●
		Einteiliger Querschnitt	
		Mehrteiliger Querschnitt	●
Kraft	Statisches System	Gelenkige Verbindung	●
		Biegesteife Verbindung	
	Kraftfluß, Kraftleitung	Zentrisch	●
		Exzentrisch	
		Unmittelbar	●
		Mittelbar	
	Beanspruchung der Tragwerksteile	Zug	
		Druck	●
		Biegung	
	Beanspruchung der Verbindungsmittel	Zug	
		Abscheren	●
		Zug, Druck	
	Verbindungsmittel – Verfahren	Geschraubt	●
		Geschweißt	
		Geklebt	
Form	Additives Prinzip ohne Zwischenglied	Stoß	
		Überlappung	
		Durchdringung	
	Additives Prinzip mit Zwischenglied	Kleines Verbindungselement	●
		Großes Verbindungselement	
		Universalanschluß	●
		Individualanschluß	
	Integriertes Prinzip		

IBM-Ausstellungspavillon Exhibit, Stuttgart
7.0 Raumabschluß

1 Bogenförmiger Raumabschluß
  aus Acrylglaspyramiden
  (Dach)
2 Vertikaler Raumabschluß
  (Stirnseiten)
3 Horizontaler Raumabschluß
  nach unten
  (zweischaliger Fußboden)

7.1 Konstruktive Durchbildung

Dach
Das bogenförmige Dach wird durch 408 Acrylglaspyramiden gebildet. Je drei Prismen sind durch zwei seitliche Aluminiumrandprofile zu stapelbaren Montageeinheiten verschraubt. Durch Einschieben von randverstärkten transparenten Kunststoffolien in die Randprofile werden nach der Montage der einzelnen Bogen die Zwischenräume in den Bogenachsen geschlossen.

Stirnwände
Die beiden Stirnwände bestehen aus einer fachwerkartig ausgesteiften Stahlkonstruktion. Im Bogenbereich wird sie mit Spiegel-, in den übrigen Feldern um die Tür mit furnierten Sperrholzpaneelen verkleidet. Die Hohlräume der Konstruktion werden zur Unterbringung von Installationen genutzt.

Zweischaliger Fußboden
Auf die Stahlfachwerkrahmen werden im Raster von 1,40 m Massivholzelemente in unterschiedlichen Breiten lösbar verschraubt. Sie enthalten genormte Aussparungen für die Klimaanlage und Elektroinstallation.
An den Stahlfachwerkträgern sind in Längsrichtung Führungsschienen abgehängt. Ausgeschäumte Stahlsandwichelemente als Unterboden werden an den Stirnseiten eingeschoben.

7.2 Bauphysikalische Besonderheiten

Der Standort bestimmt Klima und Sonneneinstrahlung. Deshalb werden von innen doppelwandige, gedämmte Polyesterelemente an den Randprofilen der Acrylglasprismen befestigt. Als flexibler Sonnenschutz werden bei Bedarf textile Rollos entlang den unteren Bogenfeldern oder Stoffsegel frei im Raum aufgehängt.

Die ursprüngliche Absicht, die völlige Lichtdurchlässigkeit des Raumabschlusses durch künstliche Wolken aus undurchsichtigem Gas zwischen einer Doppelmembrane zu mildern, ließ sich aus technischen Gründen (noch?) nicht realisieren.

IBM-Ausstellungspavillon Exhibit, Stuttgart
8.0 Installation

1 Technikräume

Deckenbereich
2 Zuluft Längsverteilung
3 Zuluft Querverteilung
  mit verstellbaren
  Ausblasdüsen

Bodenbereich
4 Klimaboxen
5 Frischluftzufuhr
6 Bodenkanal 300 × 700 mm
7 flexibler Bodenkanal
  Ø 125 mm
8 Bodenzuluftöffnung
9 Elektroanschluß

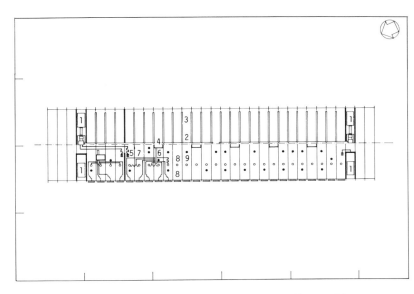

8.1 Systeme

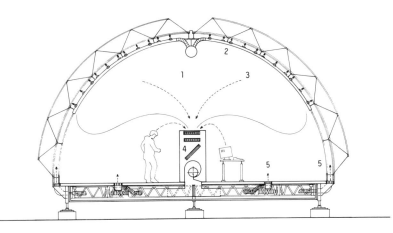

Die Installationssysteme – Elektroversorgung, Klimaanlage – verteilen sich auf Betriebsfahrzeuge und Container, die in unmittelbarer Nähe des Ausstellungspavillons stehen, sowie Technikräume und Klimaboxen innerhalb des Pavillons. Die Klimatisierung des Glashauses wird durch ein ausgeklügeltes System gesteuert. Der bogenförmige Ausstellungsraum ist horizontal in zwei Klimabereiche gegliedert.

Dachraum ab ca. 2,00 m Höhe:
Das Lüftungssystem hat die Aufgabe, das Raumklima von meteorologischen Einflüssen zu entlasten. Um Kondensation zu verhindern, wird warme, trockene Luft über Düsen an die Innenseiten der Glaspyramiden geblasen. Die verbrauchte Luft wird in Raummitte über die Installationsboxen angesaugt. Die Temperaturen bewegen sich um ca. 36 °C.

Ausstellungsbereich bis ca. 2,00 m Höhe:
In der Zone, in der sich die Besucher aufhalten, sorgt die Anlage für ein angenehmes Raumklima (25 °C).

Die Installationsboxen übernehmen die Aufgabe, die angesaugte Luft aus beiden Bereichen zu filtern, zu wärmen oder zu kühlen und über Bodenkanäle dem Raum wieder zuzuführen.

Schnitt
1 Dachraum 36 °C
2 Zuluftdüsen
3 Rückluft 1,68 m³/s
4 Klimaboxen
  Aufbereitung, Kühlung
5 Zuluft

8.2 Leitungsführung und Tragwerk

Die Installationsführung erfolgt nach dem additiven wie auch dem integrierten Prinzip. Leitungen für Lüftung, Kühlung und zur Elektroversorgung werden innerhalb des Bodentragwerks geführt oder liegen frei auf dem Unterboden. Die Anschlußformstücke der Zuluftroste im Randbereich sind nach außen gelegt und nehmen Bezug auf die einzelnen Glieder des Bogentragwerks.

Die zwei Hauptzuluftkanäle im Innenraum sind in Raumachse vom Gelenk der Untergurte der Dreigelenkbogen abgehängt. Die von den Hauptzuluftkanälen kammartig abgehängten, gebogenen Lüftungsrohre liegen zwischen den Untergurten. Sie sind an deren ringförmigen Kupplungsstücken befestigt.

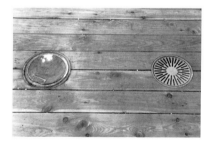

IBM-Ausstellungspavillon Exhibit, Stuttgart
9.0 Auswertung

9.1 **Entwurfsbestimmende Zielvorstellungen**

- Transparenz und Leichtigkeit (in Analogie zu Gewächshäusern),
- Bogen als unmittelbar erkennbare Bauform,
- Ablesbarkeit,
- einfache Details (Priorität der Details beim Bauen),
- Entsprechung von Ausstellungsgut (Computer) und Bauwerk,
- vertraute Materialien,
- Bauwerk als demontierbarer Pavillon (Zerlegbarkeit auf Containermaße).

9.2 **Zusammenwirken von Nutzung, Konstruktion und Form**

Ort

Die Standorte für die Ausstellung in den verschiedenen Städten werden nach gezielten Kriterien ausgewählt:
- stark frequentierte Fußgängerbereiche,
- Kontrast zu bedeutenden historischen Gebäuden (Repräsentanz),
- Baumreihen (zur Beschattung des Glaspavillons).

Die filigrane und transparente Gebäudestruktur wird bewußt in Kontrast zur historischen und vertrauten Umgebung gesetzt. Unterschiedliche Baugrundbedingungen und Geländeformationen am jeweiligen Ausstellungsort erfordern entsprechende Vorarbeiten:
- Fundamentierung vor Ort (Stahlbetonfertigteil-Streifenfundamente),
- Erdarbeiten (Grünanlagen mit Rollrasen).

Programm

Das Raumprogramm wird in Rastereinheiten gegliedert und aufgereiht. Der Großraum ist frei möblierbar. Durch die Transparenz und Leichtigkeit des Bauwerks verliert das Ausstellungsgut seine Anonymität.
  Die freie und heitere Atmosphäre der Räumlichkeiten trägt dazu bei, die ablehnende Haltung zum technischen Fortschritt und zum Computer als Ausstellungsgut abzubauen. Für Bildschirmarbeitsplätze ist ein Glashaus aufgrund der Lichtverhältnisse und Wärmestrahlung problematisch.

Erschließung

Durch die Bogenform der Tragstruktur ergibt sich ein lineares Erschließungssystem (Rundgang). Ein- und Ausgänge sind nur an den Stirnseiten möglich.
  Um die Transparenz und Offenheit des Gebäudes zu unterstreichen, führt der Zugang über eine überdachte, offene Vorzone. Ganzglastüren verbinden den Außenraum mit dem Innenraum.

Tragwerk

Bedeutung des Tragwerks
Die Durchbildung des Tragwerks ist wesentlicher Bestandteil des Gesamtkonzepts, neue technologische Entwicklungen darzustellen und sie in den Entwurf einzubeziehen. Dieser Zielvorstellung entsprechend wurde ein leichtes, technisch präzises Tragwerk entwickelt, das durch seine Erscheinungsform einen wesentlichen Beitrag zum Ausstellungskonzept leistet.

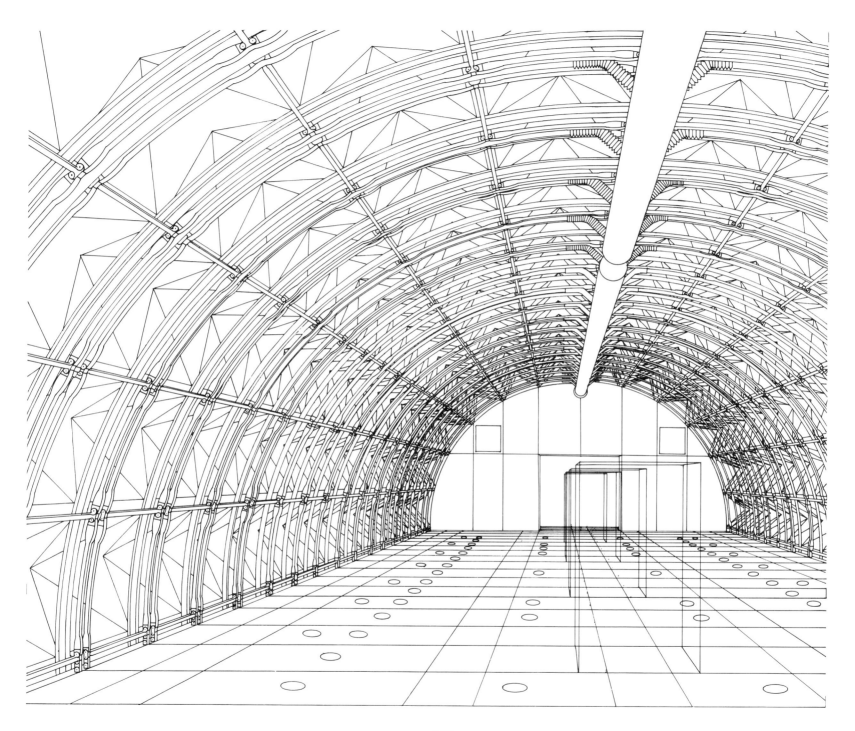

Beanspruchung und Tragwerksform
Die Form des Bogens (Halbkreis) weicht von der idealen Bogenform der Stützlinie ab.

Nachteil: Der Bogen wird auch für gleichmäßig verteilte Last (Eigengewicht) auf Biegung beansprucht.

Vorteil: Durch den konstanten Radius können die Tragwerksteile elementiert werden.

Durch die Auflösung des Bogenquerschnitts in ein räumliches Fachwerk wird eine filigrane, transparente Konstruktion ermöglicht.

Ablesbarkeit des Tragverhaltens, Ablesbarkeit der Systeme, Subsysteme und Elemente
Die Ablesbarkeit des Tragverhaltens beschränkt sich auf das Bogentragwerk; die formale Betonung der Gelenkpunkte macht den Dreigelenkbogen erkennbar und ablesbar.

Die Subsysteme des Tragwerks sind entsprechend ihrer Funktion klar voneinander getrennt und als solche ablesbar: Bodenträger mit Stützen und die Dreigelenkbogen.

Der additive Aufbau des Bogens läßt Geometrie und Funktionsweise der Einzelelemente klar erkennen.

Materialgerechte Verwendung der Baustoffe
Die Materialien aller Tragwerksteile entsprechen der jeweiligen Funktion und dem Tragverhalten:
— transparente, räumlich wirkende Plexiglaselemente,
— druck- und zugbeanspruchte, filigrane Holzstäbe,
— aluminiumgegossene, leicht montierbare Fügungspunkte,
— aufgelöster, leicht montierbarer Trägerrost aus Stahlfachwerkträgern.

Darüber hinaus spielen auch nicht-technische Aspekte eine wesentliche Rolle bei der Wahl von Materialien und Querschnittsformen: »ein transparentes Material für die Außenhaut, Holz — ein vertrautes Material — für das Gerüst und gegossenes Aluminium für die Verbindungselemente in Anlehnung an die organischen Verzweigungen in der Pflanzenwelt«.

Bedeutung der Fügung
Die konstruktive Durchbildung aller Fügungspunkte ist ein wesentlicher Bestandteil der Gesamtkonzeption: »In einem Gebäude sind die Details alles.«

Raumabschluß

Raumabschluß und Tragwerk bilden eine Einheit. Die Acrylglaspyramiden gewährleisten die geforderte Transparenz und sind gleichzeitig tragender Teil des Gesamtsystems. Unterschiedliche Sonnenschutz- und Wärmedämmelemente sind nach Bedarf als additive Systeme einsetzbar.

Die zurückgesetzten Stirnwände sind selbsttragende, vom Bogentragwerk unabhängige Elemente. Die Verkleidung mit Spiegeln im Bereich des Bogentragwerks vermindert die trennende Wirkung der Stirnwände. Das Bogentragwerk wird gespiegelt und erscheint als durchgehende »Röhre«.

Installation

Neue Geräte der Informationstechnologie als Ausstellungsstücke, der Pavillon als Glashaus sowie die unterschiedlichen europäischen Standorte (verschiedene Klimazonen) bedingen aufwendige Klimaanlagen. Dem Ausstellungskonzept entsprechend sind auch die Installationen für den Pavillon konzipiert.

Die Technik wird mit den Mitteln und Möglichkeiten der Zeit experimentell voll ausgeschöpft, die damit zusammenhängenden Installationen sind auf spielerische, unaufdringliche und präzise Art im Gebäude integriert. Das Beispiel zeigt, daß nur die enge Zusammenarbeit der Fachingenieure schon im frühen Stadium des Entwurfs zu einer formal, konstruktiv und technisch überzeugenden Lösung einer komplexen Bauaufgabe führt.

Form

Die architektonische Qualität des Ausstellungspavillons unterstützt die Zielsetzung des Ausstellungskonzepts in Übereinstimmung mit dem Firmenimage des Bauherrn. Die Architektur zeigt den Stand der Technik und vermittelt informativ und unterhaltend experimentelle Lösungen. Die technische Ausführung zeigt Bezüge zu organischen Formen. Das qualitätvolle ganzheitliche Erscheinungsbild wird erreicht durch:
— gezielte Standortwahl,
— Bezugnahme und Gestaltung der Außenräume,
— Übereinstimmung von Gebäudegeometrie und Tragwerk,
— die Wahl der Materialien,
— Qualität und Ablesbarkeit der Details, insbesondere der Fügungspunkte,
— Kombination von Tragwerk und Raumabschluß,
— Maßstäblichkeit durch die aufgelöste Konstruktion,
— Integration der anspruchsvollen Haustechnik,
— heitere, lichtdurchflutete Atmosphäre des Innenraums,
— Farbgebung.

Eissporthalle, Olympiapark, München

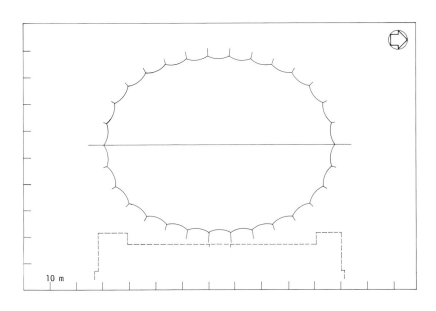

10 m

Eissporthalle, Olympiapark, München

1.0 Dokumentation

1.1 **Personen**

Bauherr	Olympiapark GmbH, München
Architekten	Professor Kurt Ackermann und Partner, München
	Jürgen Feit, Peter Jaeger, Richard Martin
	Mitarbeiter: Richard Fischer, Dieter Kiermaier, Martin Zoll
Ingenieure	Schlaich und Partner, Stuttgart
	Prof. Dr.-Ing. Dr.-Ing. E. h. Jörg Schlaich
	Dipl.-Ing. Richard Bergermann
	Mitarbeiter: Dr.-Ing. Jürgen Seidel
Landschaftsgestalter	Professor Günther Grzimek, Pfeffenhausen
	Mitarbeiter: Albert Gründel, Gerhard Kowollik
Prüfingenieure	Prof. Dr.-Ing. Herbert Kupfer
	Prof. Dr.-Ing. Richard Schuller
Baugrunduntersuchungen	Institut für Grundbau und Bodenmechanik der TU München,
	Prof. Dr.-Ing. Rudolf Floss

1.2 **Termine**

Planungszeit	1981/82
Baubeginn	Februar 1982
Fertigstellung	Februar 1983

1.3 **Kenngrößen**

Umbauter Raum	29 300 m^3
Nutzfläche	4135,42 m^2

Die Grundrißprojektion der Eissporthalle entspricht etwa einer Ellipse von 87 m Länge und 64 m Breite. Die überdachte Grundfläche beträgt ca. 4200 m^2, die der Dachfläche ca. 4500 m^2. Der Dachgrat liegt 15,30 m, der geschwungene Dachrand zwischen 3,40 m und 5,80 m über dem Eisfeld.

1.4 **Kosten**

Gesamtkosten	10 Mio. DM

Eissporthalle, Olympiapark, München

2.0 Idee, Konzept

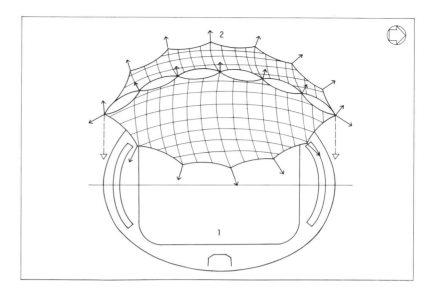

1 Eisfläche mit Zuschauerbereich
2 Zwei gekoppelte Einzelnetze bilden das Dach

2.1 Ziele, Aufgabenstellung des Bauherrn

Die Olympiapark München GmbH will den Münchner Eissportlern statt eines Halbjahresbetriebs auf den Freieisflächen eine ganzjährig benutzbare Eislaufhalle zur Verfügung stellen. Die vorhandene Freieisfläche soll überdacht werden. Die architektonische Gestalt der Überdachung muß sich in den städtebaulichen Rahmen der Gesamtanlage einfügen. Die Bauzeit darf ein Jahr nicht überschreiten.

2.2 Zielvorstellungen, Aussagen Architekt

Kurt Ackermann
»Die Integration von Landschaft und Architektur war die Leitidee. Das war auch der vorgegebene städtebauliche Rahmen für die Überdachung der Freieisfläche. Eine weitere Vorgabe war die unmittelbare Nachbarschaft des Eisstadions mit seiner streng geometrischen kubischen Form. Vorgegeben war die Lage und Größe der vorhandenen Freieisfläche. Statt des Halbjahresbetriebs mit Behinderung durch Schlechtwetterperioden sollte die Eisfläche ganzjährig für den Eislauf nutzbar gemacht werden.
Für die Überdeckung der Freieisfläche suchten wir nach einer möglichst leichten, transparenten und stützenfreien Überdachung. Die Realisierung der Aufgabe sollte mit den neuesten Technologien vorgenommen werden. Material und Ausdruck sollten unserer Zeit entsprechen. Die Halle mußte nicht wärmeisoliert werden und brauchte keine völlige Dichtigkeit der Fassaden. Diese Aspekte wurden genutzt für eine transluzente Dachhaut, die von einem Lattenrost auf einem Seilnetz getragen wird.
Der leicht schwebende und heitere Charakter des Eislaufs sollte sich in einer zeitgemäßen Technik widerspiegeln und fand seinen adäquaten Ausdruck in der vorgespannten Seilnetzkonstruktion. Die Leichtigkeit des Tragwerks auch für große Spannweiten ermöglichte eine optimale Lösung in funktionaler und konstruktiver Hinsicht. Die Kraftabtragung sollte im Tragsystem, in den Tragwerksteilen und in der konstruktiven Detailausbildung ablesbar sein. Für die Wahl des Dreigurt-Fachwerkbogens war als weiterer Gesichtspunkt die Vermei-

dung von Fundamentierungen im Bereich des bestehenden Eissportstadions maßgebend.

Allen konstruktiven Teilen wollten wir eine funktionale Gestalt geben, um die statische Funktion ablesbar und nachvollziehbar zu machen.

Alle Materialien wurden in ihren natürlichen Farbtönen belassen. Die Installationen sind nach einem additiven System sichtbar eingebaut.

Der räumliche Eindruck der Halle sollte lichtdurchflutet, leicht und luftig sein. Nach Ausarbeitung von mehreren Alternativen erfüllt die gewählte Lösung am besten die formulierten Zielvorstellungen. Sie hat sich über ihre Originalität hinaus als wirtschaftlichste Lösung erwiesen.

Die außerordentlich intensive Zusammenarbeit mit den Ingenieuren, die hier in vielen Bereichen Neuland betreten haben, machte dieses Ergebnis möglich. Die Zielvorstellungen der Architekten und die konstruktiven Ideen, die das Entwurfskonzept stützen, haben übereingestimmt. Nur so wurden Voraussetzungen in räumlicher und gestalterischer Hinsicht geschaffen und führten zu dieser Lösung.«[1]

2.3 Aussagen Ingenieur

Jörg Schlaich
»Unsere Zielvorstellungen waren identisch mit denen der Architekten: Zum Eislauf gehören Leichtigkeit, Eleganz, Helligkeit, Transparenz. Die Voraussetzungen waren ideal: eine Halle fast ohne technischen Ausbau zu planen, einen Bau, der nur aus Tragwerk besteht, der also insgesamt so gut oder schlecht wird wie sein Tragwerk. Das Seilnetz bot sich an, weil mit ihm fast spielend transluzent, hell gebaut werden kann. Dann reizte die Chance zu zeigen, was wir beim Olympiadach und in den Jahren danach gelernt haben, das Gute wiederzuverwenden, anderes, wie die Eindeckung der Fassade, zu verbessern; ein Seilnetztragwerk ohne Olympiabonus und -malus ganz normal zu bauen, innerhalb eines vernünftigen Terminplans, zu einem üblichen Preis; eine Kostenschätzung aufzustellen und einzuhalten. (All dies ist wichtig, wenn sich die Seilnetze durchsetzen sollen; dies gelang ihnen bisher nicht, und das ist schade, weil sie schön sind.)

Wir spürten (und bekamen später bestätigt), daß sich hier eine der seltenen Gelegenheiten bot – von der Aufgabe und von der Zusammensetzung der Beteiligten her, wobei insbesondere der mit derartigen Bauten erfahrene Bauherr nicht vergessen werden darf –, ohne schmerzhafte Kompromisse das Richtige zu suchen. So ist es richtig, zwischen einem Netz aus Stahlseilen, an dem man nur in den Knoten mit Schrauben befestigen kann, und einer textilen Dachhaut, die man nur mit Nägeln heften muß, einen Holzrost anzuordnen, denn nur Holz kann durchbohrt und genagelt werden. Oder: Wenn für eine transluzente Dachhaut ein gespanntes Netz das Richtige ist, warum dann nicht auch für die Fassade, die geringere Lasten zu tragen hat und erst recht durchsichtig sein soll? So entstand fast zwingend die ›Membranfassade‹.

Natürlich blieben auch ein paar Wünsche offen, vor allem hätten dem Bogen etwas mehr Stich (die Architekten waren wegen der Raumproportionen dagegen) und der ganzen Halle etwas größere Abmessungen gutgetan. Dann wären die Randabspannungen zierlicher und die niederen Randstützen schlanker geworden. Um noch dreister zu werden: Ganz schön wäre es, eine solche Sporthalle einmal in einem freien Park, nicht eingequetscht zwischen Turm und Parkplätze und angehängt an eine Kiste bauen zu dürfen.«[2]

2.4 Expertenaussagen

Christoph Hackelsberger
»Dies weit gespannte, in sich symmetrische Flächentragwerk kommt mit einem Minimum an Material aus. Käme dem Auge nicht der Raster der Holzlattung, welcher sich an besonders belasteten Stellen im Rhythmus verdoppelt und damit Kräfte spektakulär sichtbar macht, zu Hilfe, so wäre die gewaltige Größe des umschlossenen Raums kaum ablesbar. Die Logik der Konstruktion, ihre Schönheit, Eleganz und außerordentliche Kühnheit vermitteln den Eindruck, wirkliche Funktionalität, erfunden von technischer Intelligenz, führte zu ästhetischer Wirkung. Dies macht die Weiterentwicklung der Idee ›weitgespanntes leichtes Flächentragwerk‹ zu einem der größten baulichen Ereignisse der Münchner Nacholympiazeit, deren Auswirkungen weit über das Lokale hinausgehen.«[3]

Manfred Sack
»Von außen wirkt das weiße ›Schildkrötendach‹ neben der kastenförmigen alten Halle beinahe zierlich, mehr: graziös. Innen ist man überrascht von der Weite, ein Eindruck, der durch die auffallend heitere Helligkeit hervorgerufen wird, die sie überflutet, ohne mit ihrem weißen Licht die Augen zu erkälten. Die zwölf ovalen Öffnungen im Dachfirst sollen den Blick zum Himmel öffnen, vor allem aber strömt da frische Luft herein; Glashauben schützen gegen Schlagregen, Netze an ihren Seiten hindern Vögel daran, sich ins Innere zu verirren.

Die ausladenden Dimensionen der Halle sollten so originell, so leicht, so einfach, so preiswert wie möglich überspannt werden, stützenfrei. Ihre gelassene Eleganz spiegelt auf wunderbare Weise den so offensichtlich lustbaren Sport, der darin gelaufen, gesprungen und getanzt wird.«[4]

Deutscher Architekturpreis 1983, Auszeichnung
»Der ästhetische Reiz, der von der schwingenden, fast schwerelosen Überdachung der Freieisfläche im Münchner Olympiapark ausgeht, läßt vergessen, daß eine Fläche von ca. 100 × 70 Metern frei überspannt ist. Mit neuen technischen Mitteln und mit verblüffend einfachem technischen Denken ist eine Konstruktion entstanden, die zugleich absolut gestaltete Form und direkte Antwort auf die vorgegebene Zweckbestimmung ist. Von einem Dreigurt-Fachwerkträger ist ein Seilnetz abgespannt und mit Hilfe eines Holzrostes und einer durchscheinenden Kunststoffhaut ein ›Raumabschluß‹ erzeugt, von dem eine wärmedämmende Funktion nicht verlangt wird.

Dieser Bau ist beispielhaft für die fruchtbare und innovative Zusammenarbeit von Architekt und Ingenieur.«[5]

BDA-Preis Bayern 1983
»Die architektonische Antwort auf die Frage einer einzigen Funktion, d. h. eine Decke über einem Großraum zu gestalten, ist mit bemerkenswerter Strenge und Klarheit und mit adäquaten technischen Mitteln gegeben. Das Ergebnis ist ein Raum mit hoher Qualität, in dem das Licht die dominierende Rolle spielt. Die Lösung erreicht in ihrer Form Symbolwert, auch auf der Ebene von architektonischer Landschaft.«[6]

Eissporthalle, Olympiapark, München

3.0 Ort

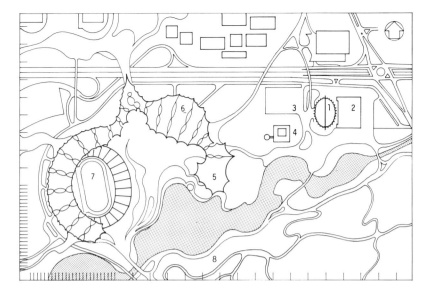

Lageplan
1 Eissporthalle
2 Alte Eissporthalle
3 Parkierung
4 Fernsehturm

Bauten für die
Olympischen Spiele 1972
5 Schwimmhalle
6 Sporthalle
7 Stadion
8 Olympiapark mit See

3.1 **Standort**

Olympiapark München
Spiridon-Louis-Ring 21

3.2 **Situation**

Der Olympiapark wird durch die Bauten für die Olympischen Spiele 1972 geprägt, vor allem durch die Zeltdächer des Stadions, der Sport- und Schwimmhalle. Die Sportanlagen, Freiflächen, Verkehrswege und die Vegetation wurden als Einheit geplant und gebaut. Diese einmalige Gesamtanlage bildet den städtebaulichen Rahmen für die Überdachung der Freieisfläche. Eine direkte Vorgabe ist dazu die unmittelbare Nachbarschaft der streng geometrischen, kubischen Form der 1967 eröffneten Eissporthalle am Oberwiesenfeld (Architekt Rolf Schütze). Vorgegeben waren ebenso Lage und Größe der Freieisfläche.

Eissporthalle, Olympiapark, München
4.0 Programm

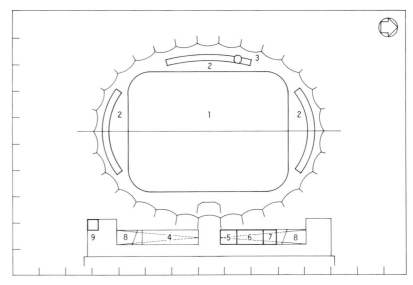

1 Eisfläche
2 Zuschauer Sitzstufen
3 Regie
4 Werkstatt
5 Garage (Eispflegemaschine)
6 Technik
7 Müll
8 Rampen
9 Kiosk

4.1 Nutzung

Anstelle des Halbjahresbetriebs mit Behinderung durch Schlechtwetterperioden sollte die vorhandene Eisfläche ganzjährig für den Eislauf nutzbar gemacht werden, da eine große Nachfrage besteht und München eine echte Eislauftradition aufweisen kann. Das legendäre Prinzregentenstadion oder das »Schachterleis« sowie die vielen bekannten Münchner Eissportler sind in guter Erinnerung und zeigen die Verbundenheit der Bevölkerung mit dem Eislaufsport.

Die neu überdeckte Eisfläche wird in erster Linie für den Amateurfreizeitsport genutzt. Sportveranstaltungen wie Eiskunstlauf, Eishockey usw. finden wie bisher in der alten Halle statt. Hier sind auch die Garderoben, Nebenräume und die großen Technikräume untergebracht.

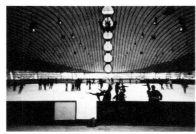

Eissporthalle, Olympiapark, München
5.0 Erschließung

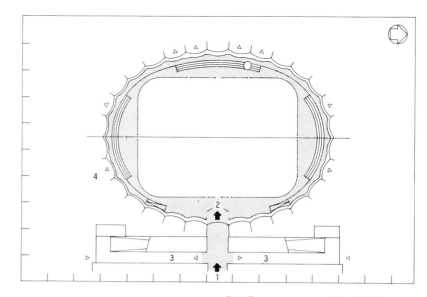

1 Überdachter Durchgang
 von der alten Eissporthalle
2 Haupteingang
3 Anlieferung
 (Notausgang)
4 Notausgang

5.1 Innere Erschließung

Der Zugang zur neu überdachten Eisfläche erfolgt über den südlich gelegenen Haupteingang (mit Kasse) der alten Eissporthalle. Wie bisher werden die Garderoben und Nebenräume dieser Halle auch für den neuen Bereich genutzt. Die axial gelegene Erschließung zur Eisfläche führt durch einen überdachten Zugang unter den Rampen zu den Zuschauerrängen der alten Sporthalle hindurch. Zwischen den beiden Hallen liegen die Zufahrtswege für Fahrzeuge (Anlieferung), die auch als Notausgänge genutzt werden können. Weitere Notausgänge führen in allen Richtungen direkt von der Halle ins Freie.

Eissporthalle, Olympiapark, München
6.0 Tragwerk

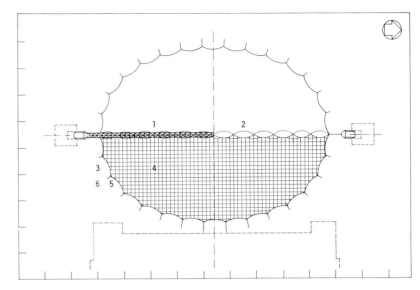

1 Dreigurtbogen (Obergurte Stahlrohr ⌀ 244,5 × 60 St 52, Untergurt 267 × 60 St 52) Spannweite 104 m Stich 16,60 m
2 Gratseil d = 60 mm
3 Randseil d = 60 mm
4 Seilnetz, kreuzweise je 2 Seile ⌀ 11,5 mm
5 Stütze ⌀ 216 St 52-3
6 Abspannseil d = 60 mm

6.1 Gesamtsystem

Das Tragwerk der Eislaufhalle setzt sich aus drei Subsystemen zusammen:
— dem Dreigurtbogen,
— dem vorgespannten Seilnetz mit der daraufliegenden Dachhaut,
— den am Netzrand entlang angeordneten Pendelstützen mit den Abspannungen.

Das Seilnetz überspannt eine Grundfläche von ca. 4200 m². Der Dachgrat liegt 15,30 m, der geschwungene Dachrand zwischen 3,40 m und 5,80 m über dem Eisfeld. Bedingt durch die vorgegebene Symmetrie, spannen sich zwei gleiche Seilnetzflächen zwischen dem tieferen Netzrand mit den Pendelstützen und dem oberen, am Bogen abgehängten Grat.
  Bogen und Seilnetz wirken interaktiv: Der Bogen trägt das vorgespannte Seilnetz und wird von diesem in Längs- und Querrichtung stabilisiert.

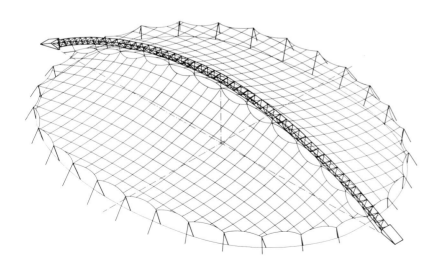

6.2 Subsysteme

6.2.1 Dreigurtbogen

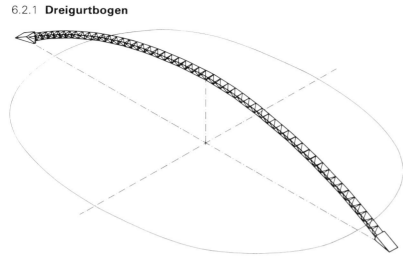

Der stählerne Bogen ist als Dreigurtquerschnitt ausgebildet. Er ist entlang der Längsachse des Daches bei einem Stich von 16,60 m knapp 104 m weit gespannt. Die Bogengeometrie ist das Ergebnis eines Formfindungsprozesses, bei dem die Proportionen des Innenraumes und die Stützlinie für unterschiedliche Lastfälle gesucht wurden. Als optimaler und formgebender Lastfall für die Festlegung der Bogengeometrie wurde der Lastfall Vorspannung des Netzes zuzüglich zwei Drittel der Vollast (V + ⅔ maxQ) gefunden.[1] Für diesen Lastfall treten im Bogen nur Druckkräfte auf.

Aufgrund der Anpassung der Bogengeometrie an die Stützlinie und des interaktiven Zusammenwirkens von Bogen und Seilnetz konnte der Bogen sehr schlank konstruiert werden (h = 1,45 m). Der Bogen ist zur Vereinfachung der Konstruktion und Montage in die Widerlager eingespannt, obwohl dies statisch nicht notwendig wäre, da das Widerlager im wesentlichen schräg gerichtete Druckkräfte in den Baugrund abzuleiten hat.

6.2.2 Seilnetz

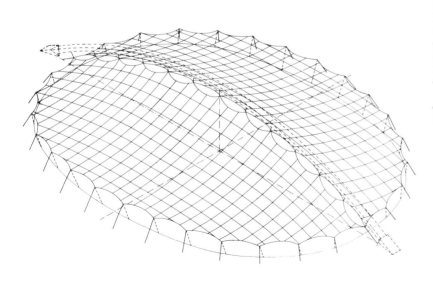

Das Netz besteht aus zwei sich kreuzenden, gegeneinander verspannten Seilscharen, den Tragseilen und den Spannseilen. Die Seilscharen sind gegensinnig gekrümmt und erzeugen unter Vorspannung Umlenkkräfte, die an den Seilkreuzungs- oder Knotenpunkten das Gleichgewicht halten.

Von besonderer Bedeutung für das Tragverhalten des Seilnetzes ist die Realisierung des geplanten Vorspannzustands. Dies bedingt die exakte Kenntnis der räumlichen Koordinaten möglichst aller Netz- und Seilknoten unter Vorspannung, um daraus die erforderliche ungedehnte Länge der Seile ermitteln zu können (Zuschnitt). Alle dafür notwendigen Werte wurden rechnerisch ermittelt. Die Gleichgewichtsfigur wurde unter vorgegebener Vorspannung mathematisch exakt für das gesamte System berechnet. Die Einleitung der Vorspannung und damit verbundene Längenkorrekturen sind nur an den Hängern und den Abspannseilen möglich.

6.2.3 Randstützen

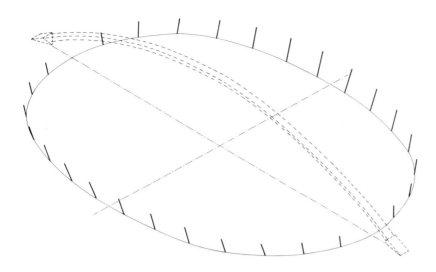

Die Randseile des Seilnetzes werden durch ein System von Randstützen, die im Abstand von 7,75 m stehen, gefaßt. Die schräge Abspannung übernimmt die Zugkräfte, während die Druckkräfte durch die Pendelstützen aufgenommen werden.

6.3 Tragwerksteile, Tragwerkselemente

6.3.1 Dreigurtbogen, Hänger, Gratseilsattel

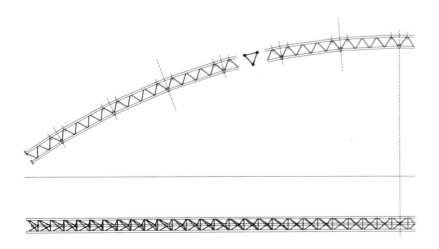

Der Bogen ist in ein räumliches Dreigurtfachwerk aufgelöst: Gurt- und Diagonalstäbe aus Stahlrohren (Stahlgüte St 52) mit den Abmessungen $\varnothing/t$ von 244/60 mm und 267/60 mm bzw. 82/25 mm. Aus montagetechnischen Gründen ist der Bogen in fünf Abschnitte unterteilt, die einzelnen Abschnitte sind durch Schraubverbindungen im Untergurt und durch Schweißverbindungen in den Obergurten zum Gesamtbogen gefügt.

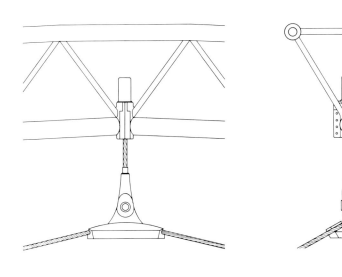

Das Seilnetz ist an 13 Punkten des Bogens aufgehängt. Die Hänger sind kurze, voll verschlossene Seile (Ø 60 mm), die mit aufgegossenen Seilköpfen im Untergurt des Bogens verankert sind. Am Gratseilsattel aus Stahlguß werden die Gratseile der beiden Netzhälften gefaßt. Durch den Abstand der Hänger von 7,75 m entstehen zwölf »Augen«, die als Oberlichter dienen.

6.3.2 Seilnetz

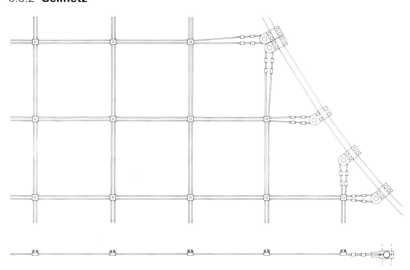

Die Seilscharen der Spann- und Tragseile des Netzes werden durch Doppelseile im Abstand von 75 cm gebildet. Ein Doppelseil besteht aus zwei Litzen mit je 11,5 mm Durchmesser im Abstand von 3,2 cm. Äußere Lasten wie Schnee und Wind vergrößern die Seilkräfte aus Vorspannung in der einen Seilschar und verringern die Seilkräfte in der quer dazu verlaufenden Seilschar. Die Netzseile sind in ihren Kreuzungspunkten durch aufgepreßte, miteinander verschraubte Aluminiumklemmen drehbar verbunden. An den Rändern werden die Netzseile durch girlandenförmig geführte, voll verschlossene Seile mit 60 mm Durchmesser eingefaßt. Je nach Lage dieser Seile am äußeren Rand oder entlang den Augen unter dem Bogen werden sie Rand- oder Gratseile genannt. Die Doppelseile des Netzes sind an die Rand- und Gratseile mit Klemmschalen und Umlenkrollen angeschlossen.

An den 7,75 m voneinander entfernten Umlenkpunkten der Rand- und Gratseile werden die Kräfte aus den Seilen gesammelt und über Stahlgußsättel zu den Verankerungen weitergeleitet.

6.3.3 Pendelstützen, Abspannseil

Die Randseile des Seilnetzes werden durch die gußeisernen Sättel über den Stützen gefaßt und über die Abspannungen in den Fundamenten gehalten. Die runden Randstützen (Ø 216 mm) stehen auf Stahlkugeln, nicht auf handelsüblichen Lagern. Damit wird nicht nur das Gelenk sichtbar gemacht, sondern werden auch die großen Drehwinkel beim Montieren und Spannen des Daches bewältigt sowie die tangentialen Verschiebungen des Netzes infolge horizontaler Belastung ermöglicht.

Die Stützen leiten ihre Lasten auf ein durchlaufendes Ringfundament ab, an dem auch die Fassadenseile befestigt sind. Die Abspannseile sind an Einzelfundamenten gehalten, die ihrerseits mit ca. 10 m langen Dauerankern im Baugrund rückverankert sind.

6.4 Tragverhalten

Das Tragverhalten des Tragwerks ist durch drei wesentliche Merkmale gekennzeichnet:
- das interaktive Zusammenwirken des Systems »Bogen – Seilnetz«,
- die Abtragung aller auftretenden Lasten durch das Gesamttragwerk. Dieses Tragverhalten wird durch die Verformungen des Seilnetzes ermöglicht, die in jedem Lastfall eine Lastumlagerung und somit eine Beteiligung aller Tragwerksteile bei der Lastabtragung hervorrufen;
- die Vorspannung im Seilnetz, die so groß gewählt werden muß, daß in allen auftretenden Lastfällen Zugkräfte in den Seilen verbleiben.

6.4.1 Vertikale Lasten

Abtragung der vertikalen Lasten Eigengewicht, Vorspannung und Schneelast

6.4.1.1 Symmetrische Vertikallasten

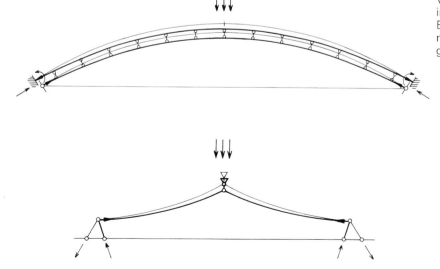

Alle gleichmäßig verteilten Vertikallasten, das Eigengewicht der Konstruktion, die Schneelast und die Vorspannung des Seilnetzes, sind in diesem für die Konstruktion und Bemessung der Tragwerksteile maßgebenden Lastfall zusammengefaßt.

Die Lastabtragung ist gekennzeichnet durch das interaktive Zusammenwirken der Haupttragwerksteile:
- der Bogen als ein im wesentlichen druckbeanspruchtes Element, durch das Netz seitlich gehalten und stabilisiert,
- das Netz als rein zugbeanspruchtes Element, dessen Geometrie durch Bogen und Randstützen gewährleistet wird.

Die Schneelasten werden über die Dachhaut, die als Membrane wirkt, auf das Seilnetz abgegeben. Die Tragseile des Netzes (Seile senkrecht zur Bogenachse) erhalten zusätzlich zur Vorspannung Zugkräfte, während die Spannseile (Seile parallel zur Bogenachse) die auftretenden Druckkräfte durch den Abbau der vorhandenen Vorspannung aufnehmen.

6.4.1.2 Antimetrische Vertikallasten

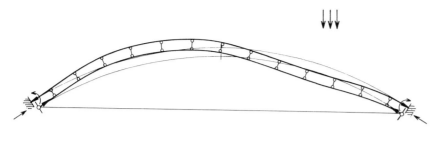

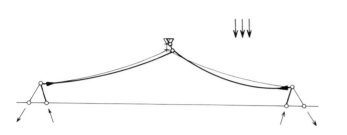

Gebäudelängsrichtung

Die in Bogenlängsrichtung einseitig auftretende Belastung wird durch Normalkraft- und Biegebeanspruchung des Bogens abgetragen. Das vorgespannte Seilnetz behindert die Anhebung des Bogens im unbelasteten Bereich und reduziert, zusammen mit der Einspannung am Auflager, seine Biegeverformungen.

Die tangentiale Verschiebung des Netzes am Netzrand wird durch die Pendelstützen ermöglicht.

Gebäudequerrichtung

In der belasteten Hälfte des Seilnetzes treten im wesentlichen eine Zunahme der Zugkräfte in den Tragseilen und eine Abnahme in den Spannseilen auf, während in der unbelasteten Hälfte die Zugkräfte beider Seilscharen durch die seitliche Auslenkung des Bogens vergrößert werden. Im Bogen selbst treten Normalkräfte, Biegemomente und Torsionskräfte auf.

6.4.2 Horizontale Lasten

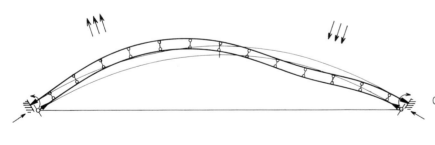

Gebäudequerrichtung

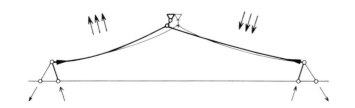

Gebäudelängsrichtung

Abtragung der horizontalen Lasten Winddruck und Windsog

Die Beanspruchung und Lastabtragung des Tragwerks durch Windlasten in Längs- und Querrichtung entsprechen der Beanspruchung infolge antimetrischer Vertikallast.

6.5 Fügung

1 Fügung Dreigurtbogen –
  Träger, Grat- und
  Randseile mit
  Bodenfundament
2 Fügung Seile – Seilnetz –
  Holzrost
3 Fügung Seilnetz –
  Randseil
4 Fügung Randseil –
  Pendelstütze – Abspannseil
5 Fügung Pendelstütze –
  Fundament

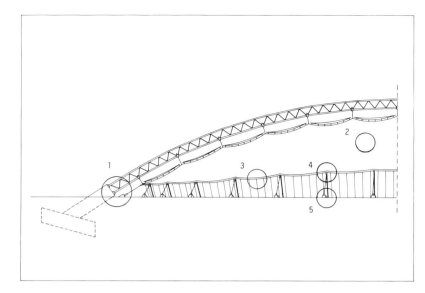

Das Fügungsprinzip für die Tragkonstruktion der Eislaufhalle ist vom charakteristischen Tragverhalten des »hybriden« Tragsystems, dem biegesteifen Bogen mit dem biegeweichen Seilnetz, bestimmt.

Alle Fügungsdetails sind für einen optimalen Kraftfluß bei gleichzeitiger Ermöglichung der notwendigen Verformungen konstruiert.

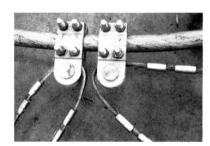

6.5.1 Bogen, Grat- und Randseile mit Bogenwiderlager

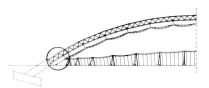

Am Widerlager des Bogens werden die Auflagerkräfte des Bogens (Druckkraft, Einspannmoment) und die Zugkräfte der Rand- und Gratseile abgegeben und in den Baugrund eingeleitet.

Die drei Gurte des Fachwerkbogens und die Ankerplatte des Zugglieds sind durch Spannglieder mit aufgekralltem Gewinde im Fundamentkörper verankert.

Geometrie	Systemlinien	In der Ebene	
		Im Raum	•
		Anzahl	6
		Winkelbezug	
	Zuordnung Schwerachsen – Systemlinien	Identisch	•
		Versetzt	
		Symmetrisch	
	Querschnittsformen	Offene Profile	
		Hohlprofile	•
		Vollprofile	•
		Einteiliger Querschnitt	
		Mehrteiliger Querschnitt	•
Kraft	Statisches System	Gelenkige Verbindung	
		Biegesteife Verbindung	•
	Kraftfluß, Kraftleitung	Zentrisch	•
		Exzentrisch	
		Unmittelbar	•
		Mittelbar	
	Beanspruchung der Tragwerksteile	Zug	•
		Druck	•
		Biegung	
	Beanspruchung der Verbindungsmittel	Zug	•
		Abscheren	•
		Zug, Druck	
	Verbindungsmittel – Verfahren	Geschraubt	•
		Geschweißt	•
		Geklebt	
Form	Additives Prinzip ohne Zwischenglied	Stoß	
		Überlappung	
		Durchdringung	
	Additives Prinzip mit Zwischenglied	Kleines Verbindungselement	•
		Großes Verbindungselement	
		Universalanschluß	
		Individualanschluß	•
	Integriertes Prinzip		

6.5.2 Fügung Seilnetz – Holzrost

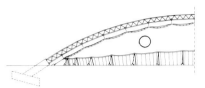

Am Seilnetzknoten werden die Eigenlasten der Dachhaut und die Schnee- und Windlasten an das Netz abgegeben.
Die Verbindungen der Netzknoten lassen sowohl Verdrehungen der Seilscharen in der Netzebene (Trag- und Spannseile) untereinander als auch Verformungen der Dachkonstruktion zwängungsfrei zu. Die Verbindung wird durch Aluminiumgußteile und Bolzen sichergestellt.

Geometrie	Systemlinien	In der Ebene	•
		Im Raum	
		Anzahl	2
		Winkelbezug	90°
	Zuordnung Schwerachsen – Systemlinien	Identisch	•
		Versetzt	
		Symmetrisch	
	Querschnittsformen	Offene Profile	
		Hohlprofile	
		Vollprofile	•
		Einteiliger Querschnitt	•
		Mehrteiliger Querschnitt	
Kraft	Statisches System	Gelenkige Verbindung	•
		Biegesteife Verbindung	
	Kraftfluß, Kraftleitung	Zentrisch	•
		Exzentrisch	
		Unmittelbar	•
		Mittelbar	
	Beanspruchung der Tragwerksteile	Zug	•
		Druck	
		Biegung	•
	Beanspruchung der Verbindungsmittel	Zug	•
		Abscheren	•
		Zug, Druck	
	Verbindungsmittel – Verfahren	Geschraubt	•
		Geschweißt	
		Geklebt	
Form	Additives Prinzip ohne Zwischenglied	Stoß	
		Überlappung	
		Durchdringung	
	Additives Prinzip mit Zwischenglied	Kleines Verbindungselement	•
		Großes Verbindungselement	
		Universalanschluß	
		Individualanschluß	•
	Integriertes Prinzip		

6.5.3 Fügung Seilnetz – Randseil

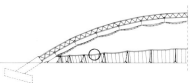

Das Randseil sammelt die Zugkräfte der Trag- und Spannseile am Netzrand und gibt sie an die Randabspannungen und Pendelstützen weiter.

Die Kraftübertragung erfolgt über eine gegossene Randseilklemme, die durch Schraubbolzen mit dem Randseil verbunden ist. Auf die Randseilklemme aufgeschraubt ist ein Flacheisen, an dem der Dachabschluß befestigt wird.

Geometrie	Systemlinien	In der Ebene	•
		Im Raum	
		Anzahl	2
		Winkelbezug	90°
	Zuordnung Schwerachsen – Systemlinien	Identisch	•
		Versetzt	
		Symmetrisch	
	Querschnittsformen	Offene Profile	
		Hohlprofile	
		Vollprofile	•
		Einteiliger Querschnitt	•
		Mehrteiliger Querschnitt	
Kraft	Statisches System	Gelenkige Verbindung	•
		Biegesteife Verbindung	
	Kraftfluß, Kraftleitung	Zentrisch	•
		Exzentrisch	
		Unmittelbar	•
		Mittelbar	
	Beanspruchung der Tragwerksteile	Zug	•
		Druck	
		Biegung	
	Beanspruchung der Verbindungsmittel	Zug	•
		Abscheren	•
		Zug, Druck	
	Verbindungsmittel – Verfahren	Geschraubt	•
		Geschweißt	
		Geklebt	
Form	Additives Prinzip ohne Zwischenglied	Stoß	
		Überlappung	
		Durchdringung	
	Additives Prinzip mit Zwischenglied	Kleines Verbindungselement	•
		Großes Verbindungselement	
		Universalanschluß	
		Individualanschluß	•
	Integriertes Prinzip		

6.5.4 Fügung Randseil – Pendelstütze – Abspannung

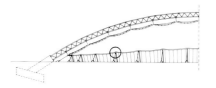

Das Randseil wird im Abstand von 7,75 m durch die auf die Pendelstützen aufgeschweißten Umlenksättel girlandenförmig gefaßt. Die Abspannung übernimmt die Zugkräfte des Randseils und gibt sie an das Fundament ab. Der Umlenksattel ist ausgerundet, damit das Randseil im zulässigen Maß gekrümmt wird. Die Übertragung der Zugkräfte geschieht über Bolzen in den zweischnittigen Seilkopf der Abspannung.

Geometrie	Systemlinien	In der Ebene	
		Im Raum	●
		Anzahl	3
		Winkelbezug	
	Zuordnung Schwerachsen – Systemlinien	Identisch	●
		Versetzt	
		Symmetrisch	
	Querschnittsformen	Offene Profile	
		Hohlprofile	●
		Vollprofile	●
		Einteiliger Querschnitt	●
		Mehrteiliger Querschnitt	
Kraft	Statisches System	Gelenkige Verbindung	●
		Biegesteife Verbindung	
	Kraftfluß, Kraftleitung	Zentrisch	●
		Exzentrisch	
		Unmittelbar	●
		Mittelbar	
	Beanspruchung der Tragwerksteile	Zug	●
		Druck	●
		Biegung	
	Beanspruchung der Verbindungsmittel	Zug	
		Abscheren	●
		Zug, Druck	
	Verbindungsmittel – Verfahren	Geschraubt	●
		Geschweißt	●
		Geklebt	
Form	Additives Prinzip ohne Zwischenglied	Stoß	
		Überlappung	
		Durchdringung	
	Additives Prinzip mit Zwischenglied	Kleines Verbindungselement	
		Großes Verbindungselement	●
		Universalanschluß	
		Individualanschluß	●
	Integriertes Prinzip		

6.5.5 Fügung Pendelstütze – Fundament

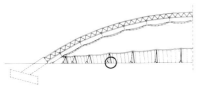

Die Umlenkkräfte der Abspannung werden von den Pendelstützen übernommen und über ein kugelförmiges Kalottenlager in das Ringfundament abgegeben. Der untere Teil der Pendelstütze sowie die lastverteilende Lagerbank bestehen aus gegossenen Teilen. Die Lagerbank wird durch einen angeschweißten Zapfen in ihrer Lage gehalten.

Geometrie	Systemlinien	In der Ebene	•
		Im Raum	
		Anzahl	1
		Winkelbezug	
	Zuordnung Schwerachsen – Systemlinien	Identisch	•
		Versetzt	
		Symmetrisch	
	Querschnittsformen	Offene Profile	
		Hohlprofile	•
		Vollprofile	
		Einteiliger Querschnitt	•
		Mehrteiliger Querschnitt	
Kraft	Statisches System	Gelenkige Verbindung	•
		Biegesteife Verbindung	
	Kraftfluß, Kraftleitung	Zentrisch	•
		Exzentrisch	
		Unmittelbar	•
		Mittelbar	
	Beanspruchung der Tragwerksteile	Zug	
		Druck	•
		Biegung	
	Beanspruchung der Verbindungsmittel	Zug	
		Abscheren	
		Druck	•
	Verbindungsmittel – Verfahren	Geschraubt	
		Geschweißt	•
		Geklebt	
Form	Additives Prinzip ohne Zwischenglied	Stoß	
		Überlappung	
		Durchdringung	
	Additives Prinzip mit Zwischenglied	Kleines Verbindungselement	•
		Großes Verbindungselement	
		Universalanschluß	
		Individualanschluß	•
	Integriertes Prinzip		

Eissporthalle, Olympiapark, München
7.0 Raumabschluß

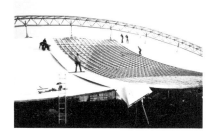

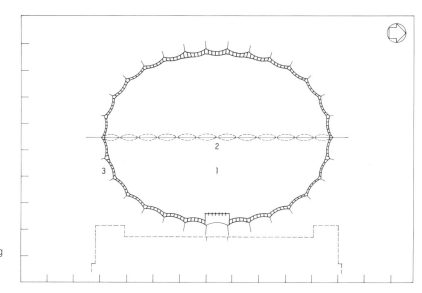

1 Dach, PVC-beschichtetes Polyestergewebe, auf Holzrost gespannt
2 Augenförmige Oberlichter mit Polycarbonatabdeckung
3 Vertikaler Raumabschluß – Glas-Membranfassade

7.1 Konstruktive Durchbildung

Horizontaler Raumabschluß

Auf die Seilnetzknoten ist ein Holzrost aufgebracht, der am Grat die Netzmaschenweite von 75 × 75 cm aufnimmt (geringe Brandlast für den Bogen) und sich zum Dachrand hin auf 18,75 × 75 cm verdichtet (Schneeanhäufung). Die Befestigung an den Netzknoten ist auf die zu erwartenden zwangfreien Verschiebungen des Daches ausgelegt. Auf die Holzunterkonstruktion ist ein lichtdurchlässiges, PVC-beschichtetes Polyestergewebe als Wetterschutz und Dichtung aufgespannt.

Oberlichter
Die augenförmigen Oberlichter bestehen aus einer Stahlrahmenkonstruktion, die durch Gewindestäbe und Stahlgußklemmen an den Gratseilen befestigt ist. Die Längs- und Queraussteifung erfolgt über kreuzweise befestigte Zugseile.

Die Rahmenfelder sind mit Polycarbonatplatten abgedeckt.

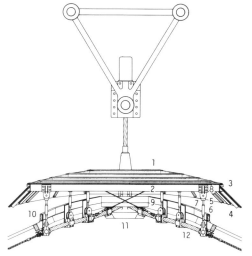

1 Polycarbonat
2 Rechteckhohlprofile 100 × 60 × 5,6 mm
3 Umlaufendes U-Profil U 100
4 T-Profil angeschweißt
5 Gewindestab M 20
6 Gewindehülse
7 Kontermuttern
8 Befestigungspunkt für Längsaussteifung
9 Queraussteifung
10 Latten 6 × 10 cm
11 Gratseilsattel
12 Gratseil d = 60 mm

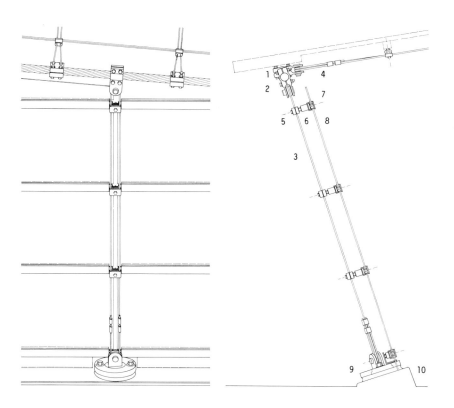

Vertikaler Raumabschluß

Bei den bisher ausgeführten Seilnetztragwerken ist wegen der großen Verformungen unter Schnee- und Windlasten die Fassadenunterkonstruktion vom Dachtragwerk statisch getrennt. Die Fassade wird von freistehenden, unabhängigen Kragträgerkonstruktionen gehalten, die nur am oberen Rand über eine balgartige Kunststofftaschen-Konstruktion mit dem Dach verbunden sind.

Für die Fassadenscheiben ist nicht die Verschiebung aus den direkt auf sie wirkenden Lasten maßgebend, sondern es sind die großen Verschiebungsdifferenzen zwischen Randseil und Fundament. Für die Fassaden wurde wie beim Dachtragwerk eine biegeweiche Konstruktion (»Membranfassade«) entwickelt. Zwischen Randseil und Ringfundament sind im Abstand von 1,30 m Fassadenseile mit $d = 11{,}5$ mm gespannt. So wird die Dachkonstruktion über das Randseil hinaus bis zum Fundament gezogen, wobei allerdings die Fassadenseilfläche keine gegensinnig gekrümmte Fläche aufweist, sondern das Tragverhalten eines ebenen Seilnetztragwerks hat.

1 Randseil $d = 60$ mm
2 Randseilklemme
3 Fassadenseil $d = 11{,}5$ mm
4 Netzseil $d = 11{,}5$ mm
5 Fassadenklemme
6 Z-förmig abgekanteter Flachstahl
7 Alu-Fassadenprofil
8 Einscheiben-Sicherheitsglas
9 Fassadenteilfußpunkt Gußteil
10 Ringwand

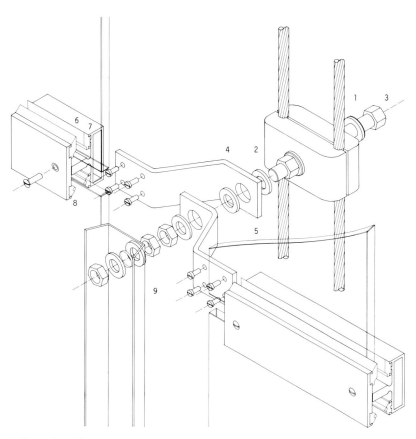

Verschiebungen senkrecht zu den Fassaden-Glasscheiben werden durch Anordnung möglichst niedriger Glasscheibenformate, die entlang der horizontalen Profile scharnierartig gelagert sind, aufgenommen. Die großen Verschiebungen in der Fassadenebene machen darüber hinaus erforderlich, daß jedes Glaselement zumindest an einem der beiden horizontalen Scharniere auch in Längsrichtung gleiten kann. Entsprechend diesen Bedingungen werden auf die Fassadenseile horizontale Aluminiumprofile im Abstand von 60 cm geschraubt, wodurch sich Glasscheibenelemente von 60 × 130 cm ergeben. An die Aluminiumprofile ist das Einscheiben-Sicherheitsglas am unteren Rand angeklemmt und am oberen Rand lediglich (senkrecht zur Glasebene) gehalten. Dadurch ist die Verschieblichkeit in der Fassadenebene gegeben. Verschiebungen in der Fassadenebene werden so zwängungsfrei ermöglicht, und eine Zerstörung der Glasscheiben wird verhindert.

1 Fassadenseil
  d = 11,5 mm
2 Fassadenklemme
3 Sechskantschraube
  M 16
4 Z-förmig gebogener
  Flachstahl
5 Einscheiben-Sicherheitsglas
6 Aluminiumprofil
7 Neoprene
  (Scheibe fest)
8 Neoprene mit Nylon-Rundprofil
  (Scheibe beweglich)
9 Schlagregenschutz
  Polycarbonatprofil

Eissporthalle, Olympiapark, München
8.0 Installation

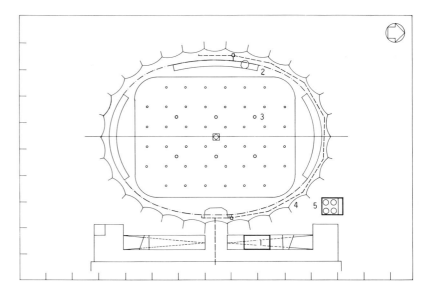

1 Trafostation, Notstrom, Batterieraum, Heizverteilung
2 Regiekanzel
3 Ventilatoren
4 Abgehängte Kabelwanne
5 Rückkühltürme

8.1 Systeme

Die Kälteanlage zur Herstellung und Unterhaltung der Eispisten ist in der alten Halle untergebracht (vier Kompressoren mit ca. 1,1 Mio Kcal/h Gesamtleistung). Im nördlichen Teil des Freigeländes stehen die dazugehörigen vier Rückkühltürme.

Aus Kostengründen wurde auf eine künstliche Klimatisierung der neuen Halle verzichtet. Von dem Seilnetz des Daches wurden Ventilatoren abgehängt, die durch Luftwirbelung die bei der Eispflege entstehende Nebelbildung abbauen sollen. Die Beschallungsanlage für Sprach- und Musikübertragungen besteht aus mehreren Schallgruppen mit je fünf Lautsprechern mit großem Richtfaktor und hohem Schalldruck sowie einem Lautsprecher als Kompaktbox mit breit gefächerter Schallverteilung. Er ist in Raummitte von dem Bogenträger als Pendel abgehängt.

Die Allgemeinbeleuchtung der Piste erfolgt über vom Seilnetz abgehängte Scheinwerfer mit HQI-Lampen.

In der Regiekanzel sind eine Musikanlage mit Mikrofon, Mischpult, Plattenspieler, Kassettendeck und Verstärkern, ein Fernsehmonitor zur Überwachung, Feuermelder, Telefon sowie das Beleuchtungstableau installiert.

8.2 Leitungsführung und Tragwerk

Starkstrom- und Fernmeldekabel werden in gemeinsamer Kabelzugtrasse ringförmig umlaufend unter der Bodenplatte des oberen Podests geführt. Sie sind durch senkrechte Schächte mit zwei unter dem Seilnetz frei im Dachraum abgehängten Kabelwannen verbunden. In den Kabelwannen sind außerdem Zusatzleuchten zur indirekten Aufhellung des Hallenraumes montiert.

Eissporthalle, Olympiapark, München
9.0 Auswertung

9.1 **Entwurfsbestimmende Zielvorstellungen**

- Integration von Landschaft und Architektur,
- leichte, transluzente und stützenfreie Überdachung,
- Widerspiegelung von Eigenschaften des Eislaufs wie Leichtigkeit, Eleganz, Heiterkeit in einer zeitgemäßen Technik,
- funktionale Gestalt und Ablesbarkeit der konstruktiven Teile.

9.2 **Zusammenwirken von Nutzung, Konstruktion und Form**

Ort

Für die Überdachung der vorhandenen Eisfläche wurde ein Tragwerk und damit eine Bauform gewählt, die Leichtigkeit und Offenheit vermittelt und in enger Beziehung zu den Bauten der Olympischen Spiele von 1972 steht. Zur kubischen Bauform der bestehenden Eissporthalle gibt es bewußt nur funktionale Zusammenhänge.

Durch das leichte Tragwerk wirkt der Baukörper kleiner und läßt die große Spannweite und engen Grundstücksverhältnisse kaum spürbar werden.

Programm

Die Nutzung erfordert einen stützenfreien Innenraum. Die Raumwirkung vermittelt Eleganz, Leichtigkeit und Heiterkeit entsprechend den Eigenschaften des Eislaufs. Die Raumform und das Tragwerk sind identisch und schaffen an den gewünschten Stellen genügend Fläche für Sitzgelegenheiten.

Erschließung

Die Erschließung gliedert sich in den Bereich um die Eisfläche für die Sportler und die umlaufende Verkehrsfläche für die Zuschauer. Diese Aufteilung ermöglicht:

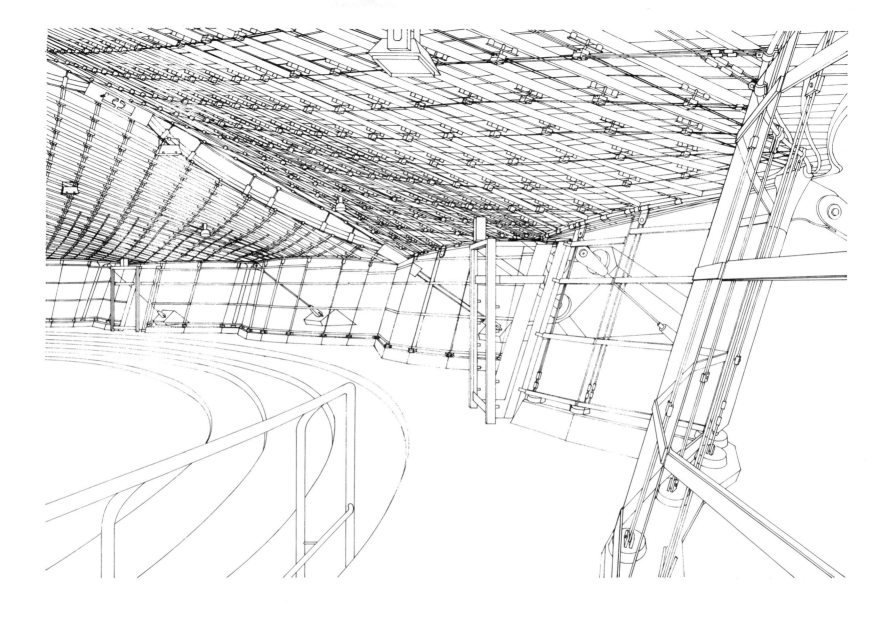

- gute Zugänglichkeit zu den Notausgängen,
- Erschließung der Sitzreihen von unten nach oben,
- umlaufenden erhöhten Innengang,
- visuelle Verflechtung von Innen- und Außenraum,
- Erlebbarkeit der außenliegenden Konstruktionselemente auch vom Innenraum.

Tragwerk

Bedeutung des Tragwerks
Neben der Hauptaufgabe, die Überdachung einer Eisfläche mit zeitgemäßen Mitteln zu gewährleisten, soll das Tragwerk dazu dienen, den spezifischen Charakter des Eislaufs zum Ausdruck zu bringen: Leichtigkeit, Eleganz, Höchstleistung.

Beanspruchung und Tragwerksform
Die Form von Bogen und Seilnetz, ein hybrides Tragsystem, ist das Ergebnis eines Optimierungsprozesses, bei dem Beanspruchung und Form aufeinander abgestimmt wurden. Das interaktive Tragverhalten von Netz und Bogentragwerk ermöglicht die große Schlankheit des Bogens.

Ablesbarkeit des Tragverhaltens
Ablesbarkeit der Systeme, Subsysteme und Elemente, strenge Gliederung des Tragwerks in Subsysteme und Elemente, Ausbildung aller Tragwerksteile nach rein funktionalen und statisch-konstruktiven Gesichtspunkten – dadurch ist die Ablesbarkeit von Funktion und Beanspruchung aller Teile in hohem Maße gegeben.

Materialgerechte Verwendung der Baustoffe
Wahl und Verwendung der Baustoffe entsprechen den spezifischen Eigenschaften und Anforderungen:
- Bogen aus vorgefertigten Stahlhohlprofilen (lineare Elemente, Zug- und Druckkräfte),
- Seilnetz und Randseile aus hochfestem Stahl (nur Zugkräfte),
- Verbindungen aus Gußstahl (räumliche Formen, Zug- und Druckkräfte).

Bedeutung der Fügung
Alle Fügungspunkte sind konstruktiv durchgebildet entsprechend der jeweiligen Funktion und dem Kräftefluß. Dabei spielt die formale Durchgängigkeit aller Details mit der Gesamtkonzeption des Bauwerks eine wesentliche Rolle.

Raumabschluß

Um die transluzente Dachmembrane aufzunehmen, wurde ein Holzrost auf dem Seilnetz beweglich befestigt. An den flach geneigten Dachrandzonen wurde der Lattenrost in Querrichtung in zwei Stufen verdichtet, um höhere Schneelasten – bei Schneesackbildung – aufnehmen zu können.
  Dies bewirkt für den Innenraum:
- Die Krümmung des Daches wird betont.
- Die Transparenz des Daches vergrößert sich zunehmend zu den Oberlichtern.
- Der Lattenrost gliedert die Innenbereiche der Dachfläche in maßstäbliche Größen.

Entsprechend der Seilnetzkonstruktion des Daches wurde für den vertikalen Raumabschluß eine Membranfassade entwickelt. Dabei wurden die besonderen Probleme von vertikalen Fassaden bei Seilnetztragwerken mit neuen Lösungen

bewältigt. Besonders berücksichtigt werden mußten:
- große Verformungen des Dachrands und des Randseils in alle Richtungen (x-, y-, z-Achse),
- wechselnde Raumhöhen,
- gekrümmte und geneigte Fassadenfläche,
- liegende Formate der Glasfelder, die eine Verschieblichkeit zulassen,
- Unterbringung von Türen in der geneigten Fassade.

Installation

Die erforderlichen Installationen – Beleuchtung, Beschallung, Ventilatoren – wurden auf ein Minimum beschränkt und im additiven Prinzip vom Dachtragwerk abgehängt. Die Entscheidung, aus Kostengründen die Halle nicht zu klimatisieren, bringt für die Konstruktion einige Erleichterungen:
- Die Wärmedämmung im Dach kann reduziert werden.
- Einfachverglasung ist ausreichend.
- Der Übergang von vertikalem zu horizontalem Raumabschluß kann einfacher gelöst werden. Offene Fugen sind notwendig, natürliche Dauerlüftung.
- Die Dachkonstruktion und der Innenraum bleiben frei von raumbildenden Aggregaten und Klimakanälen.

Form

Das strenge, klare und ganzheitliche architektonische Erscheinungsbild wird erreicht durch:
- Verwendung zeitgemäßer Mittel,
- identische Konstruktionsform mit der Gebäudeform,
- Zusammenspiel von Bogen- und Seilnetztragwerk. Die beiden Subsysteme wirken als Einheit,
- Übereinstimmung der Konstruktion von Tragwerk und Raumabschluß,
- Anwendung gleicher Fügungsprinzipien.

Nationalgalerie, Berlin

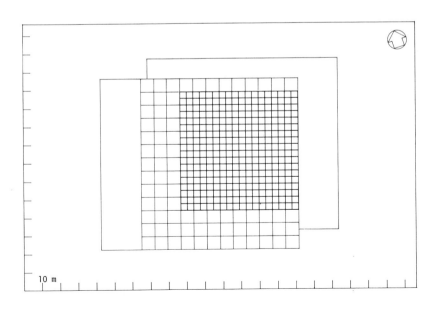

Nationalgalerie, Berlin
1.0 Dokumentation

1.1 Personen

Bauherr	Kurator Preußischer Kulturbesitz, Berlin
Architekt	Ludwig Mies van der Rohe, Chicago († 1969)
Ingenieure	Dr. Ing. H. Dienst und Ing. (grad) Gerhard Richter
Prüfingenieur	Prof. Dr.-Ing. Karl-Heinz Roik, Berlin
Bauleitung	Der Senator für Bau und Wohnungswesen, Berlin

1.2 Termine

3. 8. 1965	Baubeginn
22. 9. 1965	Grundsteinlegung
28. 9. 1966	Fertigstellung der Betonkonstruktion
5. 4. 1967	Hebevorgang der Stahldachkonstruktion
31. 7. 1968	Fertigstellung

1957 wurde zum ersten Mal wieder das Angebot an Mies van der Rohe herangetragen, in Berlin einen Bau zu errichten. Nachdem das Angebot 1961 wiederholt worden war, nahm Mies van der Rohe 1962 den Auftrag an, ein Projekt für die Galerie des 20. Jahrhunderts auszuarbeiten. Am 15. September 1968 fand die feierliche Einweihung des inzwischen in »Nationalgalerie« umbenannten Baus statt.

1.3 Kenngrößen

Maße:
Der Museumsbau im Untergeschoß beruht auf dem Raster von 7,20 × 7,20 m. Außenmaße einschließlich Hof 94,00 × 108,00 m. Geschoßhöhe UG: 5,55 m (Technik 8,05 m).
324 quadratische Felder mit einer Seitenlänge von 3,60 m bilden das quadratische Dach des Ausstellungspavillons mit einer Gesamtbreite von 64,80 m. Durch den Dachvorsprung ergibt sich für die Halle die Seitenlänge von 57,60 m (3317 m^2). Die Raumhöhe bis Unterkante Dachtragwerk beträgt 8,40 m. Die Höhe des Trägerrosts mißt 1,83 m.

Gesamte Grundstücksfläche	19 550 m^2
Bebaute Fläche	12 550 m^2
Umbauter Raum	79 500 m^3
Nutzfläche insgesamt	11 000 m^2
davon	
Ausstellungsfläche Halle	2400 m^2
Ausstellungsfläche UG	4425 m^2

1.4 Kosten

25 Mio. DM (1968, ohne Grundstück)

Nationalgalerie, Berlin
2.0 Idee, Konzept

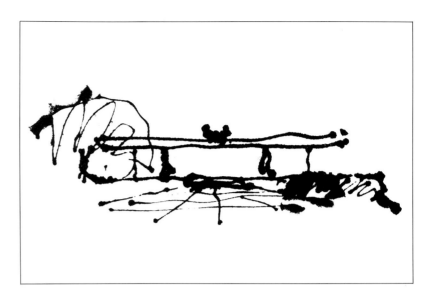

Skizze auf einer
Cocktailserviette

2.1 Aufgabenstellung des Bauherrn

Ein Museum für die Bildersammlung aus dem 19. und 20. Jahrhundert, Raum für Erweiterungen dieser Sammlung und davon unabhängig ein Saal für wechselnde Ausstellungen sollten gebaut werden.

2.2 Zielvorstellungen, Aussagen Architekt

Ludwig Mies van der Rohe
»Ich habe mich nach mehreren Versuchen für eine Lösung entschieden, bei der die Ausstellungshalle unter Ausnutzung des fallenden Geländes auf einer repräsentativen Museumsterrasse steht, die das Museum überdeckt und sich nach Westen zu einem Museumsgarten öffnet. Diese Lösung erlaubte einen klaren und strengen Bau, von dem ich glaube, daß er im Einklang mit der Schinkelschen Tradition steht.«[1]

»Es ist eine große Halle, die natürlich große Schwierigkeiten für die Ausstellung von Kunst bedeutet, darüber bin ich mir natürlich vollkommen klar, aber sie hat so große Möglichkeiten, daß ich auf diese Schwierigkeiten überhaupt keine Rücksicht nehmen kann.«[2]

»Der lange Weg vom Material über die Zwecke zu den Gestaltungen hat nur das eine Ziel: Ordnung zu schaffen in dem heillosen Durcheinander unserer Tage. Wir wollen aber eine Ordnung, die jedem Ding seinen Platz gibt. Und wir wollen jedem Ding das geben, was ihm zukommt, seinem Wesen nach.«[3]

»Der unverrückbare Wille, auf alles Nebensächliche zu verzichten, nur das Wesentliche zum Gegenstand der Gestaltung zu machen, dieser Wille, sich nur auf klare Strukturen zu beschränken, ist nicht nur eine Begrenzung, sondern auch eine große Hilfe. Struktur ist ein konstruktiver Zusammenhang, eine sinnvoll in allen Einzelheiten durchdachte konstruktive Gestalt.«[4]

»Der Bau, wo er groß wurde, war fast immer getragen von der Konstruktion und die Konstruktion fast immer Träger seiner Raumgestalt. Romanik und Gotik zeigen das

in leuchtender Klarheit. Hier wie dort ist die Struktur der Sinnträger, der Träger selbst der letzten geistigen Inhalte. Ist das aber so, dann konnte eine Erneuerung der Baukunst auch nur von der Konstruktion erfolgen und nicht durch willkürlich hergebrachte Motive.

Die Konstruktion aber, dieser treue Behüter des Zeitgeistes, hatte sich aller Willkür versagt und eine objektive Grundlage für eine neue Entwicklung geschaffen. Und so ist es auch geschehen. Die wenigen echten Bauten unserer Zeit zeigen die Konstruktion als baulichen Bestandteil. Bau und Sinn sind eins. Die Bauweise ist von ausschlaggebender und zeugnishafter Bedeutung.

Die Konstruktion bestimmt nicht nur ihre Form, sondern ist die Form selbst. Wo echte Konstruktion auf einen echten Inhalt trifft, da entstehen auch echte Werke: Werke, echt und wesensgemäß. Und die sind notwendig. Sie sind notwendig in sich und als Glieder einer echten Ordnung. Man kann nur ordnen, was in sich schon geordnet ist. Ordnung ist mehr als Organisation. Organisation ist Zweckbesetzung.«[5]

2.3 Aussagen Ingenieur

Gerhard Richter
»Wir sind zur Entwurfsberatung und Ausführungsplanung herangezogen worden.

Es war eine Teamarbeit über die gesamte Bearbeitungszeit bis zur Fertigstellung des Rohbaus.

Einfluß auf das Grundkonzept konnten wir kaum nehmen, da bei dem Entwurf der Architekt auch bezüglich des Tragwerkskonzeptes bereits klare Vorstellungen entwikkelt hatte.

Von besonderer Bedeutung waren bei der Zielsetzung der Tragwerksplanung die Systematik der Konstruktion, der Montagevorgang und das Verformungsverhalten der Trägerrostkonstruktion. Hierbei hatte der Architekt besondere Vorstellungen über die Linienführung der Tragwerksränder in horizontaler Richtung.

Wir beurteilen das Ergebnis als optimal.«[6]

»Für die Form des Tragwerks schrieb der Architekt folgende Gradienten vor:

1. Der Mittelträger ist in den beiden Feldern des äußeren Umgangs horizontal, der mittlere Teil erhält eine Überhöhung von 100 mm. Die Überhöhung ist parabelförmig auszurunden.

2. Die 14 inneren Felder des dritten Trägers über der Glaswand sind horizontal.

3. Die 10 mittleren Felder der Randträger sind horizontal und gerade. Die Ecken werden um 50 mm angehoben.«[7]

2.4 Expertenaussagen

Jürgen Joedicke
»Mies van der Rohe hat alles ausgeschieden, was seine Konzeption beeinträchtigen könnte. Er hat sich auf zwei selbstgestellte Zielvorstellungen beschränkt: auf Raum und Struktur und ihre Relation.
  Da er alles Störende entfernt hat, konnte eine Form von höchster Eindrücklichkeit entwickelt werden. Selbstverständlich ist dieses Verfahren dem normalen Architekten nicht möglich, aber er braucht Modelle, die ihm Ziele vor Augen stellen. Ein solches Modell ist dieser Bau. Er ist vergleichbar dem Rennwagen, der die Serienproduktion beeinflußt. Kein Mensch kommt auf den Gedanken, mit dem Rennwagen zum Bäcker zu fahren, um Brötchen zu holen.«[8]

Wolfram A. Wienhold
»Mit der Neuen Nationalgalerie in Berlin hat Mies van der Rohe eine Konzeption zu letzter Konsequenz geführt, zu der sich Ansätze bereits in seinem Deutschen Pavillon für die Internationale Ausstellung in Barcelona 1929 abzeichnen und die schon in zweien seiner Projekte Ausdruck gefunden hat: im ›50 × 50‹-Haus und im Bacardi-Verwaltungsgebäude in Kuba, das wegen der Revolutionswirren nicht mehr ausgeführt werden konnte. Es ist die Konzeption der vollverglasten Baustruktur mit weit auskragendem Quadratdach, bestehend aus einem Trägerrost, der nur auf wenigen Außenstützen aufliegt.«[9]

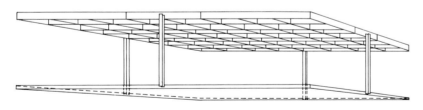

»50 × 50-Haus«,
Entwurf 1951
Detail des Daches

Ulrich Conrads
»Mies van der Rohe nimmt alle Minderungen in Kauf, um der strukturellen Idee die absolute Geltung zu lassen. Das ist eine Entscheidung. Seine Entscheidung. Sie wiegt schwer, sie bringt manchen Nachteil, sie provoziert, sie weckt Assoziationen, sie verführt zu Mißverständnissen. Sie gibt dem Gespräch über die Rolle des Monumentalen in der zweiten Hälfte unseres Jahrhunderts neuen Anstoß. Daran kommt nun auch bei uns niemand mehr vorbei, nicht nur hier in Berlin.«[10]

Miron Mislin
»Der positivistisch-sachliche Mythos der formalistischen Architekturideen von Mies van der Rohe steht durch seine gewollte Askese über dem Sensationsdurst des Supermodernen, aber seine sachlichen Gebilde, die allein nach konstruktiven und funktionalen Gesichtspunkten komponiert sind, beeinflussen die neue Architekturströmung der ›konstruktiven Intelligenz‹, deren Vertreter, wie z. B. Foster und Rogers, die Tragstruktur zur Schau stellen und die Technikästhetik zur Architektur erklären.«[11]

Werner Blaser
»Auch der Laie spürt, mit welcher Vollendung Mies van der Rohe die reine Fläche und die konstruktiven Elemente in seinen Bauten handhabt und wie er durch Werk und Lehre zugleich das Verständnis für jene Bauten der Vergangenheit erschließt, die eine eigene strukturelle Ordnung, wie zum Beispiel die dorische Säulenordnung, geschaffen haben. Die Verfeinerung in der Verbindung von Stütze und Dachplatte der ›Galerie des 20. Jahrhunderts‹ in Berlin (1963) weckt gerade durch ihre Andersartigkeit das Verständnis für die Strukturen vergangener Epochen.«[12]

Julius Posener
»Die Schlußfolgerung aus unserer kritischen Betrachtung der Nationalgalerie ist diese: sie ist ein letztes Wort, bereits ein Anachronismus. Das wird sie morgen noch sichtbarer sein. Sie wäre ein Gedicht in einer toten Sprache, spräche sie nicht die Sprache des Stahlbaues. Daß der Bau in dieser bedeutenden Hinsicht fortschrittlich ist: daß er den Endpunkt einer Entwicklung in Mies' Bemühen darstellt, die Stahlkonstruktion der Architektur zu erobern; und daß ihm der Nachweis gelungen ist: daß der Bau beinahe die Eigenschaften verkörpert, welche Auguste Choisy in einer magistralen Formel dem Parthenon attestiert hat: absolue justesse et austère élégance: das macht ihn memorabel.«[13]

Nationalgalerie, Berlin

3.0 Ort

1 Nationalgalerie (1962–1968)
2 Philharmonie (1960–1963)
3 Staatsbibliothek (1969–1978)
4 St. Matthäuskirche (1845–1846)
5 Villa Parey
6 Shell-/Bewag-Gebäude (1930–1931, Erw. 1967)
7 Wissenschaftszentrum
8 Wohnen am Forum
9 Musikinstrumentenmuseum und Institut für Musikforschung (1979–1984)
10 Kammermusiksaal
11 Kunstgewerbemuseum (1978–1985)

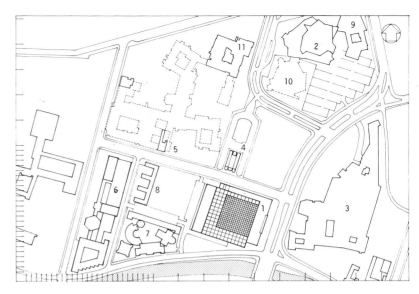

3.1 **Standort**

Berlin 30 (Tiergarten), Potsdamer Str. 50

3.2 **Situation**

Die Nationalgalerie ist ein Teil des Westberliner Kulturzentrums am Kemperplatz südlich des Tiergartens. Die beim Bau der Galerie bereits bestehenden Gebäude sind die 1845/46 erbaute Matthäikirche von August Stüler und die Philharmonie von 1960–1963 von Hans Scharoun. In der Planung befanden sich damals die 1978 fertiggestellte Staatsbibliothek von Hans Scharoun und Edgar Wisniewski sowie ein Museumskomplex für fünf verschiedene Sammlungen. Als erster Bauabschnitt wurde das Kunstgewerbemuseum der Staatlichen Museen Preußischer Kulturbesitz von Rolf Gutbrod 1978–1985 (Wettbewerb 1966) realisiert.

Die Hauptachsen der Nationalgalerie sind nach der Längsachse der Matthäikirche eingemessen. Das Gelände fällt von Osten nach Westen leicht ab. In nordsüdlicher Richtung beträgt die Höhendifferenz zwei Meter.

In jüngster Zeit sind im Umfeld der Nationalgalerie im Rahmen der Internationalen Bauausstellung einige Wettbewerbe initiiert worden. Dazu gehören u. a. das Wissenschaftszentrum (James Stirling, Michael Wilford und Partner). Die Erweiterung der Nationalgalerie und Wohnen am Kulturforum (Kurt Ackermann + Partner; Wohnbauten realisiert) sowie das Gutachterverfahren für das Kulturforum (Bereich zwischen Philharmonie und Nationalgalerie, Hans Hollein).

Nationalgalerie, Berlin
4.0 Programm

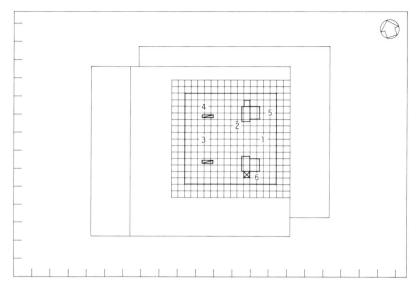

Erdgeschoß
1 Foyer
2 Garderoben
3 Wechselausstellungen
4 Installationsschächte
5 Treppen
6 Aufzug

4.1 Nutzung

Sockelgeschoß
7 Treppenhalle
8 Ständige Ausstellung
9 Skulpturenhof
10 Maschinenraum
11 Fotos
12 Graphik
13 Empfang, Verwaltung
14 Bibliothek
15 Personalräume
16 Anlieferung
17 Lagerräume und Gemäldedepots
18 Café
19 Besuchertoiletten

Die Galerie gliedert sich horizontal in zwei Teile. Die Halle im Erdgeschoß für Wechselausstellungen dient gleichzeitig als Zugang und Foyer des Museums. Die hier notwendigen Räume für die Treppen, Garderoben und Installationen sind symmetrisch angeordnet und als freistehende Elemente in die Halle integriert.

Im Untergeschoß (Sockelgeschoß) ist die ständige Sammlung der Galerie, das eigentliche Museum, untergebracht. Der Ausstellungsbereich umfaßt ca. 500 laufende Meter Hängefläche von 4,00 Meter Höhe und ist auf der Westseite mit dem Skulpturenhof verbunden. Das Graphische Kabinett, eine Kunstbibliothek, ein Café, Verwaltungsräume, die Gebäude-Depots und die Maschinenräume liegen ebenfalls auf diesem Niveau. Die Gesamtfläche des Untergeschosses beträgt ca. 10 000 m². Die Ausstellungsräume im Westen erhalten Tageslicht aus dem Skulpturenhof, alle anderen Räume sind künstlich beleuchtet.

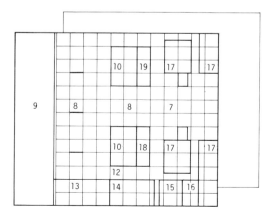

Nationalgalerie, Berlin
5.0 Erschließung

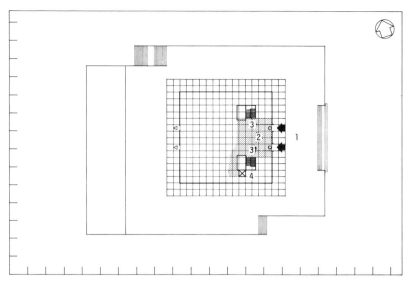

Erdgeschoß
1 Eingang
2 Foyer
3 Treppen ins UG
4 Aufzug

5.1 Innere Erschließung

Sockelgeschoß
1 Treppenhalle
2 Ausgang zum Skulpturenhof
3 Personaleingang
4 Warenannahmen (Laderampe)

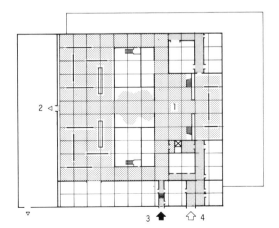

Der Zugang zur Galerie erfolgt an der Potsdamer Straße über die große Plattform, die sich auf dieser Seite vom Straßenniveau nur wenig abhebt. Der Museumsbesucher betritt den Ausstellungspavillon über zwei in den Innenraum gestellte Drehtüren. Holzgetäfelte Garderobenelemente, welche die Kartenausgabe enthalten, begrenzen den Raum zwischen Foyer und Ausstellungsbereich. Um die ständige Sammlung im Untergeschoß zu erreichen, kann der Besucher zwischen den beiden symmetrisch angeordneten Treppen wählen. Im Museumsgeschoß gruppieren sich um die Treppenhalle die eher konventionell gegliederten, geschlossenen Räume, die dem Besucher keinen bestimmten Weg vorschreiben. Der Raumteil zwischen den geschlossenen Sälen und dem Skulpturenhof wird durch ein Spiel von freistehenden Wandscheiben und Stützen geprägt. Die raumhohe, fast sprossenlose Verglasung zum Skulpturenhof unterstreicht die Vorstellung von Raum als Summe der Beziehungen zwischen Flächen und bezieht den auf drei Seiten durch granitverkleidete Wände umschlossenen Außenraum ein.

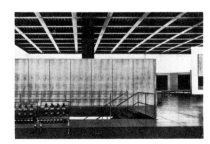

Nationalgalerie, Berlin
6.0 Tragwerk

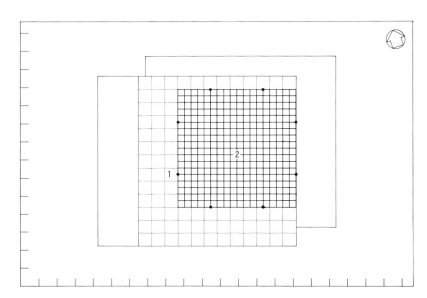

Erdgeschoß
1 Eingespannte Stützen
2 Trägerrost

6.1 Gesamtsystem

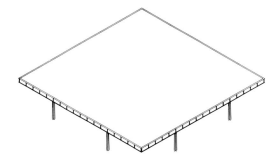

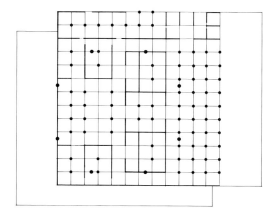

Der Zielvorstellung des Architekten entsprechend ist die Form des Stahltragwerks auf größte Einfachheit zurückgeführt und bleibt vollständig sichtbar.

Das Gesamtsystem des Tragwerks besteht aus zwei klar voneinander getrennten Subsystemen:
— dem Trägerrost als Dachtragwerk,
— den eingespannten Stützen.
Entsprechend dem quadratischen Grundriß von 64,80 × 64,80 m wurde ein ungerichtetes, nach zwei Richtungen lastabtragendes Tragsystem in Form eines stählernen Trägerrostes gewählt. Der Trägerrost lagert an seinen vier Seiten auf je zwei Stützen auf.

Sockelgeschoß
Stahlbetonkonstruktion
mit einem Stützenabstand
von 7,20 m

6.2 Subsysteme

6.2.1 Stützen

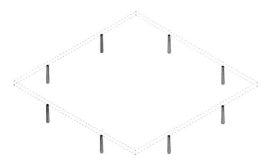

Das Dachtragwerk wird von acht in die Wände des Untergeschosses eingespannten Stützen getragen. Sie dienen zur Abtragung der vertikalen und horizontalen Lasten. Die Stützen sind symmetrisch angeordnet, so daß sich die Lasten infolge ihres Eigengewichts auf alle Stützen gleichmäßig verteilen.

6.2.2 Trägerrost

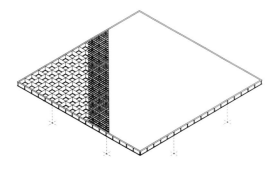

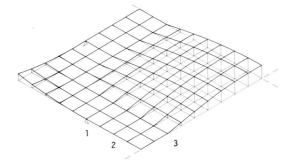

Vorgeschriebene endgültige
Form des Tragwerks
(Ausschnitt ¼ des Daches)
1 Stützen
2 Randträger
3 Mittelträger

Das Dachtragwerk des Bauwerks wird von einem stählernen Trägerrost gebildet. Er besteht aus zwei sich im Abstand von 3,60 m rechtwinklig kreuzenden Scharen von je 17 geschweißten Trägern. Die Trägerscharen werden von vier Randträgern eingefaßt. Das durch Rippen versteifte Deckblech bildet zugleich den Obergurt der Träger.
    Die Randträger sind etwa in den Viertelspunkten ihrer Gesamtlänge gelenkig auf den Stützen aufgelagert.
    Für die Höhenlage des Trägerrosts gab der Architekt genaue Anweisungen: Entsprechend diesen Vorgaben wurde der Trägerrost an den Kragarmen und in Feldmitte so überhöht, daß sich im Endzustand in etwa die gewünschte Form einstellte. Diese genau formulierte Formvorstellung erforderte eine höchst genaue Berechnung und Ausführung des Trägerrosts.

6.3 Tragwerksteile

6.3.1 Stützen

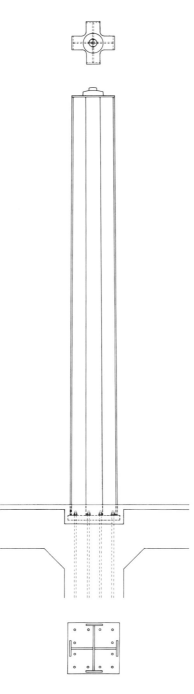

Die acht eingespannten Stahlstützen bestehen aus sich rechtwinklig kreuzenden ⊥-Querschnitten. Diese kreuzförmige, doppelsymmetrische Querschnittsform wird durch einzelne sich nach oben verjüngende Blechelemente gebildet.
  Die Form der Stützen entspricht der Beanspruchung:
— Der gewählte Querschnitt gewährleistet bei minimalem Materialaufwand ein Maximum an Biege- und Knicksteifigkeit.
— Die Verjüngung des Querschnitts nach oben entspricht der Biegebeanspruchung der eingespannten Stütze infolge horizontaler Windlasten.

6.3.2 Trägerrost

Der Trägerrost ist ein zweiachsig lastabtragendes Flächentragwerk. Sein grundsätzliches Tragverhalten entspricht dem der zweiachsig gespannten Platte, wobei diese in orthogonal verlaufende Trägerscharen aufgelöst ist.

Die Vollwandträger sind aus einzelnen Blechen, dem Untergurt-, dem Steg- und dem Obergurtblech, zu einem I-förmigen Profil gefügt, wobei der Obergurt durch das durchgehende Deckblech gebildet wird.

Die Träger sind 1,80 m hoch; ihre Untergurte bestehen aus Flachstählen 500 × 30 mm und 500 × 20 mm. Das Deckblech wird zwischen den Trägerstegen durch jeweils drei angeschweißte Rippen versteift. Entsprechend der Beanspruchung des Trägerrosts werden unterschiedliche Stahlsorten der Güten St 37-3 und St 52-3 verwendet.

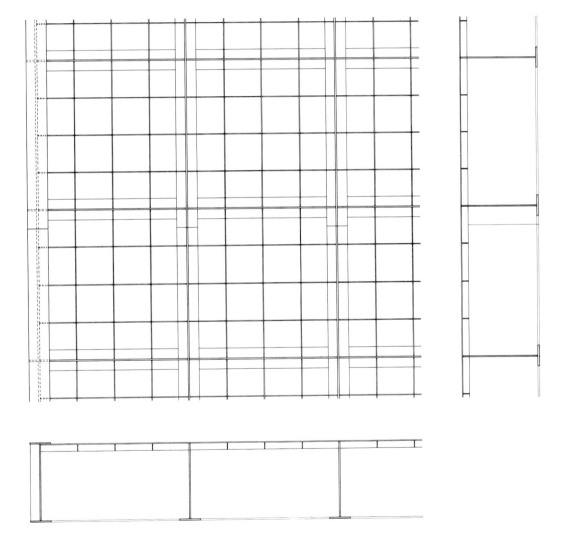

6.4 Tragverhalten

Die Dachkonstruktion stellt ein vielfach statisch unbestimmtes flächenförmiges Tragwerk dar, das aus einem Rost sich rechtwinklig kreuzender, randparallel angeordneter I-Träger besteht, deren Obergurte durch das durchgehende Deckblech gebildet werden. Die Unterstützungspunkte sind so angeordnet, daß bei vertikaler Gleichlast über die Fläche gleich große vertikale Auflagerkräfte entstehen. Die doppelte Symmetrie erlaubt es, sich bei der Untersuchung des Tragverhaltens auf ein Viertel der Dachfläche zu beschränken.

6.4.1 Vertikale Lasten

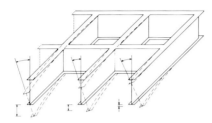

Biege- und Torsionsbeanspruchung eines Trägerrosts ohne durchgehendes Deckblech.

Abtragung der vertikalen Lasten
Eigengewicht und Schnee

Der reine Trägerrost trägt vertikale Lasten, also Lasten aus Eigengewicht und Schnee, in erster Linie über Biegemomente, Querkräfte und Torsionsmomente ab.
 Die Abtragung der Lasten vollzieht sich vorrangig über Biegemomente und Querkräfte. Die einzelnen Stäbe und Knoten des Rostes erfahren zusätzlich zu den vertikalen Verschiebungen auch Verdrehungen, die den Verdrehungen entgegenwirkende Torsionsmomente hervorrufen.
 Durch die Anordnung eines durchgehenden, durch Rippen versteiften Deckblechs entsteht eine zusätzliche räumliche Tragwirkung des ebenen Trägerrosts.
 Die Verdrehungen der Ober- und damit auch der Untergurte werden behindert, es treten zusätzlich Normalkräfte in den Trägern auf.

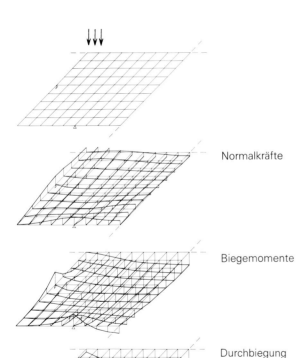

Normalkräfte

Biegemomente

Durchbiegung

6.4.2 Horizontale Lasten

Abtragung der horizontalen Lasten
Windlasten

Die auf die umlaufende Fassade und auf die Randträger wirkenden Windlasten werden über den Trägerrost, der vor allem durch das durchgehende Deckblech als orthogonal versteifte Scheibe wirkt, an die acht Stahlstützen abgegeben. Diese stehen auf entsprechenden Stahlbetonstützen des Untergeschosses und sind dort eingespannt. Die als horizontale Scheibe wirkende Stahlbetondecke über dem Untergeschoß sammelt die auftretenden Horizontallasten und gibt sie an die Umfassungswände des Untergeschosses ab.

6.5 **Fügung**

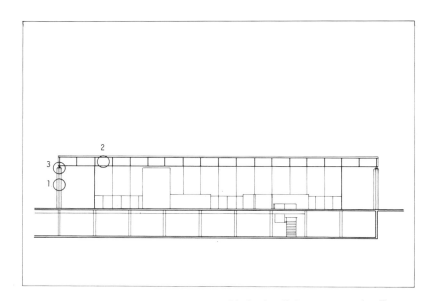

1 Fügung Stütze
2 Fügung Trägerrost
3 Fügung Stütze – Trägerrost

Die in den Subsystemen des Tragwerks erkennbare klare geometrische Ordnung der tragenden Teile ist auch bei allen Knotenpunkten ablesbar.

Alle Querschnittsformen (Kreuzform, I-Form, T-Form) werden aus einzelnen Blechen zusammengesetzt. Die Schwerachsen der Bleche sind immer identisch mit den Systemlinien, die Elemente sind ausschließlich einteilig und rechtwinklig gestoßen. Innerhalb eines Subsystems werden die Kräfte durchgängig zentrisch und unmittelbar (ohne Verbindungselemente) weitergeleitet. Es sind nur Schweißverbindungen ausgeführt.

6.5.1 Fügung Stütze

Die Stützen sind durch drei Elemente gekennzeichnet:
— die Kopfplatte zur Einleitung der konzentrierten Einzellast aus dem Trägerrost,
— den Stützenschaft, bestehend aus Einzelblechen, zur Abtragung der vertikalen und horizontalen Lasten,
— die Fußplatte zur Einleitung der Normalkräfte und Einspannmomente.

Alle Elemente sind durch Schweißverbindungen so zum Subsystem gefügt, daß die Stützen als eine geschlossene Einheit wirken.

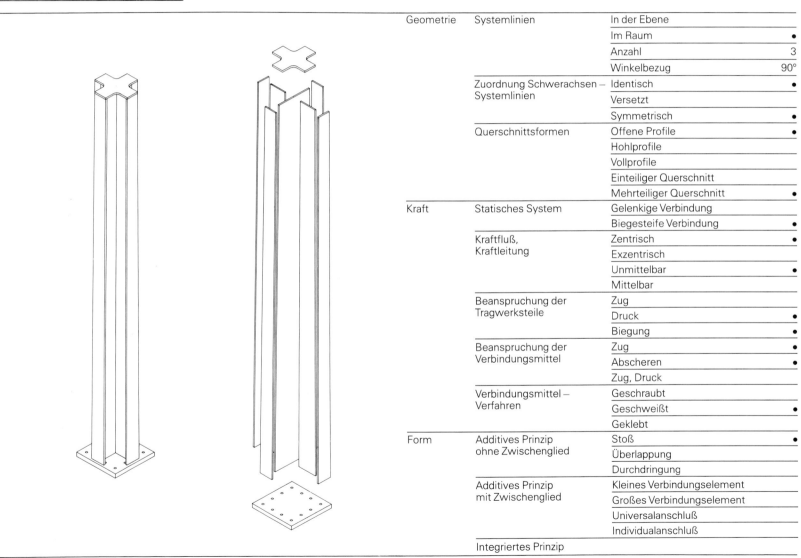

Geometrie	Systemlinien	In der Ebene	
		Im Raum	•
		Anzahl	3
		Winkelbezug	90°
	Zuordnung Schwerachsen – Systemlinien	Identisch	•
		Versetzt	
		Symmetrisch	•
	Querschnittsformen	Offene Profile	
		Hohlprofile	
		Vollprofile	
		Einteiliger Querschnitt	
		Mehrteiliger Querschnitt	•
Kraft	Statisches System	Gelenkige Verbindung	
		Biegesteife Verbindung	•
	Kraftfluß, Kraftleitung	Zentrisch	•
		Exzentrisch	
		Unmittelbar	•
		Mittelbar	
	Beanspruchung der Tragwerksteile	Zug	
		Druck	•
		Biegung	•
	Beanspruchung der Verbindungsmittel	Zug	•
		Abscheren	•
		Zug, Druck	
	Verbindungsmittel – Verfahren	Geschraubt	
		Geschweißt	•
		Geklebt	
Form	Additives Prinzip ohne Zwischenglied	Stoß	•
		Überlappung	
		Durchdringung	
	Additives Prinzip mit Zwischenglied	Kleines Verbindungselement	
		Großes Verbindungselement	
		Universalanschluß	
		Individualanschluß	
	Integriertes Prinzip		

6.5.2 Fügung Trägerrost

Die einzelnen Steg-, Unter- und Obergurtbleche werden durch Schweißverbindungen zum Trägerrost gefügt. Die Beanspruchung der Elemente ist im einzelnen nicht nachvollziehbar. Die Form wird durch die strenge Geometrie des Trägerrostes geprägt.

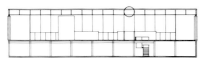

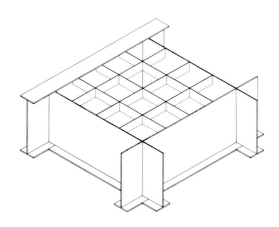

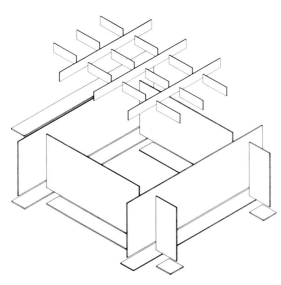

Geometrie	Systemlinien	In der Ebene	
		Im Raum	•
		Anzahl	3
		Winkelbezug	90°
	Zuordnung Schwerachsen – Systemlinien	Identisch	•
		Versetzt	
		Symmetrisch	•
	Querschnittsformen	Offene Profile	•
		Hohlprofile	
		Vollprofile	
		Einteiliger Querschnitt	
		Mehrteiliger Querschnitt	•
Kraft	Statisches System	Gelenkige Verbindung	
		Biegesteife Verbindung	•
	Kraftfluß, Kraftleitung	Zentrisch	•
		Exzentrisch	
		Unmittelbar	•
		Mittelbar	
	Beanspruchung der Tragwerksteile	Zug	•
		Druck	•
		Biegung	•
	Beanspruchung der Verbindungsmittel	Zug	
		Abscheren	•
		Zug, Druck	•
	Verbindungsmittel – Verfahren	Geschraubt	
		Geschweißt	•
		Geklebt	
Form	Additives Prinzip ohne Zwischenglied	Stoß	•
		Überlappung	
		Durchdringung	
	Additives Prinzip mit Zwischenglied	Kleines Verbindungselement	
		Großes Verbindungselement	
		Universalanschluß	
		Individualanschluß	
	Integriertes Prinzip		

6.5.3 Fügung Stütze – Trägerrost

Die konstruktive Durchbildung des Fügungsdetails »Trägerrost – Stütze« entspricht dem statischen System: gelenkige Verbindung mit Übertragung von vertikalen und horizontalen Auflagerkräften. Die Konzentration der Lasten in diesem Punkt ist deutlich nachvollziehbar. Durch die Wahl eines kleinen Verbindungselements werden beide Subsysteme deutlich voneinander getrennt.

Geometrie	Systemlinien	In der Ebene	
		Im Raum	●
		Anzahl	3
		Winkelbezug	90°
	Zuordnung Schwerachsen – Systemlinien	Identisch	●
		Versetzt	
		Symmetrisch	●
	Querschnittsformen	Offene Profile	●
		Hohlprofile	
		Vollprofile	
		Einteiliger Querschnitt	
		Mehrteiliger Querschnitt	●
Kraft	Statisches System	Gelenkige Verbindung	●
		Biegesteife Verbindung	
	Kraftfluß, Kraftleitung	Zentrisch	●
		Exzentrisch	
		Unmittelbar	
		Mittelbar	●
	Beanspruchung der Tragwerksteile	Zug	
		Druck	●
		Biegung	
	Beanspruchung der Verbindungsmittel	Zug	
		Abscheren	
		Zug, Druck	●
	Verbindungsmittel – Verfahren	Geschraubt	
		Geschweißt	●
		Geklebt	
Form	Additives Prinzip ohne Zwischenglied	Stoß	
		Überlappung	
		Durchdringung	
	Additives Prinzip mit Zwischenglied	Kleines Verbindungselement	●
		Großes Verbindungselement	
		Universalanschluß	
		Individualanschluß	●
	Integriertes Prinzip		

Nationalgalerie, Berlin
7.0 Raumabschluß

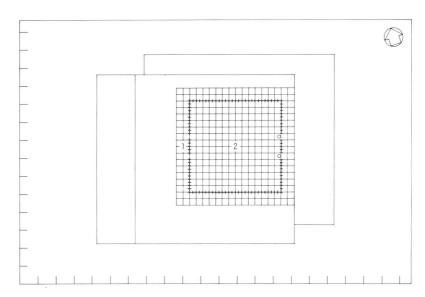

1 Vertikaler Raumabschluß
2 Horizontaler Raumabschluß

7.1 Konstruktive Durchbildung

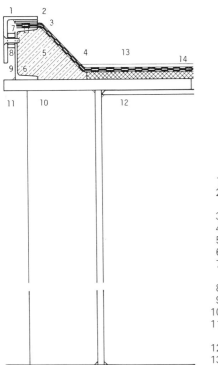

1 ∟ 130 × 90 × 10
2 Dauerplastischer Kitt
3 Flachstahl 60 × 6
4 Fünf Lagen Dachpappe
5 Beton
6 ⊏ 140
7 Senkschrauben M 12 × 40
8 Flachstahl 40 × 20 × 40
9 Ø 21 zur Lüftung
10 Randträger Obergurt
11 Vorderkante Aussteifungsblech
12 Dachblech 12 mm
13 Dunkelgrauer Granitkies
14 Foamglas

Horizontaler Raumabschluß

Das Dach kragt auf allen vier Seiten 7,20 m über den vertikalen Raumabschluß aus. Es besitzt keinerlei Lichtöffnungen und ist als Warmdach ausgeführt. Bei der Ausführung wurde die Dachkonstruktion sichtbar gelassen und in jedem Feld 30 cm über dem Untergurt ein offenes, quadratisches, 25 cm hohes Element aus Aluminiumprofilen abgehängt.

Vertikaler Raumabschluß

Die vom Dach zurückgesetzten Glaswände, die den Innenraum der Halle umschließen, nehmen die Durchbiegung des Daches und die vertikale Ausdehnung der Fassadenstützen auf.

Ein Vorhang entlang den Glaswänden schützt die Ausstellungsobjekte gegen direkte Sonneneinstrahlung. Gleichzeitig dient er als Trennung zwischen der befeuchteten Luft im Innern der Halle und der trockenen Luft, die an den Glaswänden aufsteigt.

Die Proportionen der einzelnen Glasfelder entsprechen dem Goldenen Schnitt: a:b = c:d = 1:1,6.

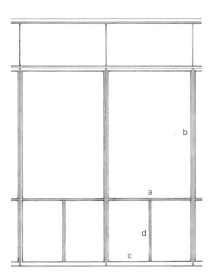

Vertikalschnitt
Fußpunkt des vertikalen
Raumabschlusses mit
Zuluftführung

Horizontalschnitt
und Aufsicht der
Zuluftgitter

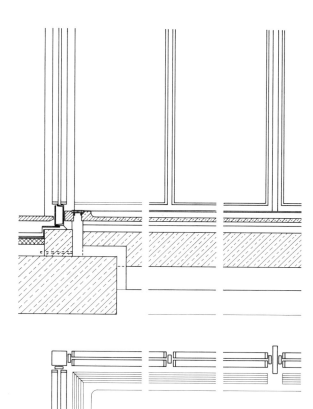

Nationalgalerie, Berlin
8.0 Installation

1 Installationsschächte, die das Dach mit dem Untergeschoß verbinden
2 Installationsschacht EG/UG mit Dunstabzugsrohr
3 Aufzug

8.1 Systeme

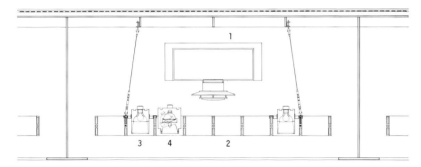

Schnitt durch eine Zeile der Hallendecke
1 Klimakanal
2 Hängegitter
3 Allgemeinbeleuchtung
4 Ausstellungsbeleuchtung

Die Ausstellungshalle und die Galerie im Untergeschoß werden durch ein Zweikanal-Hochdrucksystem mit einer konstanten Luftfeuchtigkeit klimatisiert. Ein zusätzliches Heizluftsystem an allen außenliegenden Glaswänden verhindert die Kondensation an den großen Glasflächen.

Zur Allgemeinbeleuchtung sind in den abgehängten Deckenelementen in regelmäßiger Anordnung Tiefstrahler installiert. Für die Ausstellungsbeleuchtung können an jeder beliebigen Stelle dreh- und schwenkbare »Dark-Cone«-Leuchten eingehängt werden.

8.2 Leitungsführung und Tragwerk

Im Untergeschoß sind die Wände der Installationsräume zur Aufnahme von Leitungskanälen zweischalig ausgeführt. Zwei marmorverkleidete Installationsschächte in der Ausstellungshalle verbinden die Technikräume mit dem Dach. Die horizontale Verteilung der Klimakanäle erfolgt zwischen Obergurten und Untergurten des Trägerrosts. Die Stegbleche sind, wo notwendig, in Feldmitte entsprechend ausgeschnitten.

Nationalgalerie, Berlin

9.0 Auswertung

9.1 Entwurfsbestimmende Zielvorstellungen

- Klarer und strenger Bau im Einklang mit der Schinkelschen Tradition,
- stützenfreier, universeller Raum,
- das Quadrat als Ordnungsschema,
- Präzision und Perfektion der Details.

9.2 Zusammenwirken von Nutzung, Konstruktion und Form

Ort

Die Beziehung zur Umgebung wird durch die Ausrichtung der Konstruktionsachsen parallel zur Hauptachse der Matthäikirche und der Anordnung der Treppenanlagen hergestellt.
Der Sockel schafft der Halle den nötigen Freiraum und steigert dessen solitäre und erhabene Wirkung.

Programm

Der Entwurf der Nationalgalerie basiert auf der Philosophie Mies van der Rohes, daß Gebäude unterschiedlicher Funktionen aus einer Idee entwickelt werden können.[13]
Das strukturelle Konzept des freien, quadratischen, universell nutzbaren Raumes mit einem Dachtragwerk, das nur durch acht außenliegende Stützen getragen wird, vollzieht sich über mehrere Projekte:
- Fifty by Fifty House, 1951,
- Bürogebäude für Bacardi, Santiago, Kuba, Projekt 1937/38,
- Georg-Schäfer-Museum, Schweinfurt, Projekt 1960–1963,
- Nationalgalerie, Berlin, 1965.

Der Realisierung einer strukturellen, formalen Idee werden alle übrigen Funktionen des Gebäudes untergeordnet und Nachteile in der Nutzung in Kauf genommen:
- Der Ausstellungspavillon ist das eigentliche Gebäude.
- Das Museum als Anlaß und Hauptbestandteil der Nutzung ist im Sockel untergebracht.
- Sowohl in der allseitig verglasten Ausstellungshalle als auch im Museum sind die Lichtverhältnisse unbefriedigend.
- Die Cafeteria ist ohne natürliche Belichtung im Kern des Sockels untergebracht.

Erschließung

Die Erschließungselemente, wie Freitreppe zur Terrasse, Drehtüren als Windfang und die beiden Treppen ins Untergeschoß, sind mehr aus formalen als aus funktionalen Gründen axial-symmetrisch angeordnet. Der Zugang in das Museum und in das Café ist nur über die Ausstellungsfläche möglich. Die großzügige, erhabene Wirkung beim Betreten der Ausstellungshalle steht im Widerspruch zum dunklen, wenig einladenden Abgang ins Museum.

Tragwerk

Bedeutung des Tragwerks
Das von innen und außen sichtbare Tragwerk prägt das Erscheinungsbild des Bauwerks. Es dient als Ausdrucksmittel für eine klare, streng geometrische Struktur.

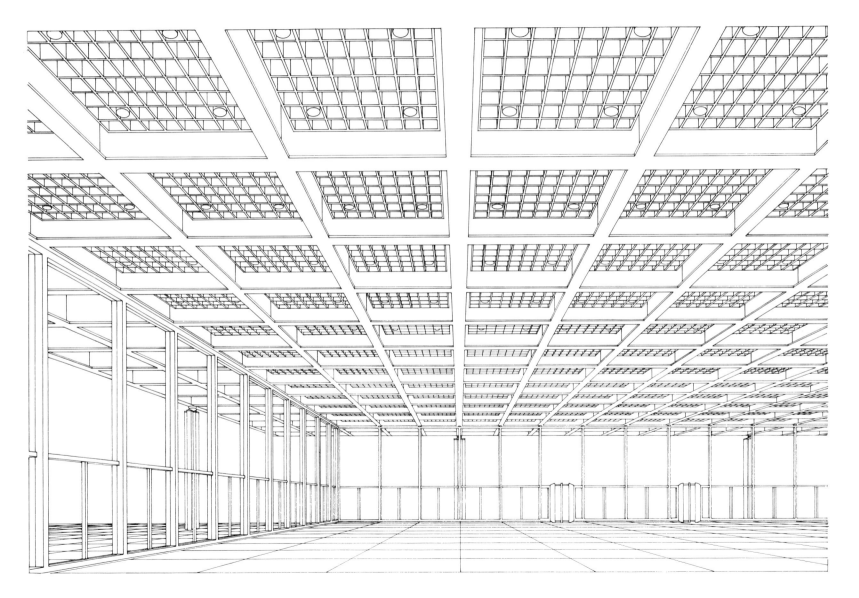

Beanspruchung und Tragwerksform

Zweiachsig lastabtragendes Tragsystem über einem quadratischen Grundriß, Auflösung der Platte in einen punktgestützten, voll verschweißten Trägerrost. Die Anordnung der Stützen am Plattenrand bringt zusätzliche Beanspruchung und Verformung; dies wird aus formalen Gründen in Kauf genommen. Genaue Vorgabe der endgültigen Dachgradiente durch entsprechende Überhöhung des Stahlrosts. Anpassung der Stegblechdicken und der Stahlgüten an die jeweilige Beanspruchung.

Ablesbarkeit des Tragverhaltens, Ablesbarkeit der Systeme, Subsysteme und Elemente
Das Tragwerk (geschlossenes System) ist nur als Einheit zu verstehen und nachzuvollziehen. Die Beanspruchung ist, bedingt durch das komplexe Tragverhalten des Systems »Trägerrost«, nur bedingt nachvollziehbar. Klar getrennt und ablesbar sind die Subsysteme »Trägerrost« und »Stützen«. Dadurch entsteht der »schwebende« Charakter des Dachtragwerks.

Materialgerechte Verwendung der Baustoffe
Es wurde ausschließlich das Material Stahl verwendet. Die Verwirklichung des Tragsystems »Trägerrost« stand im Vordergrund, die Wahl des Materials war mehr von formalen als von statisch-konstruktiven Überlegungen bestimmt.

Bedeutung der Fügung
Geschlossenes System mit integriertem Fügungsprinzip. Die zurückhaltende, unauffällige Fügungstechnik (Schweißen) unterstützt das ruhige, ausgewogene Erscheinungsbild des Bauwerks. Der Auflagerpunkt »Trägerrost – Stütze« wird durch die Stahlkugel betont und erhält dadurch eine besondere Bedeutung.

Raumabschluß

Die filigrane, von der Außenkante des Daches allseitig um 7,20 m zurückgesetzte Glasfassade unterstreicht durch ihre Transparenz die schwebende Wirkung der horizontalen Dachplatte. Zwischen Stütze und Fassade entsteht ein überdachter Außenraum.
  Als Hängefläche für Bilder ist die Fassade ungeeignet. Zur Mitte des Ausstellungsraumes werden die Lichtverhältnisse zwangsläufig schlechter.
  Bei vorgezogenen Gardinen als Blendschutz verliert der Pavillon seine Transparenz. Die räumlichen Proportionen verändern sich.

Installation

Die großen Fensterflächen des Ausstellungspavillons erfordern aufwendige und umfangreiche Klimatisierung. Die Führung der Zu- und Abluftkanäle in der Dachkonstruktion ist vom Besucher nicht erkennbar.
  Die Raumwirkung wird beeinflußt durch die mit grünem Marmor verkleideten Installationsschächte. Sie wirken als tragende Elemente (Pfeiler) und betonen durch ihre Anordnung und Form den quadratischen Raum in einer Richtung.

Form

»Mies van der Rohe ging es in erster Linie um die Realisierung eines transparenten Baukörpers auf einem Sockel.«[8]
  Dem formalen strukturellen Konzept werden alle anderen Anforderungen aus Tragwerk, Raumabschluß und Installation untergeordnet. Die Übereinstimmung von Inhalt und Form ist nur zum Teil gegeben.

USM-Fabrikationshalle, Münsingen/CH

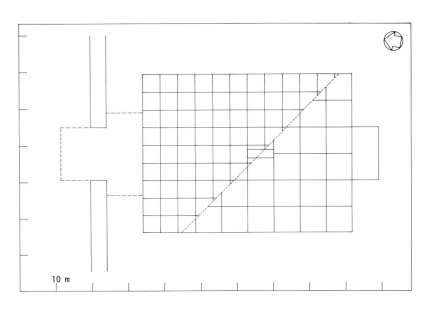

USM-Fabrikationshalle, Münsingen/CH
1.0 Dokumentation

1.1 Personen

Bauherr	U. Schärer Söhne Münsingen, Schweiz
Architekten	Bruno und Fritz Haller, Solothurn Mitarbeiter: R. Steiner
Ingenieure	Emch und Berger, Bern
Sonderfachleute, Projektanten	»USM Stahlsystem Haller«, eigene Produktion der Firma Schärer

1.2 Termine

1960–1961	Projekt
1962–1963	Bau des Fabrikgebäudes
1963–1964	Bau des Bürogebäudes

1.3 Kenngrößen

Außenmaße	ca. 43,20 m × 57,60 m
Überbaute Fläche	1. Bauabschnitt ca. 2490 m^2
Raumhöhe einschließlich Trägerrost	6 m
Umbauter Raum	1. Bauabschnitt ca. 25 000 m^3 ohne Bürogebäude

1.4 Kosten

Fabrikgebäude	78,50 SFr/m^3
Bürogebäude	172,50 SFr/m^3

USM-Fabrikationshalle, Münsingen/CH

2.0 Idee, Konzept

Modellaufnahme eines
Tragkonstruktionselements
(Grundelement)

2.1 Ziele, Aufgabenstellung des Bauherrn

Für die Herstellung neuer Produkte der Metallverarbeitung wünschte der Bauherr ein möglichst flexibles Fabrikationsgebäude, das den wechselnden Anforderungen aus der Produktion gewachsen ist.

Ausführliche Grundsatzuntersuchungen von Rastermaßen, Konstruktionen und Lichtsystemen durch den Architekten in enger Zusammenarbeit mit dem Bauherrn führten schließlich zu einem Bausystem, das der Bauherr aus Halbzeugen in Eigenproduktion herstellen und später als Produkt (USM Stahlbausystem Haller) auf den Markt bringen konnte.

2.2 Zielvorstellungen, Aussagen Architekt

Fritz Haller
»Bei der Planung und Konstruktion dieser Fabrikhalle versuchte man, ein akutes Problem des Industriebaus zu lösen:

Der Raum soll nur aus Montageteilen gebildet werden, damit Veränderungen oder spätere Erweiterungen einfach und ohne Umbauarbeiten vorgenommen werden können.

Es sollen möglichst universelle Konstruktionselemente gefunden werden, damit man aus Grundeinheiten verschiedene Hallen für möglichst viele Verwendungszwecke zusammenbauen kann. Dieser Versuch zum Bau einer universellen Fabrikhalle könnte der Ausgangspunkt zur industriellen Herstellung von Bauteilen für billigen, flexiblen Fabrikationsraum mit kurzer Bauzeit sein.

Vorerst wurden die heute üblichen Konstruktionen untersucht und deren Vor- und Nachteile analysiert. Ferner versuchten wir, aus den Entwicklungstendenzen in der Produktionstechnik Richtlinien für die Planung allgemein verwendbarer Fabrikationsräume herauszulesen. Die verschiedenen Belichtungsarten der Hallen (Shed-, Sattel-, Kuppeloberlichter usw.) wurden mit Messungen an Beispielen einander gegenübergestellt.

Rastermaße der Betriebsplanung wurden mit Grundmaßen der Konstruktion verglichen. Diese und andere Grundlagen bildeten den Ausgangspunkt zu diesem Projekt.«[1]

2.3 **Aussagen Ingenieur**

Emch + Berger
»Das Tragwerk und seine Teile wurden von den Architekten entworfen und bis ins Detail konstruiert. Die Arbeit des Ingenieurs beschränkte sich darauf, die Tragwerksteile zu berechnen und zu bemessen und die Standsicherheit des Gesamttragwerks nachzuweisen.«[2]

2.4 **Expertenaussagen**

Oswald W. Grube
»Diese Fabrikanlage für die U. Schärer's Söhne AG ist einer der wegweisenden Industriebauten der sechziger Jahre. Den Architekten gelang es, bei der Lösung einer vergleichsweise einfachen Aufgabe ein technisch nahezu perfektes, allgemeingültiges Struktursystem zu finden. Im Vordergrund stand dabei das Ziel einer arbeitssparenden und schnellen Fertigung und Montage bei maximaler Wirtschaftlichkeit. Die Ausrichtung auf spezielle, dem Wechsel der Zeit unterworfene Forderungen trat dagegen zurück. Aus der Auseinandersetzung mit den Grundproblemen, die sich bei der Errichtung von flexiblen Hallen stellen, wurde ein in Rohbau und Ausbau voll integriertes Stahlbausystem entwickelt, das unter dem Namen ›USM Stahlbausystem Haller‹ von der Firma Schärer selbst hergestellt wird. Mit diesen Bauteilen sind inzwischen weitere Projekte realisiert worden, so eine kleine, erweiterungsfähige Uhrenfabrik in Duliken und das Bürogebäude der Firma Schärer. Beim letzteren wurden die konstruktiven Elemente abgeändert. Damit hat die Grundstruktur ihre Wandlungsfähigkeit und zugleich ihre Allgemeingültigkeit erwiesen.«[3]

USM-Fabrikationshalle, Münsingen/CH

3.0 Ort

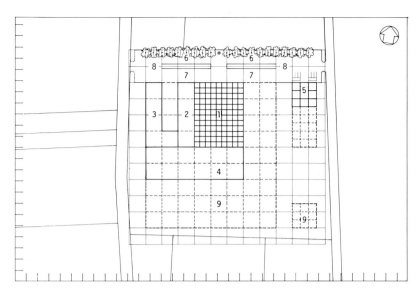

Lageplan
1 Fabrikationsgebäude
  I. Bauabschnitt 1963
2 II. Bauabschnitt 1970
3 III. Bauabschnitt 1975
4 IV. Bauabschnitt 1978
5 Verwaltungsgebäude 1964
6 Parkplatz
7 Parkplatz Besucher
8 Rampen ins Untergeschoß
9 Erweiterungen (auch
  in anderen Varianten
  möglich)

3.1 **Standort** Münsingen/Bern

3.2 **Situation**

Im ersten Bauabschnitt wurde 1962/63 das Fabrikgebäude errichtet. Ein Jahr später folgte das Großraumbüro nach den gleichen Konstruktionsprinzipien.

Die Situierung der Gebäude auf dem Grundstück läßt für spätere Erweiterungen noch mehrere Möglichkeiten offen. Das entwickelte Grundelement erlaubt entsprechend dem Raster jede Gebäudeform, auch eine winkelförmige.

Vorläufig erfolgt der Zugang zum Fabrikareal von der Hauptstraße Bern – Thun. Für die endgültige Erschließung der Liegenschaften entlang dieser stark frequentierten Straße ist vorgesehen, später eine innere Parallelstraße zu bauen. Der Zugang der Fabrik wurde so geplant, um zu gegebener Zeit von der Westseite nach der Ostseite des Areals verlegt zu werden.

Unter dieser Voraussetzung ist die breite nördliche Erschließungsachse mit den Parkplätzen und den Abfahrtsrampen ins Untergeschoß entstanden. Südlich davon können sich die Fabrikations- und Verwaltungsbauten freizügig entwickeln.

USM-Fabrikationshalle, Münsingen/CH

4.0 Programm

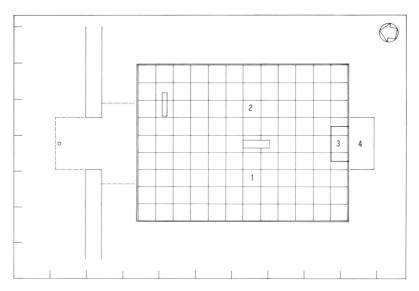

Erdgeschoß
1 Metallbau-Abteilung
2 Beschläge-Abteilung
3 Spritzraum
4 Lichtgraben (Kantine)

4.1 Nutzung

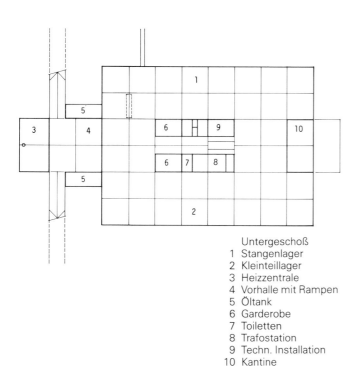

Untergeschoß
1 Stangenlager
2 Kleinteillager
3 Heizzentrale
4 Vorhalle mit Rampen
5 Öltank
6 Garderobe
7 Toiletten
8 Trafostation
9 Techn. Installation
10 Kantine

Den Entwicklungsarbeiten für ein Stahlbausystem für viele Verwendungszwecke ging eine Grundsatzuntersuchung von gängigen Rastermaßen, Konstruktions- und Belichtungsarten voraus.

Günstige Rastermaße der Betriebsplanung wurden mit Grundmaßen der Konstruktion verglichen. Das gesuchte Konstruktionssystem sollte das Layout des Fabrikationsablaufs so wenig wie möglich vorherbestimmen. An jedem Ort in der Halle muß eine Maschine aufgestellt und mit den nötigen Energien versorgt werden können.

Aus dem gewählten Rastermaß von 1,20 m Länge, Breite und Höhe ergab sich als Grundelement ein quadratisches, stützenfreies Feld von 14,40 m Seitenlänge.

Um die Erweiterungsmöglichkeiten nicht einzuschränken, wurden fest installierte Räume entweder außerhalb der Fabrikhalle angeordnet (Heizzentrale) oder in die Mitte der Halle ins Untergeschoß gelegt (Sanitärräume, technische Installationen usw.).

Das Erdgeschoß ist bis auf den abgetrennten Spritzraum als offener, flexibler Großraum konzipiert. Durch die Möglichkeit, am Trägerrost mittels Haken, Laufkatzen oder Kranbahnen Betriebslasten anzuhängen, wird das Tragwerk zugleich zu einem integrierten, vielseitig nutzbaren Werkzeug für die Fabrikation.

USM-Fabrikationshalle, Münsingen/CH
5.0 Erschließung

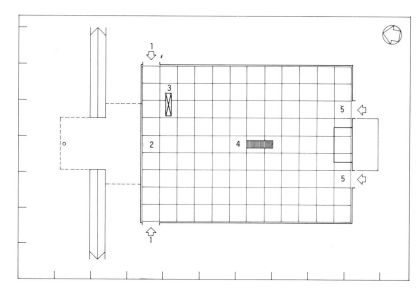

Erdgeschoß
1 Ein- und Ausfahrt
2 Warenannahme
3 Deckenschlitz für Materialtransport
4 Treppe ins UG
5 Spedition

5.1 Personenerschließung

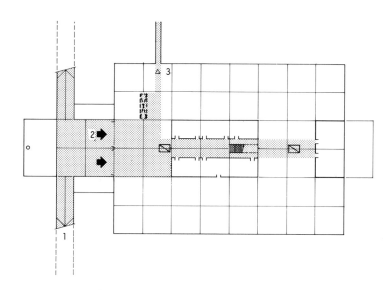

Entsprechend dem Gesamtkonzept einer universellen Fabrikhalle werden Festlegungen in der Erschließung möglichst vermieden.
Die Verbindung ins Untergeschoß zu den Umkleide- und Sanitärräumen erfolgt entweder über die außerhalb des Gebäudes gelegenen Rampen oder die in Hallenmitte plazierte einläufige Treppe.
Ein unterirdischer Gang verbindet das Fabrikationsgebäude mit dem freistehenden Großraumbürogebäude.

Untergeschoß
1 Auf- und Abfahrtsrampen
2 Vorhalle
3 Verbindungsgang Fabrikgebäude – Büro

USM-Fabrikationshalle, Münsingen/CH

6.0 Tragwerk

Erdgeschoß
1 Stützen aus 4 Stahlwinkeln
  L 130 × 130 × 15
2 Trägerrost Randträger
3 Zwischenträger

Untergeschoß
4 Stahlbetonzwillings-
  stütze mit Aussparung für
  Leitungen
5 Stahlbetondecke
  (45 cm, ohne Unterzüge)

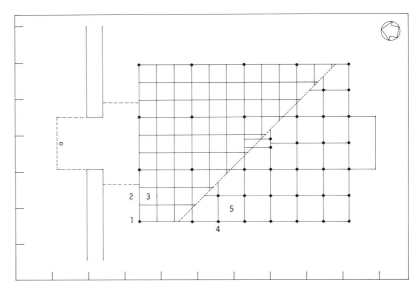

6.1 Gesamtsystem

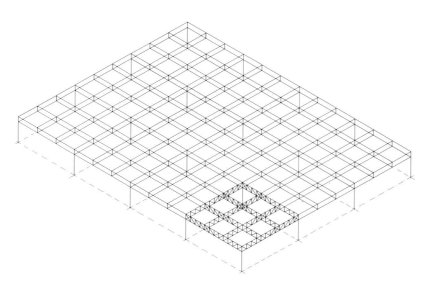

Das Gesamttragwerk ist das Ergebnis einer Grundsatzuntersuchung, in der ein Tragsystem ermittelt wurde, das den vorgesehenen oder auch später zu verändernden Fertigungsablauf in der Fabrikhalle so wenig wie möglich beeinträchtigt. Ebenso sollten möglichst alle Belange der Installationsführung, des Raumabschlusses und der technischen Ausrüstung (Kranbahnen etc.) berücksichtigt werden.

Das gewählte, ungerichtete Tragsystem wird durch Addition einer statisch eigenständigen Grundeinheit gebildet, die auf einem Rastermaß von 1,20 m aufgebaut ist. Dieses Grundsystem überdacht eine Fläche von 14,40 × 14,40 m und wird von zwei Subsystemen gebildet:
— einen zweiachsig lastabtragenden Trägerrost,
— jeweils an den Eckpunkten des Rostes angeordneten Stützen.

Die »allgemeine« Lösung zu finden, war das Ziel der Architekten: Grundlage für die Konstruktion und Bemessung waren daher nicht so sehr statisch-konstruktive Belange als vielmehr die unter herstellungs- und montagetechnischen Gesichtspunkten gefundene Optimallösung.

6.2 Subsysteme

6.2.1 Stützen

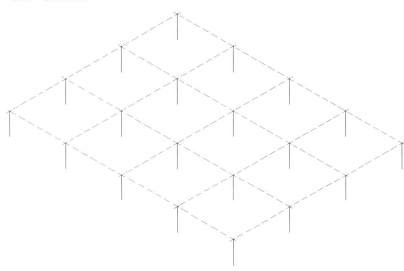

Jeweils vier Stützen bilden die Auflagerpunkte für das Grundsystem des Trägerrosts. Alle Stützen sind gleich ausgebildet, ob Mittel-, Eck- oder Randstütze, so daß einheitliche geometrische und statisch-konstruktive Anschlußbedingungen eine Erweiterung in zwei Richtungen ermöglichen. Die Stützen sind gelenkig mit dem Trägerrost verbunden, während sie am Fußpunkt in die Stahlbetonstützen des Untergeschosses eingespannt sind.

Neben den rein statisch-konstruktiven Aufgaben der Lastabtragung dienen die Stützen als Führung der vertikalen Dachentwässerung und der vertikalen Medien- und Elektroinstallation. Zudem bieten sie die Möglichkeit, Kranbahnen in jeder Richtung zu montieren.

6.2.2 Trägerrost

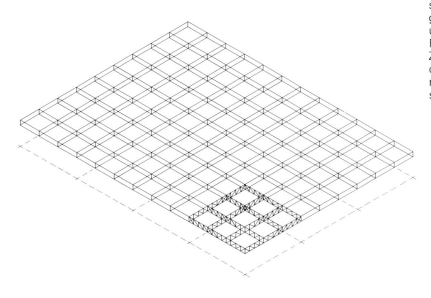

Die Grundeinheit des Systems wird von einem Trägerrost gebildet, der eine Fläche von 14,40 m × 14,40 m stützenfrei überspannt. Er besteht aus vier Randträgern und vier Zwischenträgern. Je zwei Zwischenträger durchdringen sich rechtwinklig und sind in den Drittelspunkten der Randträger aufgelagert. Rand- und Zwischenträger besitzen die gleiche Höhe, so daß pro Grundeinheit neun Felder von 4,80 × 4,80 m entstehen, auf denen der obere Raumabschluß (bewehrte Gasbetonplatten oder schachbrettartig angeordnetes Trapezprofilblech) aufliegt.

Das Dachtragwerk erlaubt neben der Abtragung der Eigen- und Schneelasten das Anhängen von Kranbahnen bis zu 2 t Nutzlast und sonstigen Betriebslasten (Installation, Ver- und Entsorgung etc.) an jedem Ort.

6.3 Tragwerksteile, Tragwerkselemente

6.3.1 Stützen

Die Stützen werden durch Addition gleichschenkliger Winkelprofile gebildet. Entsprechend der auftretenden Druck- und Biegebeanspruchung sind die Elemente doppeltsymmetrisch angeordnet. Das Zusammenwirken der einzelnen Elemente wird durch in kurzen Abständen eingeschweißte Bindebleche gewährleistet. Durch die kreuzförmige Anordnung der Winkelprofile sind die Stützen innen offen und von allen vier Seiten für die Montage der Dachträger, der in den Stützen geführten Leitungen und der Ausbauelemente zugänglich.

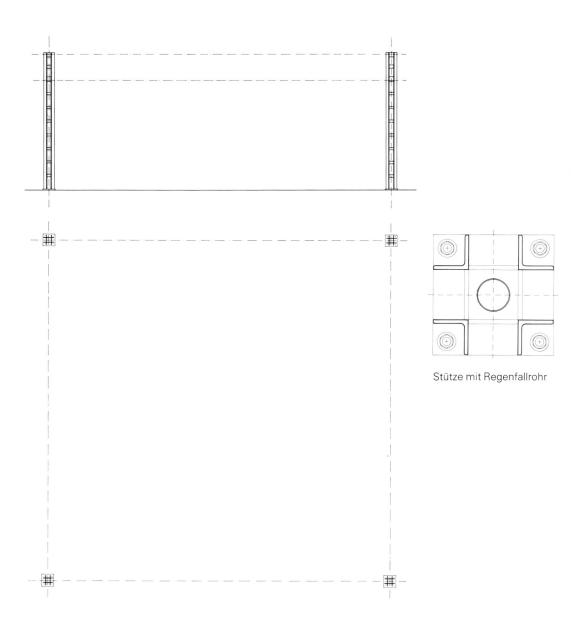

Stütze mit Regenfallrohr

6.3.2 Randträger, Zwischenträger

Entsprechend der quadratischen Grundfläche wurde ein ungerichtetes, zweiachsig lastabtragendes Tragsystem in Form eines Trägerrosts gewählt. Die einzelnen Träger des Rosts werden durch aufgelöste Fachwerkträger mit steigenden Diagonalen und vertikalen Pfosten gebildet. Im Sinne einer herstellungstechnischen und geometrischen Optimallösung wurden Knotenbleche und Zusatzstäbe vermieden. Die verschweißten Druck- und Zugstäbe aller Fachwerkträger erhalten gleiche Profile und Längen. Bei Stäben mit systembedingter höherer Beanspruchung werden aus gleichen Profilen zweiteilige Querschnitte gebildet. Durch das Einführen von Standardlängen der Träger entstehen an den Anschlußpunkten Exzentrizitäten, denen durch entsprechende Verstärkungen von vornherein Rechnung getragen wurde.

Die Ober- und Untergurte der 1,20 m hohen Träger bestehen aus einteiligen T-Profilen, während die Diagonalen und Pfosten, je nach Beanspruchung, aus ein- oder zweiteiligen, ungleichschenkligen Winkelprofilen zusammengesetzt sind.

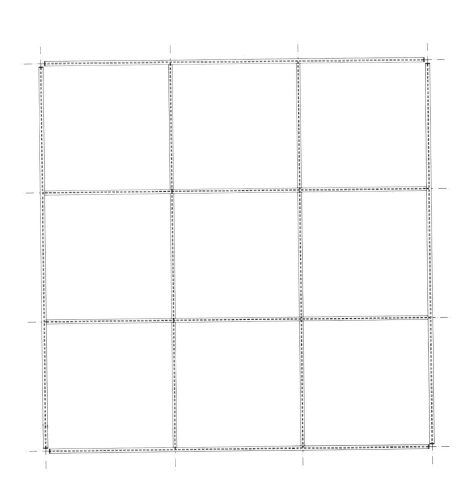

6.4 Tragverhalten

Da jede Grundeinheit des Tragwerks ein statisch eigenständiges Tragsystem darstellt, kann das Tragverhalten an dieser Grundeinheit dargestellt und erläutert werden.

Die Wahl des Tragsystems und die statisch-konstruktive Umsetzung in ein Stahltragwerk sind vom Prinzip der Optimallösung bestimmt.

6.4.1 Vertikale Lasten

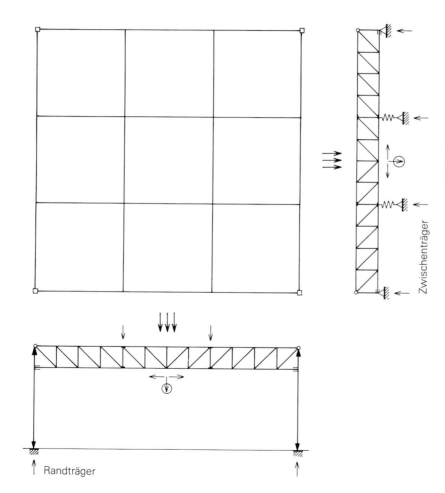

Vertikale Lasten aus Eigengewicht, angehängter Nutzlast und Schnee werden über die biegesteif miteinander verbundenen Zwischenträger in die Randträger abgetragen. Die Randträger werden durch die aufliegende Dachhaut und die angehängte Nutzlast sowie durch die als Einzellast wirkenden Auflagerkräfte der Zwischenträger belastet; sie geben ihre Lasten gleichmäßig an alle vier Stützen ab.

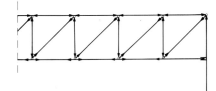

Beanspruchung
des Fachwerkträgers
am Auflager

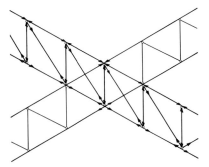

Beanspruchung
der Zwischenträger am
Durchdringungspunkt

Durch die biegesteife Verbindung der Zwischenträger untereinander entsteht eine Trägerrostwirkung. Der gelenkige Anschluß von Zwischenträgern an den Randträger verhindert eine Torsionsbeanspruchung des Randträgers. Durch die Auflösung des Systems in Fachwerkträger werden die Lasten über Druck- und Zugkräfte abgetragen.

6.4.2 Horizontale Lasten

Abtragung der horizontalen Windlasten

Die horizontalen Windlasten werden über die Fassadenkonstruktion am Obergurt der Randträger in die als horizontale Dachscheibe wirkende Dachhaut eingeleitet. Die Dachscheibe dient zur horizontalen Aussteifung des Trägerrosts und verteilt die Horizontallasten gleichmäßig auf die eingespannten Stützen.

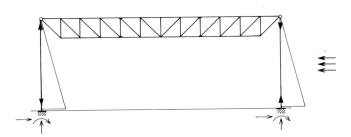

6.5 Fügung

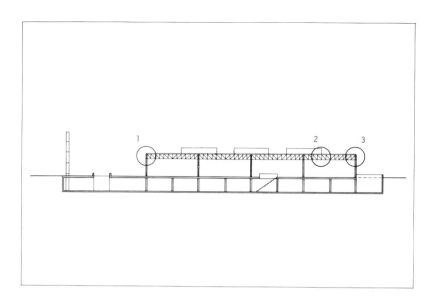

1 Fügung Randträger – Stütze
2 Fügung Zwischenträger – Zwischenträger
3 Fügung Zwischenträger – Randträger

Dem Grundprinzip der herstellungstechnischen Optimallösung mit der daraus resultierenden geometrischen Standardisierung der Tragwerksteile unterliegen alle Überlegungen zur Profilwahl und konstruktiven Durchbildung der Fügungspunkte. Die damit verbundenen Exzentrizitäten sowohl bei den Zwischenträgern (einteilige Querschnitte) als auch bei den Anschlüssen werden bewußt in Kauf genommen und rechnerisch und konstruktiv berücksichtigt.

Bis auf die montagebedingten Schraubverbindungen – hier werden dann Zwischenelemente notwendig – sind die Tragelemente miteinander verschweißt.

6.5.1 Fügung Randträger – Stütze

Die Fügungsbedingungen am Stützenkopf sind in allen vier Richtungen bei allen Stützen gleich. In diesem mehrteiligen Stützenquerschnitt sind Bindebleche und Konsolen eingeschweißt, welche die aus dem angeschlossenen Diagonalstab kommende Vertikallast über Druckkontakt aufnehmen. Das Weiterführen des Untergurts bis zum Auflager dient lediglich der seitlichen Stabilisierung des Trägers. Eine Kraftübertragung in Stabrichtung ist durch eine Normalkrafthülse ausgeschlossen. Eine Rahmenwirkung würde bei Rand- und Eckstützen zu einer ungünstigen Biegebeanspruchung führen und wird durch die Anordnung von Langlöchern vermieden.

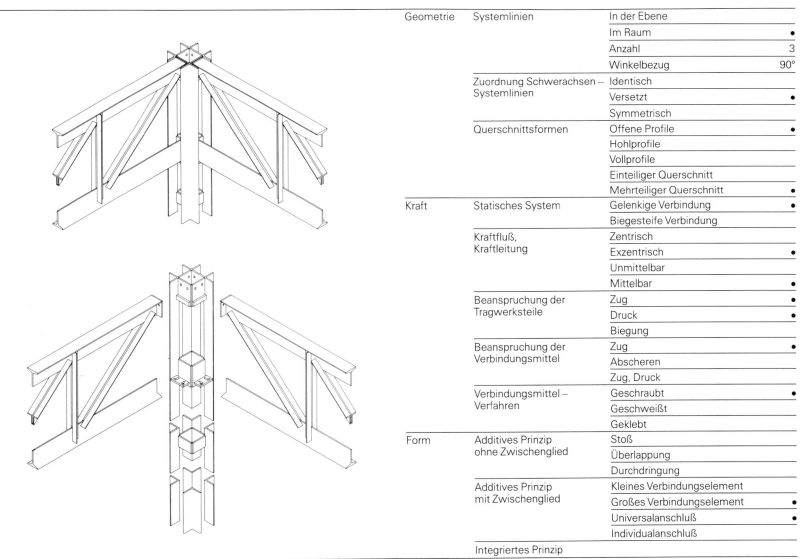

Geometrie	Systemlinien	In der Ebene	
		Im Raum	•
		Anzahl	3
		Winkelbezug	90°
	Zuordnung Schwerachsen – Systemlinien	Identisch	
		Versetzt	•
		Symmetrisch	
	Querschnittsformen	Offene Profile	•
		Hohlprofile	
		Vollprofile	
		Einteiliger Querschnitt	
		Mehrteiliger Querschnitt	•
Kraft	Statisches System	Gelenkige Verbindung	•
		Biegesteife Verbindung	
	Kraftfluß, Kraftleitung	Zentrisch	
		Exzentrisch	•
		Unmittelbar	
		Mittelbar	•
	Beanspruchung der Tragwerksteile	Zug	•
		Druck	•
		Biegung	
	Beanspruchung der Verbindungsmittel	Zug	•
		Abscheren	
		Zug, Druck	
	Verbindungsmittel – Verfahren	Geschraubt	•
		Geschweißt	
		Geklebt	
Form	Additives Prinzip ohne Zwischenglied	Stoß	
		Überlappung	
		Durchdringung	
	Additives Prinzip mit Zwischenglied	Kleines Verbindungselement	
		Großes Verbindungselement	•
		Universalanschluß	•
		Individualanschluß	
	Integriertes Prinzip		

6.5.2 Fügung Zwischenträger – Zwischenträger

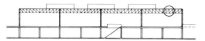

Dem statischen System des Trägerrosts entsprechend sind die Zwischenträger biegesteif miteinander verbunden. Die am Untergurt zu übertragende Zugkraft wird durch nachträgliches Aufschweißen eines Bindeblechs am gestoßenen Träger kurzgeschlossen, während der gedrückte Obergurt durch Kontakt seine Kraft überträgt. Ein seitliches Ausweichen der gedrückten Obergurte wird durch die gegenseitige Halterung und die aufliegende Dachscheibe verhindert.

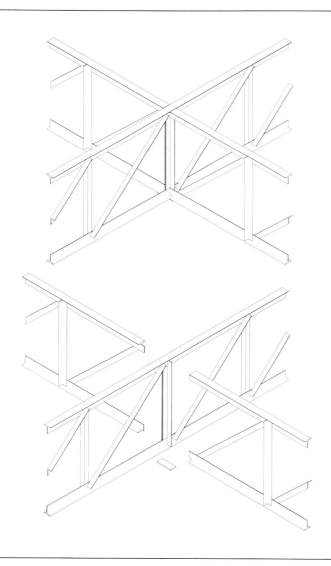

Geometrie	Systemlinien	In der Ebene	
		Im Raum	●
		Anzahl	2
		Winkelbezug	90°
	Zuordnung Schwerachsen – Systemlinien	Identisch	
		Versetzt	●
		Symmetrisch	●
	Querschnittsformen	Offene Profile	●
		Hohlprofile	
		Vollprofile	
		Einteiliger Querschnitt	●
		Mehrteiliger Querschnitt	
Kraft	Statisches System	Gelenkige Verbindung	
		Biegesteife Verbindung	●
	Kraftfluß, Kraftleitung	Zentrisch	
		Exzentrisch	●
		Unmittelbar	
		Mittelbar	●
	Beanspruchung der Tragwerksteile	Zug	●
		Druck	●
		Biegung	
	Beanspruchung der Verbindungsmittel	Zug	
		Abscheren	●
		Zug, Druck	
	Verbindungsmittel – Verfahren	Geschraubt	●
		Geschweißt	●
		Geklebt	
Form	Additives Prinzip ohne Zwischenglied	Stoß	
		Überlappung	
		Durchdringung	
	Additives Prinzip mit Zwischenglied	Kleines Verbindungselement	
		Großes Verbindungselement	●
		Universalanschluß	●
		Individualanschluß	
	Integriertes Prinzip		

6.5.3 Fügung Zwischenträger – Randträger

Über ein angeschweißtes Anschlußblech wird der Obergurt des Zwischenträgers an den Vertikalstab des Randträgers gelenkig angeschlossen. Auch hier ist eine Einspannung durch die Anordnung von Langlöchern im Untergurt vermieden. Die am Obergurt angeordnete Schraubverbindung überträgt lediglich die auftretenden Querkräfte.

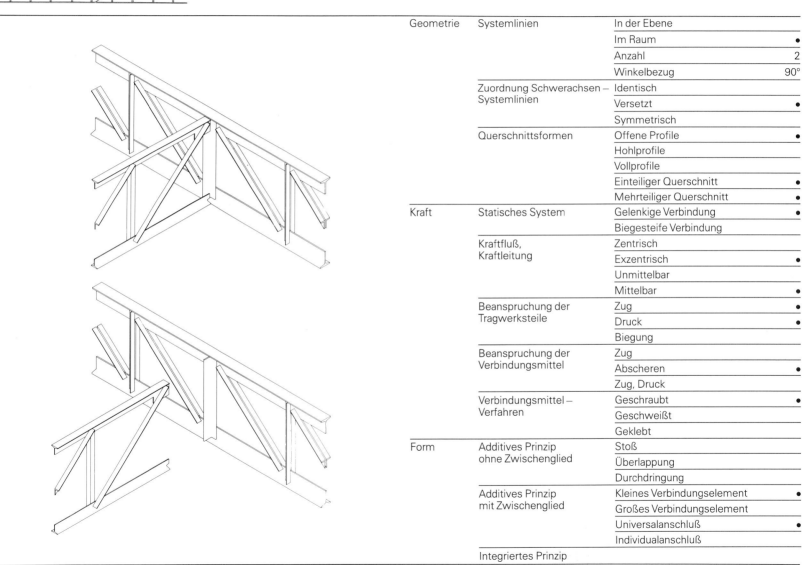

Geometrie	Systemlinien	In der Ebene	
		Im Raum	•
		Anzahl	2
		Winkelbezug	90°
	Zuordnung Schwerachsen – Systemlinien	Identisch	
		Versetzt	•
		Symmetrisch	
	Querschnittsformen	Offene Profile	•
		Hohlprofile	
		Vollprofile	
		Einteiliger Querschnitt	•
		Mehrteiliger Querschnitt	•
Kraft	Statisches System	Gelenkige Verbindung	•
		Biegesteife Verbindung	
	Kraftfluß, Kraftleitung	Zentrisch	
		Exzentrisch	•
		Unmittelbar	
		Mittelbar	•
	Beanspruchung der Tragwerksteile	Zug	•
		Druck	•
		Biegung	
	Beanspruchung der Verbindungsmittel	Zug	
		Abscheren	•
		Zug, Druck	
	Verbindungsmittel – Verfahren	Geschraubt	•
		Geschweißt	
		Geklebt	
Form	Additives Prinzip ohne Zwischenglied	Stoß	
		Überlappung	
		Durchdringung	
	Additives Prinzip mit Zwischenglied	Kleines Verbindungselement	•
		Großes Verbindungselement	
		Universalanschluß	•
		Individualanschluß	
	Integriertes Prinzip		

USM-Fabrikationshalle, Münsingen/CH

7.0 Raumabschluß

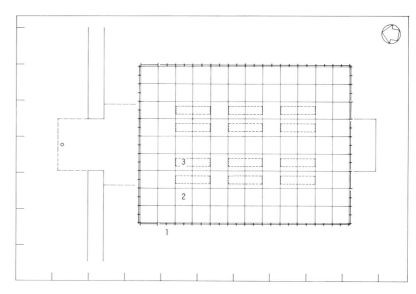

1 Vertikaler Raumabschluß als Pfostenkonstruktion
2 Horizontaler Raumabschluß mit armierter Gasbetonplatte
3 Satteloberlichter

7.1 Konstruktive Durchbildung

Horizontaler Raumabschluß

Der Trägerrost eines Grundelements von 14,40 m Seitenlänge wird durch die 1,20 m hohen Rand- und Zwischenträger in neun quadratische Felder geteilt. 4,80 m lange und 0,40 m breite selbsttragende, armierte Gasbetonplatten bilden die Dachhaut.

Oberlichter
Die natürliche Belichtung der inneren Arbeitsflächen erfolgt über 2,40 m breite Satteloberlichter. Das verwendete Glas wird bei Sonnenbestrahlung undurchsichtig, womit die Wärmeeinstrahlung reduziert und die Blendung verhindert wird. Bei bewölktem Himmel bleibt das Glas jedoch klar, sichert somit optimale Belichtungsverhältnisse. Die Satteloberlichter werden bei einer Hallenerweiterung auch in der bestehenden Dachfläche ergänzt, indem man sie gegen Dachplatten auswechselt.

Vertikaler Raumabschluß

Das Traggerüst der Außenwände besteht aus vertikalen T-Profilen als Montagesprossen und Windversteifung und dazwischen eingesetzten verglasten Elementen von 2,40 m Länge und 1,20 m Höhe. Das horizontale Band auf Augenhöhe besteht aus Klarglas. Für die anderen Elemente wurde Verbundglas mit Glasfaserzwischenlage verwendet. Dadurch wird die Wärmeeinstrahlung reduziert und Blendung an den Arbeitsplätzen verhindert.

Besondere Sorgfalt erforderte die Ausbildung der horizontalen Fuge zwischen der Dachhaut und der Fassade. Die Dachhaut folgt den Bewegungen des Fachwerkrosts. Dieser biegt sich infolge der Schneelast ca. 6 mm und infolge der Kranbahnlast noch weitere 6 mm durch. Diese 12 mm müssen in der Anschlußfuge an die auf der Kellerdecke stehenden Fassadenelemente überbrückt werden. Zugleich müssen die Montagetoleranzen, die Wärmeausdehnung der Vertikalsprossen und anderes aufgenommen werden.

Der Fassadenanschluß an die Kellerdecke erfolgt über ein speziell geformtes Stahl-U-Profil als Schwitzwasserrinne, das zugleich als untere Führungsschiene für die Falttore verwendet wird.

Alle Außenwandteile können einzeln weggenommen und an einer anderen Stelle wieder montiert werden. Die Außenwände des Untergeschosses bestehen aus montagetechnischen Gründen ebenfalls aus Teilen. Bei späteren Erweiterungen können die Wände über beide Geschosse entsprechend frei versetzt werden.

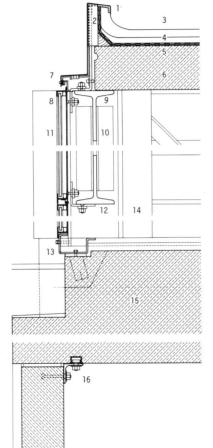

1 Dachabschlußblech
2 Flachstahl
3 3 cm Kies
4 2,5 cm Sand
5 Drei Lagen Pappe
6 Gasbeton-Dachplatten
7 Horizontale Anschlußfuge zwischen Dachabschlußblech und Außenwandkonstruktion
8 Fensterrahmen
9 Randträger-Obergurt
10 Vertikalstab
11 Verglasung
12 Randträger-Untergurt mit Befestigung der Windsprosse
13 Spezialprofil als Schwitzwasserschutz
14 Stützen aus 4 Stahlwinkeln L 130 × 130 × 15
15 Betondecke
16 Anschluß der demontierbaren Kelleraußenwandelemente

USM-Fabrikationshalle, Münsingen/CH

8.0 Installation

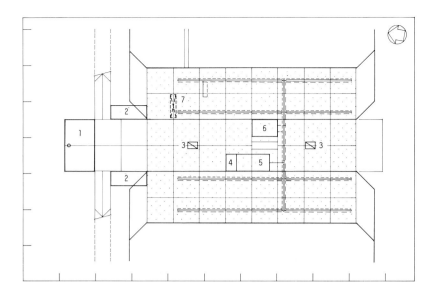

Untergeschoß
1 Heizzentrale
2 Öltank
3 Lufteinblastürme
4 Toiletten
5 Trafostation
6 Techn. Installation
7 Deckenschlitz für Materialtransport
8 Deckenaussparung Ø 8
9 Elektrizität
10 Preßluft
11 Wasser
12 Abwasser

Das Versorgungsnetz enthält Stromschienen, Preßluft-, Kaltwasser-, Warmwasser- und Abwasserleitungen. Die Warmwasserversorgung für alle Gebäude erfolgt von der Heizzentrale, die nördlich der Abfahrtsrampen unter Terrain liegt. Für spätere Erweiterungen wird sie für entsprechend größere Leistungen ausgebaut.

Die Fabrikhalle wird über zwei zentral aufgestellte Lufteinblastürme erwärmt und belüftet. Die Türme reichen bis ins Untergeschoß, wo über Filter die Rückluft angesaugt und von einem Bodenkanal Frischluft zugemischt wird. Es ist möglich, im Sommer die Heizregister mit Kühlwasser zu versorgen. Auf eine Grundlastheizung entlang der verglasten Außenwände wurde verzichtet. Die Halle wird ausschließlich über die Lufteinblastürme ventiliert, Fensterflügel sind nicht vorhanden. Einzig die Satteloberlichter haben seitliche Lüftungsklappen.

8.1 Leitungsführung und Tragwerk

Die Betonkonstruktion des Untergeschosses ergab sich aus der Forderung, an jeder Stelle des Erdgeschosses schwere Maschinen aufstellen und mit Energie versorgen zu können.

Eine unterzuglose, 45 cm starke Stahlbetondecke ruht auf Stützen im Abstand von 7,20 × 7,20 m. Sie schluckt die Schwingungen der Maschinen und erlaubt die ungehinderte Führung des Leitungsnetzes an der Unterseite. Deckenaussparungen im Raster von 2,40 m ermöglichen, daß jede Maschine über die nächstliegende Durchführung vom Versorgungssystem mit den entsprechenden Energien gespeist werden kann. So ist es möglich, Maschinen jederzeit zu verschieben oder auszuwechseln, ohne daß Spritz- oder Betonarbeiten mit den üblichen Nebenerscheinungen nötig sind.

Die Dachkonstruktion kann in beiden Richtungen Kranbahnen mit maximal 2 t Nutzlast aufnehmen. Das Durchführen von Leitungen ist in jeder Richtung möglich. Durch die gewählte Heizungsanlage wird das Durchfahrtsprofil der Kranbahn nirgends durch Luftkanäle gestört. Die freie Raumhöhe wird durch Installationen nicht reduziert. Die besondere Ausformung der Stützen ermöglicht die Unterbringung der vertikalen Installationen (Dachentwässerung, Wasser- und Elektroinstallation).

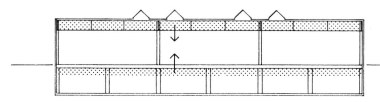

Obere und untere Installationsebene

USM-Fabrikationshalle, Münsingen/CH

9.0 Auswertung

9.1 Entwurfsbestimmende Zielvorstellungen

- Allgemeine Lösung in der Bautechnik,
- universelles Fabrikationsgebäude,
- Raumbildung aus Montageteilen für Veränderungen und Erweiterungen,
- Grundmodul für verschiedene Hallen und verschiedene Verwendungszwecke,
- universelle Konstruktionselemente,
- einfache Herstellung, Verwendung von Halbzeugen
- einfache Montage.

9.2 Zusammenwirken von Nutzung, Konstruktion und Form

Ort

Die Suche nach der allgemeinen Lösung in der Bautechnik für ein universelles Industriegebäude schließt regionale Bezüge weitgehend aus. Sie beschränken sich auf die äußere Erschließung und bauphysikalische Anforderungen.

Programm

Das entwickelte Stahlbausystem für unterschiedliche Nutzungen wird charakterisiert durch:
- das gewählte Rastermaß von 1,20 m Länge, Breite und Höhe,
- ein vielseitig erweiterbares, stützenfreies quadratisches Grundmodul mit einer Seitenlänge von 14,40 m,
- fest installierte Räume außerhalb oder zentral im Untergeschoß,
- demontable Bauteile wie Außenwände (EG/UG), Dach, Oberlichter.

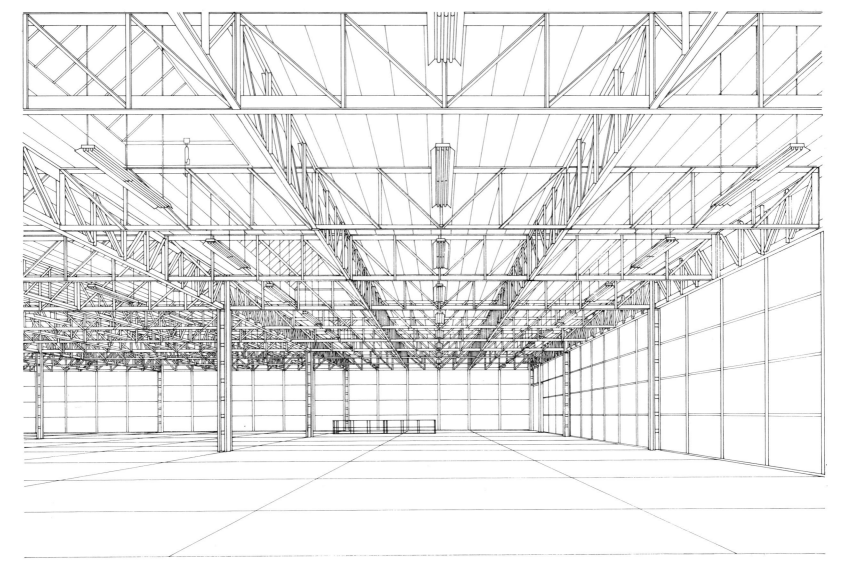

Erschließung

Die Wegeführung dieser universell nutzbaren Fabrikhalle wird bestimmt durch die Festpunkte der Erschließungselemente. Dies sind:
— die Treppe ins Untergeschoß in Hallenmitte,
— ein Deckenschlitz für den Materialtransport,
— Ein- und Ausfahrtsrampen ins Untergeschoß,
— der unterirdische Verbindungsgang zum Bürogebäude.

Die austauschbaren Wandelemente ermöglichen die Anordnung von Türen und Toren an jeder gewünschten Stelle.

Tragwerk

Bedeutung des Tragwerks

Das völlig umhüllte, nur von innen sichtbare Tragwerk dient ausschließlich den Belangen der Nutzung, flexible und variable Räume für den Industriebau zu ermöglichen. Der Gedanke der industriellen Vorfertigung, die Entwicklung allgemeingültiger Lösungen stehen im Vordergrund. Dadurch entsteht eine funktionale, von rationalen Überlegungen geprägte Gestalt.

Beanspruchung und Tragwerksform

Zweiachsig lastabtragender Trägerrost mit aufgelösten Fachwerkträgern. Form und konstruktive Durchbildung nach Kriterien der industriellen Vorfertigung und der einfachen Montage. Die dadurch auftretende Beanspruchung infolge unsymmetrischer Querschnitte und Exzentrizitäten werden in Kauf genommen. Aufgelöstes Fachwerk ermöglicht integrierte Installationsführung.

Ablesbarkeit des Tragverhaltens, Ablesbarkeit der Systeme, Subsysteme und Elemente
Fachwerkträger und Stützen sind in Funktion und Wirkungsweise nachvollziehbar. Das Grundsystem des Tragwerks, der Trägerrost auf vier Stützen, ist als eigenständige, addierbare Einheit abzulesen.

Materialgerechte Verwendung der Baustoffe

Ausschließliche Verwendung von Standardprofilen aus Stahl ohne besondere Bearbeitung. Dies entspricht in besonderem Maße dem Gedanken des Bauens mit vorgefertigten, auf dem Markt erhältlichen Halbzeugen aus Stahl.

Bedeutung der Fügung

Die konstruktive Durchbildung der Details ist Ausgangspunkt des Entwurfs. Dem offenen System entspricht das gewählte additive Fügungsprinzip: Unterscheidung in werkstattgerechte Schweiß- und montagegerechte Schraubverbindungen.

Raumabschluß

Um auf Veränderungen in der Nutzung und Erweiterungen in der Fläche möglichst problemlos reagieren zu können, sind alle Außenwandelemente demontierbar:
— Die Flächenanteile der Oberlichter können relativ einfach vergrößert oder reduziert werden.
— Geschlossene oder transparente Wandelemente können je nach Erfordernissen eingesetzt werden.
— Anstelle von Glaselementen können Tür- oder andere Elemente mit verschiedenen Außenmaßen eingesetzt werden.
— Durch die vorhandene Luftkonditionierungsanlage sind keine Fensterflügel notwendig.
— Die demontierbare Kelleraußenwand ermöglicht die problemlose Erweiterung auch im Untergeschoß.

Installation

Die Entwicklung der Tragwerksteile erfolgte unter besonderer Berücksichtigung von Installation und Leitungsführung:
— Feste Installationen zur Klimatisierung des Gebäudes sind so angeordnet, daß der Tragwerksbereich von fest installierten Klimakanälen frei bleibt.
— Das Durchführen von Leitungen ist im Dachtragwerk in jeder Richtung möglich.
— Die Stützen sind Träger der Dachentwässerung, der Medien und der Elektroinstallation.
— Die unterzuglose Untergeschoßdecke ermöglicht die problemlose Leitungsführung an der Unterseite.
— Durch die vorbereiteten Aussparungen im Raster von 2,40 m ist die Flexibilität zur Versorgung der Maschinen gewährleistet.

Form

Das geschlossene, kubische Erscheinungsbild der Fabrikationshalle ist geprägt durch:
— die strenge Geometrie der Fassade, die auf allen Seiten gleich ausgeführt ist,
— die in der Fassadenebene stehenden Stützen,
— das horizontale transparente Glasband,
— die linienförmigen Satteloberlichter.

Das innenliegende Tragwerk ist von außen nur aus geringer Distanz wahrnehmbar.

Der Innenraum wird bestimmt durch das in allen Teilen sichtbare Tragwerk. Die räumliche Vielfalt entsteht durch:
— die räumliche Durchdringung der Fachwerkträger und die daraus resultierenden optischen Überschneidungen,
— die filigran wirkenden, konstruktiv aufgelösten Stützen,
— das über alle Ebenen durchgängige Rastersystem,
— die gewählte Belichtungsart: Oberlicht, opake und durchsichtige Fassadenelemente.

Renault-Zentrallager, Swindon/GB

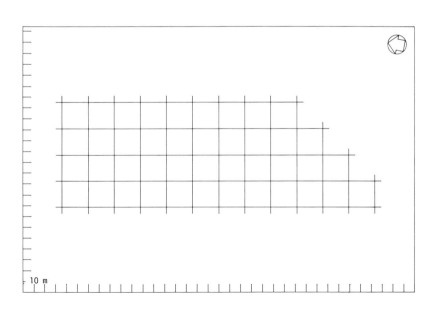

Renault-Zentrallager, Swindon/GB

1.0 Dokumentation

1.1 **Personen**

Bauherr	Renault UIC Ltd.
Architekten	Norman Foster Associates, London/GB
	Designteam: Nic Bailey, Ralph Ball, Julia Barfield, Loren Butt, Chubby Chhabra, Nick Eldridge, Roy Fleetwood, Norman Foster, Wendy Foster, Paul Heritage, Paul Jones, David Morley (Projekt-Architekt), Ian Simpson, Mike Stacey, Arek Wozniak
Ingenieure	Ove Arup and Partners
	Harry Bridges, Graham Fardell, Chris Jofeh, Ted Mann, Martin Manning, Jack Zunz
Sonderfachleute Projektanten	Vermessung: Davis, Belfield + Everest
	Projektsteuerung: Bovis Construction Ltd.
	Landschaftsgestaltung: Technical Landscapes Ltd.
	Akustik: Tim Smith Acoustics

1.2 **Termine**

Bauzeit	Juli 1981 bis Dezember 1982
	Vorbereitung des Geländes 6 Monate
	Erstellung des Gebäudes 11 Monate
	Offizielle Eröffnung 15. Juni 1983

1.3 **Kenngrößen**

Grundstücksgröße	ca. 6,5 ha
Außenmaße	96,00 × 288,00 m
Überbaute Fläche	ca. 24 250 m², 42 Module à ca. 560 m²
Umbauter Raum	ca. 213 000 m³

1.4 **Kosten**

ca. 8,5 Millionen £

1.5 **Gesetze, Vorschriften, Randbedingungen**

Wegen der gestalterischen Qualität der Architektur willigte die Stadt ein, das Grundstück statt bis zu 50% mit 67% der Fläche zu überbauen.

Renault-Zentrallager, Swindon/GB

2.0 Idee, Konzept

Systemschnitt
1 Eingang Mitarbeiter, Öffentlichkeit, Besucher
2 Mezzaningeschoß (Verwaltung)
3 Beleuchtung (Rauchabzug)

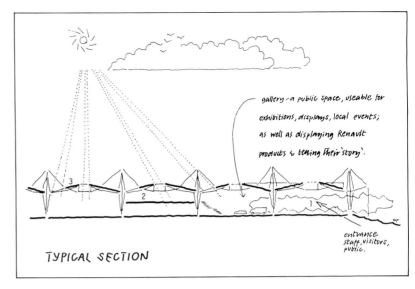

2.1 Ziele, Aufgabenstellung des Bauherrn

Der Bauherr wünschte, durch hohe Designqualität ein progressives Firmenimage zu schaffen, das sich von der Produktpalette bis über das Arbeitsumfeld erstrecken sollte *(corporate image)*. Dabei mußten Zeit- und Kostengrenzen ebenso berücksichtigt werden wie mögliche Veränderungen in der Nutzung und Erweiterungsmöglichkeiten.

2.2 Zielvorstellungen, Aussagen Architekt

Norman Foster
»Das Gebäude ist ein Versuch zu demonstrieren, daß der wirtschaftliche Rahmen eines Industriebauentwurfs in einer Form eingehalten werden kann, die weder soziale Verantwortung noch Nutzerfreundlichkeit vernachlässigt. Es wurde ein Standardmodul entwickelt, das verschiedenen Nutzungen gerecht werden konnte – beispielsweise Lager, Werkstatt, Büro, Ausstellungsraum – und das gleichzeitig die Möglichkeit bot, eine Zwischenebene aufzunehmen, wenn höhere Dichte erreicht werden sollte. Das Grundstück ist unregelmäßig wie die meisten Industriegrundstücke, weswegen dann nötige Erweiterungen selten geordnet oder geometrisch angelegt werden. Deshalb nimmt unsere Anfangsplanung schon ein organisches Erweiterungsmuster vorweg, das durch die Addierbarkeit der Module ermöglicht wird. Ein Lager hat naturgemäß feste Wände; deswegen fanden wir es wichtig, ein Dachbelichtungssystem einzubauen, wodurch den Benutzern visueller Kontakt mit der Außenwelt ermöglicht wird und womit gleichzeitig sowohl ›Qualität‹ als auch ›Quantität‹ natürlicher Belichtung erreicht wird.

Es ist offensichtlich, daß einer der Hauptvorteile dieses Ansatzes Flexibilität bei Nutzungsauswahl, -veränderung und -erweiterung ist. Jede Aktivität kann ausgedehnt, reduziert oder ausgetauscht werden, je nach Bedürfnissen des Nutzers. In einer wirtschaftlich unbeständigen Zeit könnte das ein ›Rettungsanker‹ sein – buchstäblich die Entscheidung zwischen Wohlstand und Bankrott. Aber das ist nur die eine Seite der wirtschaftlichen Gleichung. Der Arbeitsplatz sollte ein einladender Ort sein, an dem man sich gerne aufhält – sympathisch und freundlich. Nur dann wird er auf längere Sicht eine wirklich effektive Einrichtung sein, was Arbeitsverhältnis und Produktivität angeht. Aspekte wie Belichtung, Farbe, Ambiente, Bereitstellen von Annehmlichkeiten wie einer guten Kantine, das Verwischen scharfer Abgrenzungen zwischen öffentlichen und privaten Bereichen – all das ist wichtig. Beispielsweise ist die Eingangshalle sowohl für öffentliche Konferenzen und Ausstellungen ortsansässiger Künstler benutzt worden als auch zur Präsentation der Automobile und als Empfangshalle für Renault.

Mit der Artikulation des Tragwerks – teils innen, teils außen – durch die Verwendung zugbeanspruchter Elemente wurde es möglich, den Maßstab des Projekts drastisch zu reduzieren – das Gegenteil des Ansatzes, einfach eine ›große Kiste‹ zu bauen. Das gefiel den örtlichen Behörden so gut, daß sie eine wesentlich großflächigere Überbauung des Grundstücks zuließen als im Falle einer üblichen Hallenbebauung. Für Renault bedeutete das unmittelbaren Wertzuwachs.

Dieser integrierte Ansatz, alles unter einem Dach zu vereinen, umging die üblichen Betriebssyndrome zwischen Bürokäfigen/Arbeitsschuppen; wir hier/die da; sauber/schmutzig; piekfein/verkommen; weißer Kragen/blauer Kittel; Vorderseite/Kehrseite ... und so weiter.

Der Ausdruck (die Ausformung) des Tragwerks, eigentlich aus den praktischen Erfordernissen der Tragfunktion entwickelt, wurde in einer Form konzipiert, die es ermöglichte, daß es zu einem Motiv mit symbolischen Qualitäten werden konnte. Dieses Motiv wurde so stark zum Mittelpunkt des Interesses, daß es schließlich als Synonym für die Firma stand – als wiedererkennbares Zeichen in der Firmenwerbung.

Das Gebäude ist das einzige im Besitz von Renault, bei dem es unnötig ist, Logos oder Aufschriften anzubringen. Einige Doppeldeutigkeiten (in der Gestaltung) wurden angeregt: Ist das Tragwerk gelb, weil es ausgelassen und freundlich wirkt? Weil Gelb Renaults Hausfarbe ist? Weil es die Farbe der Butterblumen ist, die in den umliegenden Feldern blühen, ohne sich um Zäune und Grenzmauern zu kümmern, oder weil sie Obertöne besitzt, in denen Assoziationen an Industrie- oder Landmaschinen anklingen?

Die zeltartigen Eigenschaften des Tragwerks, das sich über der Hülle in fast gotischer Weise in die Luft erhebt, wurden durch die Dachverglasung vom Innenraum her erfahrbar gemacht. Es schien uns wichtig, aus beiden Perspektiven, innen und außen, die strukturelle Ganzheit erfaßbar zu machen. Das Tragwerk spielt also ›freiwillig‹ eine Rolle beim Herstellen eines humaneren Maßstabs. Es ist ein Mittel zu sozialen Zwecken und Werbezielen, nicht eine Sache an sich.

Die schöpferische Auseinandersetzung mit fähigen Ingenieuren ist ein wesentlicher Teil des Entwurfsprozesses. Bei einer auf sich gestellten Arbeit würden beide Beteiligten sicherlich weniger leisten. Durch das Vorfabrizieren des Tragwerks wurde es möglich, es in kleinere Einzelelemente aufzulösen – was wiederum ermöglichte, die Elemente schon in der Fabrik mit besserem Oberflächenschutz zu versehen. Wenn es überhaupt eine Enttäuschung (bei der Zusammenarbeit) gab, dann bestand sie vielleicht in der Divergenz zwischen den früheren Modellen, die aufgrund der ersten überschlägigen Berechnungen der Ingenieure konzipiert waren, und einigen Aspek-

2.3 Aussagen Ingenieur

ten der Realisierung, die sich aus ihrer Detailarbeit ergaben. Die ersten Studien waren mit Sicherheit sparsamer und eleganter – sowohl was den optischen Eindruck als auch was den Stahlverbrauch angeht. Aber, wie ich hoffen will, war auch hier irgendein Fortschritt dabei.«[1]

Martin Manning
»Die Zusammenarbeit mit den Architekten begann in frühem Stadium des Projekts.

Norman Foster hatte den Wunsch, daß das Renault Centre einige Merkmale des Industriebaus ›Johnson Wax‹ von Frank Lloyd Wright haben sollte: durch Glas getrennte, unabhängig stehende Pilzkopfstützen.

Hohe Qualität, filigrane Elemente und einfache Montage des Tragwerks waren weitere Zielsetzungen.

Renault wollte ein Gebäude, das ihrem Interesse an den Ingenieurwissenschaften und dem ›technischen Design‹ entsprach (Imageaufbesserung ihrer Autos).

Die Bauverwaltung wollte keine geschlossene, graue Schachtel. Der Gedanke an ein außenliegendes Tragwerk, das Maßstab und Gliederung erzeugt, begeisterte sie.

Die Mitarbeiter von Ove Arup wollten ein Tragwerk, das den Forderungen nach Stabilität, Steifigkeit und Dauerhaftigkeit entsprach. Außerdem sollte das Gebäude nach Abschluß des ersten Bauabschnitts erweiterbar sein.

Eine Analyse durch das Büro Foster über die Art und Weise, wie Renault seine Regale im Lager anordnet, führte zu einem quadratischen Raster von 24 × 24 m.

Der Gedanke war, das Volumen des Gebäudes klein zu halten. Durch ein außenliegendes Tragwerk war dies eher möglich. Natürlich ist ein abgehängtes Tragwerk nicht sehr stabil. Wenn nun noch die senkrecht nach unten gehenden Lasten geringer sind als die aufwärts gehenden, so ist dieses Tragwerk in gewisser Weise Unsinn.

Die vorgespannten Elemente um die Stütze halten die Träger in ihrer Lage und erzeugen eine biegesteife Verbindung (zwischen Stütze und Träger). So erhielten wir einen Rahmen und damit Stabilität.

Der geknickte Träger leitet das Regenwasser ab und wirkt für aufwärts gehende Kräfte wie ein umgekehrter Bogen. Die Form des Trägers entspricht dem Einhüllenden der Momentlinien für alle möglichen Belastungsfälle: asymmetrische Verteilung des Eigengewichts, horizontale Windlast, Windsog und große Temperaturschwankungen.

Nach der Norm müßten wir die ungünstigere Kombination wählen, welche (nach der Wahrscheinlichkeitsrechnung) nicht etwa alle 50 Jahre auftritt, sondern, sagen wir, alle 12 000 Jahre. Ich denke, dieser Fall ist sehr unwahrscheinlich.

Ich glaube in der Tat, daß wir beim Entwickeln der Form des Tragwerks von all den Dingen beeinflußt wurden, die wir zusammen mit Frei Otto bei Kocommas und mit Renzo Piano bei Fiat und in geringerem Maße bei der Brücke Don Plan gemacht haben. Die Abhängigkeit zwischen der Form des Tragwerks und den Lasten, die es zu tragen hat, ist interessant. Ich glaube nicht, daß man die gewählte Form eines Tragwerks optimieren kann hinsichtlich minimaler Kosten, Gewicht, Bauzeit und Größe der Tragwerkselemente. Das Beste, was man erreichen kann, ist ein annähernder Ausdruck ›des sparsamen Einsatzes der Mittel‹.

Während der Angebotsphase beunruhigten uns andere Dinge. Die Angebote waren teurer, als wir es bei Projektbeginn erwarteten.

2.4 Expertenaussagen

Die Folge war, daß der mittige, 4 m lange horizontale Trägerteil breiter wurde und leichter (sehr zum Ärger des Architekten). Weiter wurde die Stütze mit kreisförmigen Ringen versehen, um sie dort von außen auszusteifen, wo die Köpfe der Zugstangen angreifen. Diese Versteifungen geschahen nicht, wie ursprünglich vorgesehen, von innen. Man kann sich den Einfluß auf die Architektur vorstellen. Die Detaillierung der Knotenpunkte und speziell der Gebrauch von Gußeisen für die Köpfe der Zugglieder waren für mich sehr interessant. Ich finde es einfallslos, Gußeisen für die Verankerung von Zugelementen zu verwenden.

Was mich bedrückt, ist, daß das Tragwerk auf der einen Seite sehr ›massiv‹ ist und auf der anderen Seite ziemlich ›sickly sweet and chocolate boxy‹. In gewissem Sinne ist das Gebäude zu schön, zu gewissenhaft. Das Tragwerk ist deshalb etwas wuchtig, da wir uns durch all die Lastfälle und deren Berechnung verführen ließen. Wir befürchteten auch, etwas falsch zu machen. So verbrauchten wir viel Zeit und Energie, um sicherzustellen, daß wir später keine Schwierigkeiten bekommen.«[2]

Constructa-Preis 1986

Beurteilung des Preisgerichts
»Mit dem Renault-Auslieferungslager in Swindon haben die Architekten ein Gebäude mit einer einprägsamen architektonischen Erscheinungsform geschaffen, das der Firma bereits heute als Symbol ihrer Unternehmensphilosophie gilt.

Das architektonische Konzept beruht auf einer Struktur, die flexibel verwendbar und zweiachsig erweiterbar ist. Die durch unterschiedliche Ausbauelemente variierte Struktur schafft für die verschiedenen Funktionen der Eingangshalle, der Ausstellungshalle, der Cafeteria und der Lagerhalle überzeugende Raumerlebnisse. Die intelligente konstruktive Idee, die Tragwerkselemente nicht einzeln, sondern als Gesamtsystem wirken zu lassen, gibt dem Tragwerk Leichtigkeit und prägt das unverwechselbare Erscheinungsbild der Gesamtanlage. Trotz der großen Dimensionen wird eine filigrane, maßstabsvolle architektonische Wirkung von großer Poesie erreicht. Die einzelnen Tragwerkselemente wurden nach ihrer funktionellen Wirkung gestaltet und machen den Kraftfluß klar ablesbar. Der innovative Einsatz von Materialien und neuen Konstruktionsweisen vor allem in den Raumabschlüssen ist in seiner experimentellen Konsequenz beispielhaft.«[3]

Renault-Zentrallager, Swindon/GB

3.0 Ort

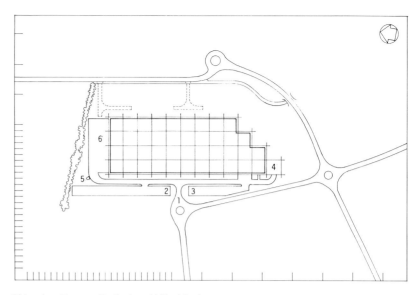

1 Einfahrt
2 Parken Nord
3 Parken Süd
4 Haupteingang
5 Pförtner
6 An-, Auslieferung
7 Feuerwehrzufahrten

3.1 **Standort**

Westlea Down, Swindon, Wiltshire/England

3.2 **Situation**

Das Grundstück ist eine unregelmäßig abfallende Parzelle am Westrand von Swindon, einer schnell wachsenden Stadt von ca. 127 000 Einwohnern, mit guten Bahn- und Schnellstraßenverbindungen, etwa 130 km westlich von London gelegen.

Auf drei Seiten ist das Grundstück von Erschließungsstraßen für künftige Bebauungen umgeben, während in südwestlicher Richtung der Blick in die offene Landschaft erhalten bleibt.

Das Entwurfskonzept verbindet die aus dem Grundstück erwachsenden Anforderungen mit denen der Bauaufgabe, indem es sich einer Modulbauweise bedient. Dadurch können Unregelmäßigkeiten des Geländes ausgenutzt werden, und gleichzeitig ist es möglich, das Gebäude an jeder Stelle in Richtung Osten zu erweitern (Erweiterungsmöglichkeiten ca. 70%). Das Gebäude ist mit dem Hauptzugang auf die Anfahrtsachse und den Fußgänger- und Besucherstrom ausgerichtet.

Renault-Zentrallager, Swindon/GB

4.0 Programm

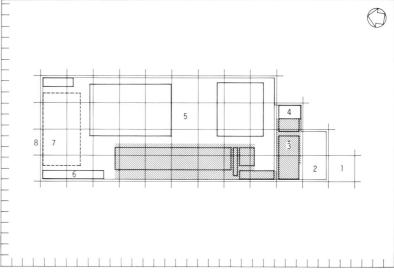

1 Überdachte Vorfahrt
2 Ausstellung
3 Ausbildungsteil
4 Kantine
5 Lagerhalle
6 Brandgeschütztes Warenlager
7 Warenannahme
8 An-, Auslieferung

4.1 Nutzung

Der 1. Bauabschnitt umfaßt 42 Module mit Lagerfläche (ca. 20 000 m^2), Vertrieb und Regionalverwaltung mit Computerinstallationen, ein Schulungszentrum mit angeschlossenen Werkstätten und Seminarräumen, eine Kantine sowie einen Ausstellungsraum für Pkw und Lkw und eine Eingangsüberdachung.

Die zweigeschossigen Bereiche, wie Räume für die Verwaltung oder unterschiedliche Hochregallagersysteme, sind als unabhängige Tragstrukturen (Tische) nach dem additiven Prinzip in die Großraumstruktur hineingestellt.

Jedes Gebäudemodul hat eine Grundfläche von 24 × 24 m, in den Ecken eine Höhe von 7,50 m und eine Scheitelhöhe von 9,50 m. Die Dachflächen sind von 16 m hohen Masten abgehängt.

Das Gebäude kann ohne betriebliche Störungen erweitert werden, an der Tragkonstruktion sind dafür bereits Anschlußpunkte vorhanden.

Renault-Zentrallager, Swindon/GB

5.0 Erschließung

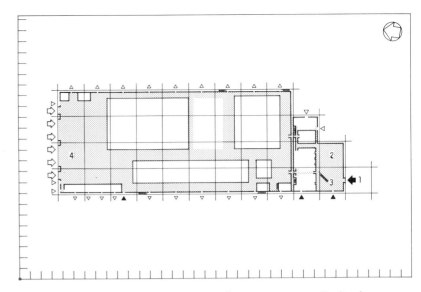

1 Haupteingang
2 Ausstellung, Halle
3 Treppen (Galerie)
4 Ladezone

5.1 Personenerschließung

Bei der Erschließung wird zwischen Personen- und Warenverkehr stark getrennt.

Der Eingang ist auf die Hauptanfahrtswege ausgerichtet und wird durch ein unverglastes Tragwerksmodul als Eingangsüberdachung betont.

Im Innern werden klare Abgrenzungen zwischen öffentlichen und privaten Bereichen vermieden. Die Übergänge von Eingangszone, Ausstellungshalle, Konferenzraum und anderen Bereichen sind fließend.

Die Treppe als Haupterschließungselement zum Mezzaningeschoß wird diagonal in die Eingangshalle gestellt und führt über eine offene Galerie zu den Büroräumen.

Über die gesamte Breite der von einer Baumreihe geschützten Nordfassade werden die Waren über unterschiedliche Rampensysteme angeliefert.

Der Materialfluß im Lagerhaus geschieht manuell oder mit mechanischen Transportgeräten (Teletrak). Für eine Automation sind die baulichen Vorkehrungen getroffen.

Renault-Zentrallager, Swindon/GB

6.0 Tragwerk

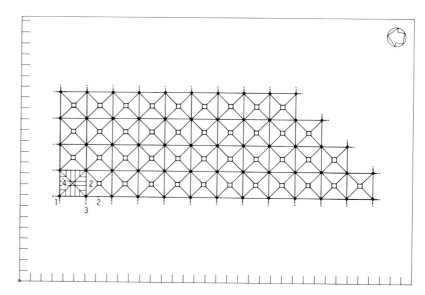

1 Abgespannte Stützen
2 Unterspannte Träger
3 Seile-, Stäbe-Abspannung
4 Nebenträger

6.1 Gesamtsystem

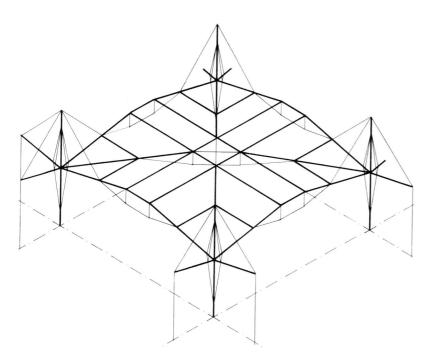

Die Grundeinheit des Tragwerks wird von einem quadratischen Modul mit einer Seitenlänge von 24 m gebildet. Der Anordnung im Grundriß entsprechend wurde ein ungerichtetes, zweiachsig lastabtragendes Tragsystem gewählt, das sich aus drei Subsystemen zusammensetzt:
— eingespannte Stützen an den vier Ecken des Moduls,
— Trägerrost mit unterspannten Trägern in orthogonaler und diagonaler Richtung,
— Abspannungen zur Abhängung des Trägerrosts.
Die Subsysteme sind so mit dem Gesamtsystem gekoppelt, daß das Tragverhalten dem eines mehrfeldrigen, durchlaufenden Rahmensystems in orthogonaler und diagonaler Richtung entspricht. Form und Dimension der Haupttragglieder machen die jeweilige Beanspruchung deutlich: Stützen als druckbeanspruchte, Träger als biegebeanspruchte und Stäbe als zugbeanspruchte Elemente.

6.2 Subsysteme

6.2.1 Stützen

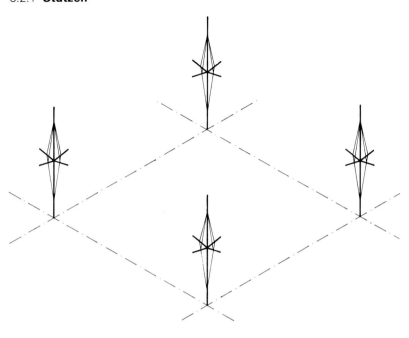

Das System der eingespannten Stützen trägt die auftretenden vertikalen und horizontalen Lasten über Normalkräfte und Biegemomente ab. Jede Stütze, ob Mittel-, Rand- oder Eckstütze, ist gleich ausgebildet. Eine Erweiterung des Systems in beiden Richtungen ist möglich.

6.2.2 Trägerrost

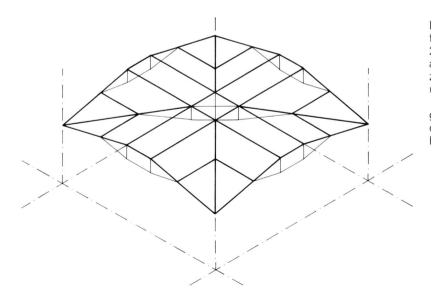

Der Trägerrost überspannt stützenfrei eine quadratische Fläche von 24 × 24 m. Er besteht aus biegebeanspruchten Stahlprofilträgern, die zur Reduzierung ihrer Dimensionen unterspannt sind.
Der Trägerrost dient als Auflager für die Nebenträger, auf denen die Dachtragelemente (Stahltrapezblech) aufliegen.

6.2.3 Abspannungen

Die Abspannungen reduzieren die freien Spannweiten der Hauptträger des Trägerrosts.

Die Abspannungen sind symmetrisch angeordnet. An den Innenstützen halten sich die angeschlossenen Zugkräfte im Gleichgewicht (für gleichmäßig verteilte Last), während an den Rand- und Eckstützen die Zugkräfte über Fundamente im Baugrund verankert werden müssen.

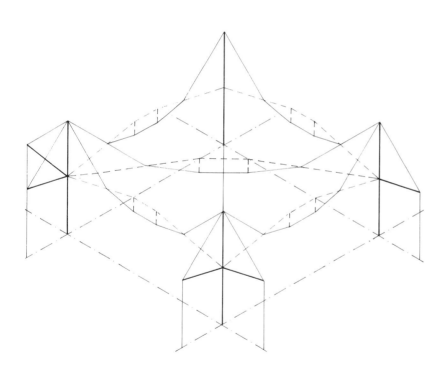

6.3 Tragwerksteile

6.3.1 Stützen

Die eingespannten Stahlstützen bestehen aus Rundrohren mit einem konstanten Querschnitt von Ø 457 mm und sind mit Rundstäben verspannt.
  Diese dreiecksförmige Verspannung erhöht die Steifigkeit der Stützen und bewirkt eine Teileinspannung der angeschlossenen Hauptträger.

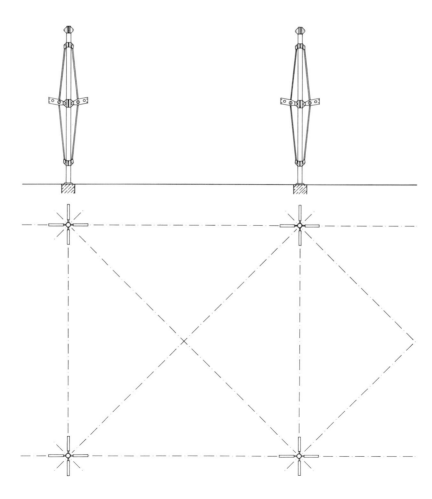

6.3.2 Hauptträger

Die biegebeanspruchten Hauptträger sind an den Seiten und in den Diagonalen des quadratischen Moduls angeordnet.

Die Träger entsprechen in ihrem Querschnittsverlauf der Beanspruchung durch Biegung und Normalkraft. Zur Gewichtsersparnis sind im Bereich der weniger beanspruchten neutralen Zone des Trägerquerschnitts kreisrunde Aussparungen ausgeschnitten.

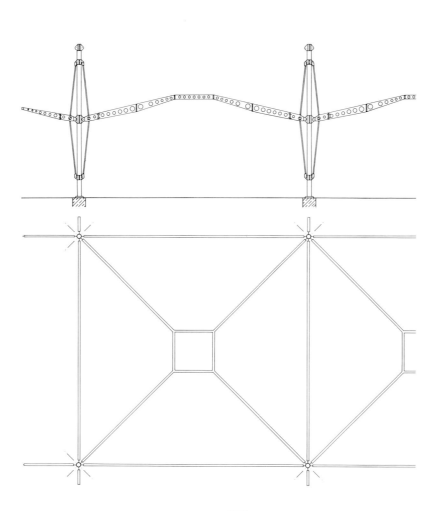

6.3.3 Abspannungen, Unterspannungen

Die Ab- und Unterspannungen (Stahlstäbe ⌀ 42 mm) bewirken eine elastische Auflagerung der Hauptträger und reduzieren Spannweite, Abmessung und Durchbiegung der Biegeträger. Die geometrische Anordnung der Zug- und Druckglieder entspricht den gezogenen und gedrückten Bereichen eines durchlaufenden, mehrfeldrigen Rahmens.

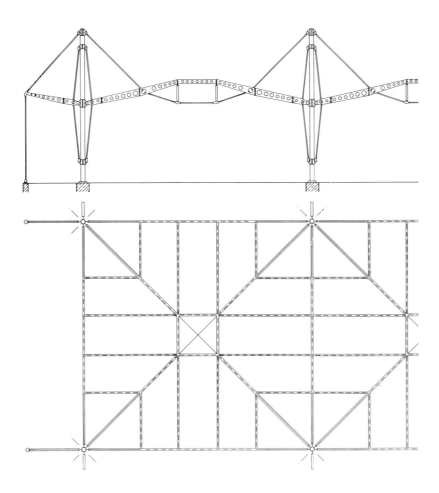

6.4 Tragverhalten

Die Ableitung der Horizontal- und Vertikallasten geschieht durch Auflösung des Tragsystems in druck- und zugbeanspruchte Tragwerksteile.

Durch diese Auflösung wird ein Abtragen der Lasten durch biegebeanspruchte Tragwerksteile weitgehend vermieden. Die Dimensionen der einzelnen Tragglieder können dadurch reduziert werden.

Durch die Anordnung von linearen Traggliedern in orthogonaler und diagonaler Richtung und deren Koppelung durch die Abspannungen entsteht ein flächenförmiger Trägerrost, der sich aus den quadratischen Modulen zusammensetzt und auftretende Lasten zweiachsig abträgt. Dabei tritt eine gegenseitige Beeinflussung der einzelnen »Felder« des Trägerrosts auf, die zu zusätzlichen Tragreserven des Gesamtsystems führen.

Das grundsätzliche Tragverhalten läßt sich an linearen Tragsystemen darstellen. Zur Verdeutlichung der Beanspruchung wird das analog wirkende Tragsystem »durchlaufender, mehrfeldriger Rahmen« dem aufgelösten System gegenübergestellt.

6.4.1 Vertikale Lasten

Abtragung der vertikalen Lasten
Eigengewicht und Schnee

Vertikale Lasten werden über die Dachelemente und Nebenträger durch das System der abgespannten und unterspannten Hauptträger abgetragen. Bei der Lastabtragung überwiegt die Beanspruchung der Tragwerksteile durch Druck- und Zugkräfte. Lediglich die Hauptträger weisen noch eine Biegebeanspruchung auf, die durch die Ab- und Unterspannungen wesentlich reduziert wird.

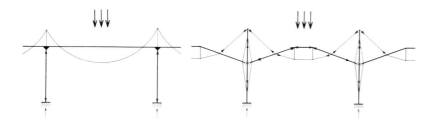

Windsog

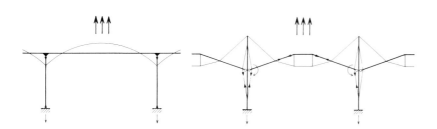

Bei der Abtragung der abhebend wirkenden Windsoglasten kehrt sich das System um: Die Druckglieder werden zu Zuggliedern, die Zugglieder nehmen aufgrund ihrer hohen Vorspannung Druckkräfte auf (Reduzierung der Zugkräfte). Die Teileinspannung der Hauptträger in die Stützen wirkt den Sogkräften entgegen.

6.4.2 Horizontale Lasten

Abtragung der horizontalen Lasten
Windlasten

Das System der eingespannten Stützen gewährleistet in Verbindung mit den Endabspannungen die Aussteifung des Tragwerks in Längs- und Querrichtung.

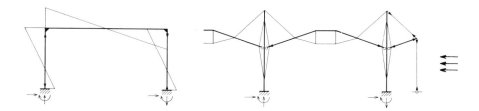

6.5 **Fügung**

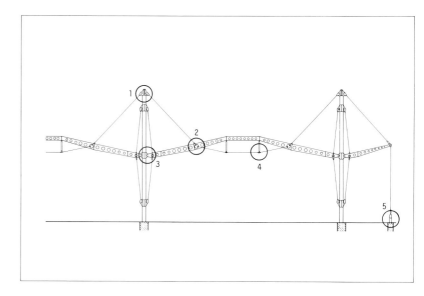

1 Fügung Stütze
  – oberer Abspannpunkt
2 Fügung Träger
  – Abspannung
3 Fügung Stütze – Träger
4 Fügung Unterspannung
  – Druckstab
5 Fügung Abspannung
  – Fundament

Dem offenen, nach allen Seiten erweiterbaren System des Bauwerks entsprechend sind alle Fügungspunkte nach dem additiven Fügungsprinzip ausgeführt.

An allen Punkten sind Funktion und Kraftfluß der angeschlossenen Tragwerksteile erkennbar und ablesbar.

6.5.1 Fügung Stütze – Abspannung

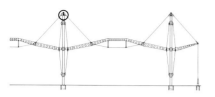

Am oberen Abspannpunkt der Stütze sind die Zugglieder aus acht Richtungen zusammengefaßt. Die angreifenden Zugkräfte werden am Stützenkopf umgelenkt und als Druckkräfte in die Stütze eingeleitet.

Die Zugkräfte der Abspannstäbe werden über die Gewinde der Spannschlösser in die gegossenen »Seil-Köpfe« abgegeben. Diese Seilköpfe umfassen zweischnittig die im Stützenkopf zusammengefaßten Knotenbleche. Die Kraftübertragung erfolgt über einen gesicherten Bolzen.

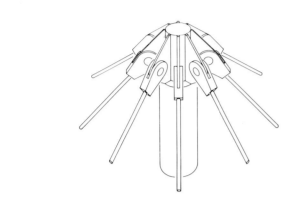

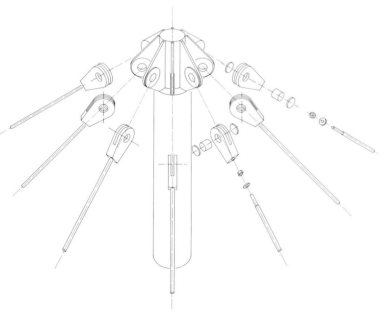

Geometrie	Systemlinien	In der Ebene	
		Im Raum	•
		Anzahl	8
		Winkelbezug	45°, 90°
	Zuordnung Schwerachsen – Systemlinien	Identisch	•
		Versetzt	
		Symmetrisch	
	Querschnittsformen	Offene Profile	•
		Hohlprofile	
		Vollprofile	•
		Einteiliger Querschnitt	•
		Mehrteiliger Querschnitt	
Kraft	Statisches System	Gelenkige Verbindung	•
		Biegesteife Verbindung	
	Kraftfluß, Kraftleitung	Zentrisch	•
		Exzentrisch	
		Unmittelbar	•
		Mittelbar	
	Beanspruchung der Tragwerksteile	Zug	•
		Druck	•
		Biegung	•
	Beanspruchung der Verbindungsmittel	Zug	
		Abscheren	•
		Zug, Druck	
	Verbindungsmittel – Verfahren	Geschraubt	•
		Geschweißt	
		Geklebt	
Form	Additives Prinzip ohne Zwischenglied	Stoß	
		Überlappung	
		Durchdringung	
	Additives Prinzip mit Zwischenglied	Kleines Verbindungselement	•
		Großes Verbindungselement	
		Universalanschluß	
		Individualanschluß	•
	Integriertes Prinzip		

6.5.2 Fügung Hauptträger – Abspannung

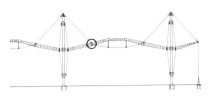

Durch die Abspannung wird die freie Spannweite und damit die Biegebeanspruchung und Verformung reduziert.

Die Auflagerkräfte des Biegeträgers werden vom Trägersteg innerhalb einer kreisrunden Aussparung über Gewinde und Mutter in die Spannstäbe eingeleitet. Der Lochrand ist durch einen Blechring verstärkt. Die Stäbe durchdringen den Träger in Flansch und Steg, das Stegblech wird an dieser Stelle durch ein Rundrohr ausgewechselt.

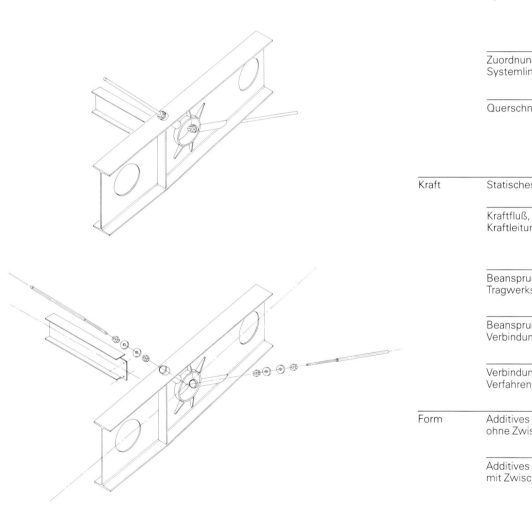

Geometrie	Systemlinien	In der Ebene	•
		Im Raum	
		Anzahl	3
		Winkelbezug	
	Zuordnung Schwerachsen – Systemlinien	Identisch	•
		Versetzt	
		Symmetrisch	
	Querschnittsformen	Offene Profile	•
		Hohlprofile	
		Vollprofile	•
		Einteiliger Querschnitt	•
		Mehrteiliger Querschnitt	
Kraft	Statisches System	Gelenkige Verbindung	•
		Biegesteife Verbindung	
	Kraftfluß, Kraftleitung	Zentrisch	•
		Exzentrisch	
		Unmittelbar	•
		Mittelbar	
	Beanspruchung der Tragwerksteile	Zug	•
		Druck	•
		Biegung	•
	Beanspruchung der Verbindungsmittel	Zug	•
		Abscheren	
		Zug, Druck	
	Verbindungsmittel – Verfahren	Geschraubt	•
		Geschweißt	
		Geklebt	
Form	Additives Prinzip ohne Zwischenglied	Stoß	
		Überlappung	
		Durchdringung	
	Additives Prinzip mit Zwischenglied	Kleines Verbindungselement	•
		Großes Verbindungselement	
		Universalanschluß	
		Individualanschluß	•
	Integriertes Prinzip		

6.5.3 Fügung Stütze – Hauptträger

Die Hauptträger werden an die Stützen gelenkig angeschlossen und geben die am Auflager ankommenden Vertikal- und Horizontalkräfte ab. Die dreiecksförmig verlaufende Stützenverspannung ist an den Hauptträgern zwischenverankert und bewirkt eine Teileinspannung der Hauptträger in die Stütze.

Die zweischnittigen Stahllaschen der Hauptträger greifen in die zu einem Konsolenkranz zusammengefaßten Bleche der Stütze. Die Kraftübertragung erfolgt über Bolzen.

Das Fügungsdetail der Stützenverspannung entspricht der Verankerung der Abspannung am Hauptträger.

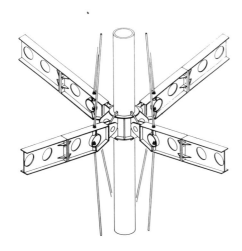
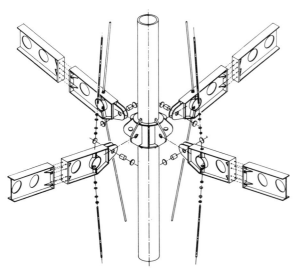

Geometrie	Systemlinien	In der Ebene	
		Im Raum	•
		Anzahl	8
		Winkelbezug	45°, 90°
	Zuordnung Schwerachsen – Systemlinien	Identisch	•
		Versetzt	
		Symmetrisch	
	Querschnittsformen	Offene Profile	•
		Hohlprofile	
		Vollprofile	•
		Einteiliger Querschnitt	•
		Mehrteiliger Querschnitt	
Kraft	Statisches System	Gelenkige Verbindung	•
		Biegesteife Verbindung	
	Kraftfluß, Kraftleitung	Zentrisch	•
		Exzentrisch	
		Unmittelbar	
		Mittelbar	
	Beanspruchung der Tragwerksteile	Zug	•
		Druck	•
		Biegung	
	Beanspruchung der Verbindungsmittel	Zug	
		Abscheren	•
		Zug, Druck	
	Verbindungsmittel – Verfahren	Geschraubt	
		Geschweißt	
		Geklebt	
Form	Additives Prinzip ohne Zwischenglied	Stoß	
		Überlappung	
		Durchdringung	
	Additives Prinzip mit Zwischenglied	Kleines Verbindungselement	•
		Großes Verbindungselement	
		Universalanschluß	
		Individualanschluß	•
	Integriertes Prinzip		

6.5.4 Fügung Unterspannung – Druckstab

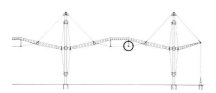

Zur Reduzierung der Spannweite ist der Hauptträger im Mittelbereich zweifach unterspannt. Die Vertikalkomponenten der Unterspannung werden umgelenkt und über einen Druckstab in den Träger eingeleitet.

Über Gewinde sind die Zugstäbe in einem zweischnittig ausgeformten Gußteil verankert. Das an die Druckpfosten angeschweißte Auge greift in den Umlenksattel ein, nimmt über einen Bolzen die vertikalen Umlenkkräfte auf und gibt sie über Druckkontakt an den Hauptträger ab.

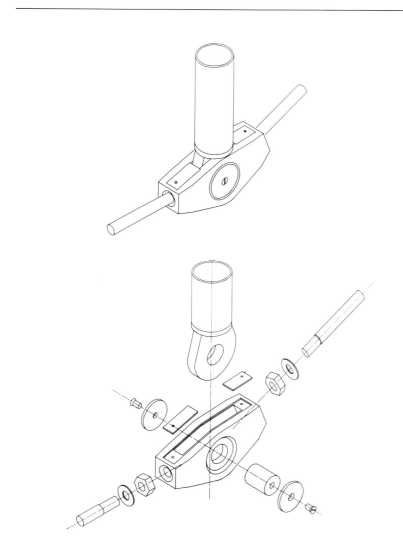

Geometrie	Systemlinien	In der Ebene	
		Im Raum	•
		Anzahl	3
		Winkelbezug	
	Zuordnung Schwerachsen – Systemlinien	Identisch	•
		Versetzt	
		Symmetrisch	
	Querschnittsformen	Offene Profile	•
		Hohlprofile	
		Vollprofile	•
		Einteiliger Querschnitt	•
		Mehrteiliger Querschnitt	
Kraft	Statisches System	Gelenkige Verbindung	•
		Biegesteife Verbindung	
	Kraftfluß, Kraftleitung	Zentrisch	•
		Exzentrisch	
		Unmittelbar	•
		Mittelbar	
	Beanspruchung der Tragwerksteile	Zug	•
		Druck	•
		Biegung	
	Beanspruchung der Verbindungsmittel	Zug	
		Abscheren	•
		Zug, Druck	
	Verbindungsmittel – Verfahren	Geschraubt	•
		Geschweißt	
		Geklebt	
Form	Additives Prinzip ohne Zwischenglied	Stoß	
		Überlappung	
		Durchdringung	
	Additives Prinzip mit Zwischenglied	Kleines Verbindungselement	
		Großes Verbindungselement	•
		Universalanschluß	
		Individualanschluß	•
	Integriertes Prinzip		

6.5.5 Fügung Abspannung – Fundament

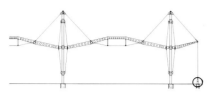

An den Randbereichen des Tragwerks muß die am Stützenkopf angreifende Zugkraft über ein Druckglied umgelenkt und im Fundament verankert werden. Im Falle einer Erweiterung des Gebäudes wird dieses Druckglied durch einen Hauptträger ersetzt, und die Fundamentverankerung rückt in den neuen Randbereich.

Das Fügungsprinzip der Fundamentverankerung entspricht der Verankerung der Abspannung im Stützenkopf: Der zweischnittige Kopf des Zugstabs greift in die einschnittige Verankerungsplatte, die Kraftübertragung geschieht über einen Bolzen.

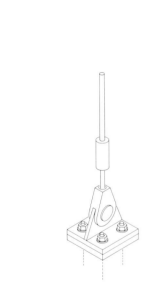 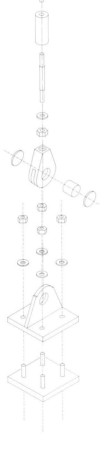

Geometrie	Systemlinien	In der Ebene	●
		Im Raum	
		Anzahl	2
		Winkelbezug	90°
	Zuordnung Schwerachsen – Systemlinien	Identisch	●
		Versetzt	
		Symmetrisch	
	Querschnittsformen	Offene Profile	
		Hohlprofile	
		Vollprofile	●
		Einteiliger Querschnitt	●
		Mehrteiliger Querschnitt	
Kraft	Statisches System	Gelenkige Verbindung	●
		Biegesteife Verbindung	
	Kraftfluß, Kraftleitung	Zentrisch	●
		Exzentrisch	
		Unmittelbar	●
		Mittelbar	
	Beanspruchung der Tragwerksteile	Zug	●
		Druck	
		Biegung	
	Beanspruchung der Verbindungsmittel	Zug	
		Abscheren	●
		Zug, Druck	
	Verbindungsmittel – Verfahren	Geschraubt	●
		Geschweißt	
		Geklebt	
Form	Additives Prinzip ohne Zwischenglied	Stoß	
		Überlappung	
		Durchdringung	
	Additives Prinzip mit Zwischenglied	Kleines Verbindungselement	●
		Großes Verbindungselement	
		Universalanschluß	
		Individualanschluß	●
	Integriertes Prinzip		

Renault-Zentrallager, Swindon/GB
7.0 Raumabschluß

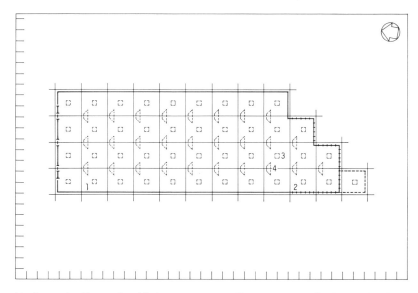

1 Vertikaler Raumabschluß
  im Lagerbereich
  (geschlossen)
2 Vertikaler Raumabschluß
  (verglast)
3 Ebene Dachflächenfenster
  als Oberlichter und
  Rauchklappen
4 Geneigte Dachflächen-
  fenster im Bereich
  der Stützen

7.1 Konstruktive Durchbildung

Horizontaler Raumabschluß

Die Dachhaut besteht aus einer verschweißten, speziell verstärkten PVC-Folie auf 75 mm starker Mineralwolle. Die Trägerlage für den Dachaufbau wird durch 100 mm hohe Trapezblechtafeln gebildet. Zur Verbesserung der Raumakustik wurden über den Büro- und Ausstellungsräumen die Stege der Trapezbleche gelocht.

Im Scheitelpunkt jedes Moduls befindet sich ein 4,00 × 4,00 m großes Oberlicht aus doppelwandigen, durchsichtigen UPVC-Lamellen. Sie können im Sommer zur Belüftung geöffnet werden und dienen im Brandfall als automatisch betätigte Rauchklappen.

Ein trapezförmiges, nach Norden ausgerichtetes, fest verglastes Oberlicht an jeder Innenstütze sorgt für ausreichende Helligkeit und ermöglicht den Ausblick auf die Masten und Zugglieder des Dachtragwerks.

Vertikaler Raumabschluß

Im Lagerbereich bestehen die Fassaden aus doppelwandigen 4,00 × 1,00 m großen Blechelementen mit Polyurethanschaumisolierung. Die gelochten Fassadenpfosten sind an die Dachrandträger für die vertikale Richtung beweglich angeschlossen, um Verformungen der Dachkonstruktion ohne Schaden zuzulassen. Der Anschluß der Wandelemente in diesem Bereich erfolgt über eine durch Edelstahlfedern verspannte neoprenebeschichtete Nylonfolie.

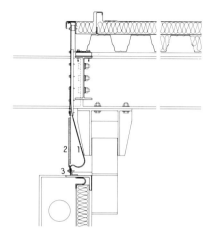

Dachanschluß
1 Neoprenebeschichtete Nylonfolie
2 Edelstahl-Spiralfeder
3 L 152 × 90 mit Deckplatte und verschraubter Nylonschürze

Für die vertikale Verglasung und die trapezförmigen Oberlichter wurde das rahmenlose »Planar«-System von Pilkington benutzt, bei dem 10 mm starke, 4,00 × 1,80 m große Panzerglasplatten mit horizontalen Metallsprossen verschraubt werden. Die horizontalen Fugen sind mit Silicon gedichtet.

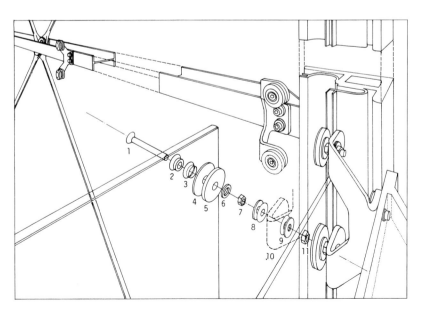

Verglasung
1 M 6 Senkkopf-Schraube mit Innensechskant
2 Nylonhülse
3 10 mm Panzerglas mit Senkbohrung
4 Kunststoffunterlegscheibe
5 ⌀ 50 mm Nickel-Cadmium-Scheibe
6 Stahlunterlegscheibe
7 Zwischenmutter
8 Stahl-Unterlegscheibe
9 Neoprene-Unterlegscheibe
10 Stahlkonsole
11 Schließmutter

Renault-Zentrallager, Swindon/GB
8.0 Installation

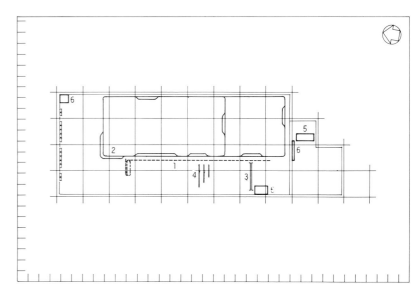

1 Fahrerloses Transport-
  system (Teletrak)
2 Mit zentraler Steuerung
3 Kranbahn für Hochregal-
  lager
4 Mehrgeschossiges Förder-
  bandsystem
5 Küche
6 Sanitärräume

8.1 **Systeme**

Das Gebäude wird über eine gasbetriebene Heizzentrale beheizt, die Heizkörper und Umluftheizgeräte speist.

Für die Beleuchtung des Lagers werden Hochdrucklampen verwendet, die Werkstätten besitzen Leuchtstoffröhren. Spezielle Wolframlampen spenden Licht im Verkaufsraum und in den Büros.

Die Verteilung der Waren in die verschiedenen Lagerzonen erfolgt über zum Teil fahrerlose zentralgesteuerte Transportsysteme.

8.2 Leitungsführung und Tragwerk

Installationsleitungen für Strom, Heizung und Lüftung sind im Innenraum im Bereich der Dachkonstruktion sichtbar verlegt. Leitungen und Heizgeräte sind vom Dachtragwerk abgehängt.

Für die Ausstellungshalle und die Kantine wurden spezielle zylinderförmige Heiz- und Lüftungsgeräte entwickelt. Über Konsolen sind sie an den gelochten Fassadenpfosten aufgehängt.

Die Dachentwässerung erfolgt über Regeneinläufe, deren Anschlußrohre unterhalb der Decke durch ein Bogenstück in die Tragstützen eingeleitet werden.

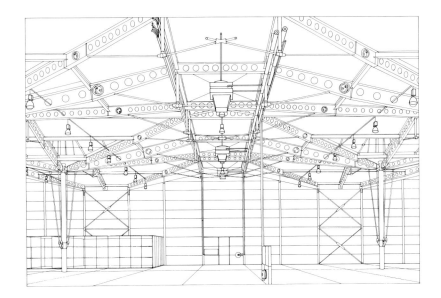

Renault-Zentrallager, Swindon/GB
9.0 Auswertung

9.1 Entwurfsbestimmende Zielvorstellungen

- Standardmodul für verschiedene Nutzungen,
- alle Nutzungen unter einem Dach,
- Erweiterbarkeit in beide Richtungen,
- Dachfenster zur natürlichen Belichtung und zu visuellem Kontakt von innen nach außen,
- offene, freundliche Atmosphäre,
- filigranes Tragwerk (Schirm),
- Ausstellungshalle als öffentliche Galerie,
- Einhaltung der engen Grenzen von Zeitplan und Budget,
- klare Trennung von Waren und Personen.

9.2 Zusammenwirken von Nutzung, Konstruktion und Form

Ort

Die Grundstücksform beeinflußt die Gebäudekontur. Durch die Abtreppung der einzelnen Module in Richtung Süden vergrößert sich die Abwicklung der verglasten Außenwand im Bereich Ausstellung, Verwaltung, Kantine.
　Der Hauptzugang wird betont durch die offene Tragstruktur, die als großzügiges Vordach dient. Die Verknüpfung von Innenraum und Außenraum vollzieht sich über mehrere Stufen von Süden nach Norden:
- freie Landschaft,
- offene Struktur (Vordach),
- verglaster Bereich (Ausstellung, Verwaltung, Kantine),
- geschlossener Bereich, Belichtung von oben (Lager).

Programm

Für alle Nutzungen wird das gleiche Konstruktionsmodul verwendet. Die mehrgeschossigen Lagerbereiche sind als Stahlregale, die Büroebenen als Stahlbetontisch unabhängig vom Dachtragwerk in den Großraum hineingestellt.

Erschließung

Die gewählte offene Tragstruktur ermöglicht unterschiedliche Erschließungssysteme. Soweit möglich, sind die Räume ohne Flure miteinander verbunden.
　Zwischen Lager und Verwaltung dient ein Serviceflur mit zwei innenliegenden Treppen als internes Erschließungssystem.
　Die einladende Wirkung der diagonal angeordneten Treppe in der Empfangshalle wird durch die geschlossenen Türen und Trennwände auf der Galerie wieder gemindert.

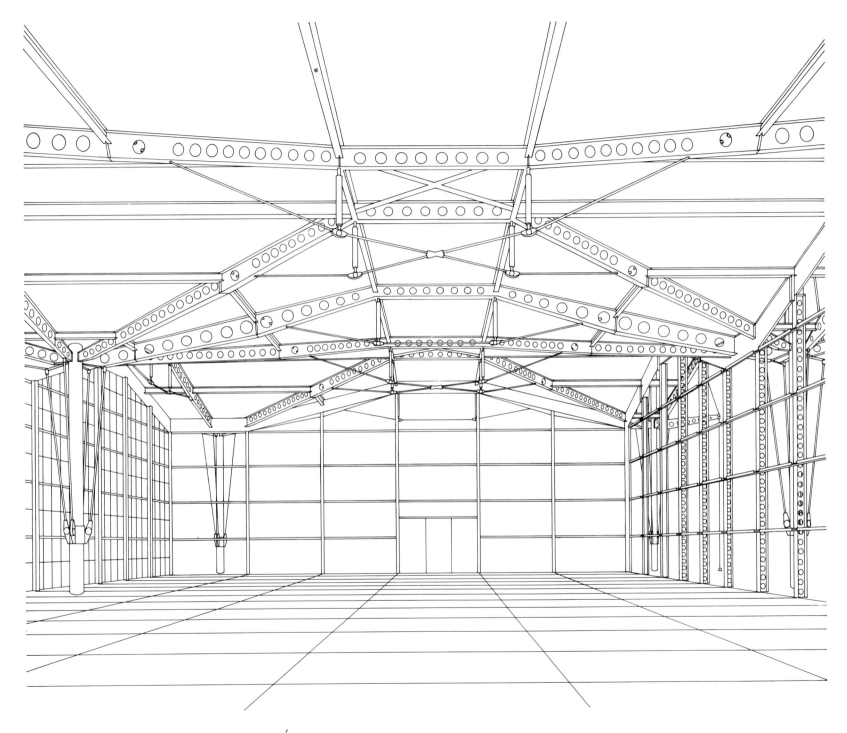

Tragwerk

Bedeutung des Tragwerks
Das von außen und innen sichtbare Tragwerk gewährleistet durch große Spannweiten größtmögliche Variabilität und Flexibilität der Nutzung. Das Erscheinungsbild des Lagergebäudes ist geprägt durch die funktionale Gestalt des Tragwerks. Es entspricht dem technischen Produkt Automobil und wurde zum Symbol der Firma Renault in Großbritannien.

Beanspruchung und Tragwerksform
Ungerichtetes, zweiachsig lastabtragendes Tragsystem. Durch Ab- und Unterspannung entsteht ein aufgelöstes, rahmenartiges System, das im wesentlichen nur Zug- und Druckkräfte aufweist. Dadurch war eine Minimierung der Abmessungen möglich. Die Querschnittsformen sind auf die jeweilige Beanspruchung abgestimmt.

Ablesbarkeit des Tragverhaltens, Ablesbarkeit der Systeme, Subsysteme und Elemente
Offenes, additiv aufgebautes System mit streng geometrischer Ordnung. Funktionale Gliederung der Subsysteme und Elemente. Dadurch größtmögliche Ablesbarkeit des jeweiligen Tragverhaltens.

Materialgerechte Verwendung der Baustoffe
Sämtliche Tragwerksteile aus Stahl. Materialtypische, dem Kraftfluß entsprechende Wahl der Querschnitte: Zugstäbe, Rundrohrstützen, dem Momentenverlauf angepaßte Profilträger. Fügungspunkte in Gußstahl, dadurch war eine optimale Abstimmung von Funktion und Beanspruchung möglich.

Bedeutung der Fügung
Additives, dem offenen System entsprechendes Fügungsprinzip: montagegerechte, lösbare Bolzenverbindungen mit Gußteilen. Funktion und Kraftfluß bestimmen die konstruktive Durchbildung der Details.

Raumabschluß

Die Hülle folgt dem Tragwerk. Tragwerksteile durchdringen den Raumabschluß und verbinden Innen und Außen zu einer Einheit. Die dafür notwendigen Oberlichter spenden im Lagerbereich Licht.

Durch die Vorspannseile der Stützen und die Abspannungen der Träger ergeben sich im Bereich einer Stütze bis zu zwölf Dachdurchdringungen, was zu aufwendigen Dichtungsarbeiten führte.

Für den vertikalen Raumabschluß wurden neue Wege beschritten:
— rahmenlose, großformatige Verglasung (gleiches System für Dach und Wand).
— Die geschlossene Aluminiumpaneele sind ohne Unterkonstruktion mit den Fassadenstützen verschraubt.
— Der Übergang zwischen Dach und Wand wird durch eine mit Edelstahlzugfedern verspannte Nylonschürze gebildet.

Installation

Aggregate für Heizung und Lüftung sind in Zusammenarbeit mit den Herstellern speziell für dieses Projekt entwickelt worden. Die gewählte Dachkonstruktion nimmt keinen besonderen Bezug zur Leitungsführung:
- Die Installationen sind offen im additiven Prinzip verlegt.
- Installationsleitungen durchdringen Tragwerksteile in mehreren Ebenen.

Form

Tragwerk, Raum und Form bilden eine gelungene Einheit. Durch die geknickte Form der Hauptträger ergeben sich:
- günstige Geometrien der Ab- und Unterspannungen und damit geringere Dimensionen der Tragwerksteile.
- Für das Dach entstehen Hochpunkte für die Anordnung von Rauchabzügen und Raum für Lüftungsaggregate.
- Nach Norden entstehen geneigte Dachflächen für Oberlichter.
- Regenwasser kann zu den Tiefpunkten an den Stützen fließen und wird dort abgeleitet.

Die architektonische Qualität unterstützt wesentlich das angestrebte Firmenimage des Bauherrn. Dies wird erreicht durch:
- Verwendung von neuen Methoden und Materialien aus allen Sparten der Technik: Bootsbau, Motorenbau, Raumfahrttechnik,
- präzise und durchdachte Details,
- durchgängiges Design – bis zum Büromöbel,
- Farbgebung.

Durch das von außen und innen wahrnehmbare filigrane Tragwerk werden folgende Gestaltmerkmale erzielt:
- Dimensionen des Gebäudes wirken kleiner,
- vielfältige Raumerlebnisse,
- Licht- und Schattenspiele, besonders wichtig an langen, geschlossenen Fassaden,
- freundliche, einladende Atmosphäre,
- Ablesbarkeit,
- Assoziation zu Schiffsbauten.

Zusammenfassung

Grundlagen zu schaffen, die den Zusammenhang und die Wechselwirkung von Architektur und Tragwerk und die vielfältigen Verflechtungen mit fachübergreifenden Disziplinen aufzeigen, ist das Ziel dieses Buches.

Für die Forschungsarbeit war ein inhaltlicher Schwerpunkt gesetzt: Es wurden nur Gebäude betrachtet, die aus dem Material Stahl konzipiert sind und ihre Charakteristik und den speziellen Wert aus dem individuellen konstruktiven Einfluß auf die Gestalt und der technologischen Durchgängigkeit ihrer Teile beziehen. Dadurch konnte das umfassende Thema eingegrenzt und vertieft behandelt werden. Priorität in der Untersuchung hatten die technischen, ingenieurmäßigen Gesetzmäßigkeiten der Tragwerke und ihre Erscheinungsformen in der Architektur. Mit der Anwendung der Grundlagen können Bauwerke nach einem strengen, logisch aufgebauten Kriterienkatalog analysiert und ausgewertet werden. Dadurch sind fundierte und sachlich abgesicherte Beurteilungen in konstruktiver und gestalterischer Hinsicht möglich. Durch die methodische Aufbereitung werden die Komplexität im Bauen sichtbar und die Chancen und der Reiz der konstruktiven und formalen Möglichkeiten durch intelligente Konstruktionen verdeutlicht. Strukturelle Abhängigkeiten aufzuspüren und deren Wirkung untereinander in allen konstruktiven Bereichen zu erkennen, ist nur durch methodisches Abfragen möglich. So können auch komplizierteste Tragsysteme mit ihren meist komplexen technischen Subsystemen wie Installation und Raumabschluß analysiert und in die notwendige Relation zur Nutzung und Gestalt gesetzt werden. Die Beispiele zeigen unterschiedliche Lösungsmöglichkeiten für die Einfügung der Gebäude in die Stadt oder die Landschaft. Die städtebauliche Situation als ein wichtiger Bezugspunkt für die Gestalt eines Bauwerks nimmt Einfluß auf das Tragwerk und somit auf die Gebäudeform. Die Landschaft und der Maßstab der baulichen Umgebung schlagen auf die modulare Ordnung und die Größenverhältnisse des Tragwerks durch und verlangen differenzierte, der Architektur angemessene Formen und Dimensionen.

Sowohl die Nutzungsbereiche als auch die Erschließung prägen die Grundstruktur eines Tragwerks auf unterschiedliche Weise. Bei der Inmos-Halbleiterfabrik ist deutlich erkennbar, wie das Erschließungssystem und das Tragwerk im Zusammenhang die Gebäudestruktur prägen. Dagegen sind diese Aspekte bei der Nationalgalerie oder der USM-Fabrikationshalle von untergeordneter Bedeutung. Flexibilität und Erweiterbarkeit waren für das Entwurfskonzept des Renault-Zentrallagers und bei der USM-Fabrikationshalle von großer Bedeutung. Die neutralen, ungerichteten Strukturen mit großen Spannweiten sind in zwei Richtungen erweiterbar. Die unterschiedlichsten Nutzungen können unter einem Dach beherbergt werden.

Die Analysen haben jedoch auch gezeigt, daß gleichartige Randbedingungen und fast gleiche Problemstellungen durch die in der Theorie erarbeiteten, dezidierten Architekturauffassungen zu anderen Zielvorstellungen der entwerfenden Architekten und damit zu unterschiedlichen Erscheinungsbildern führen.

Bei Inmos werden die zwei verschiedenen Nutzungsbereiche durch ein expressives Tragwerk überspannt; dadurch wird der architektonische Ausdruck unverwechselbar geprägt. Deutlich ist das spannungslose Verhältnis der schachbrettartig konzipierten Fassade zum Tragwerk und zum Ganzen. Im Gegensatz dazu stehen das zurückhaltende Tragwerk der USM-Fabrikationshalle und der vorzügliche Maßstab des Raumabschlusses. In der Auswertung der Analysen ist zu erkennen, daß die unterschiedlichen Wertvorstellungen über die Bedeutung eines Tragwerks für das Entwurfsergebnis eine wesentliche Rolle spielen. Der formale Wert eines Bauwerks wird durch eine nachvollziehbare Konstruktion mit funktionaler Gestalt und einer sinnvollen Durchgängigkeit gestützt. Intelligente, logisch aufgebaute Konstruktionen lassen eine Minimierung der Dimensionen durch maximale Ausnutzung des Materials zu, zeichnen sich durch Leichtigkeit und Transparenz aus und erschweren die willkürliche Gestaltung der Tragwerksform.

Neue Kombinationen von Tragprinzipien und die Einführung weiterer Teilsysteme ermöglichen hybride Tragwerke, die ein »neues Ganzes« werden und zu bisher unbekannten Erscheinungsformen in der Architektur führen.

Die optimale Verbindung von Tragwerk und Raumabschluß kann nur gefunden werden, wenn beide Systeme parallel entwickelt werden und deren Fügung methodisch und in ihrer Abhängigkeit ganzheitlich betrachtet wird. Raumabschluß und Tragwerk können zu einem System verschmelzen wie beim IBM-Ausstellungspavillon oder in anderer Weise bei der Eislaufhalle. Werden die Systeme getrennt, bedürfen die Abstimmung und das Detail der Berührungspunkte der tragenden Teile besonderer Sorgfalt. Deutlich ablesbar ist dieses Problem am Fassadenanschluß des Zentrallagers von Renault. Weiterhin kann durch die richtige Anordnung der Fassaden in Abstimmung zum Tragwerk die Ablesbarkeit des Tragverhaltens am Gebäude verdeutlicht werden. Bei entsprechenden Aufglasungen können Tragwerk und Architektur von innen und außen gleichermaßen zum Erlebnis werden.

Die gestiegenen Anforderungen an das Raumklima führen zu hochinstallierten Gebäuden, die durchlässige Tragwerke erfordern, was diese Installationen auch zulassen. Während die Stützen der Nationalgalerie reine Tragfunktionen übernehmen, welche durch die konische Formgebung der Stütze und das exzellente Detail der Kopfplatte verdeutlicht werden, waren für die Ausbildung der Stützen der USM-Fabrikationshalle nicht statische Gesichtspunkte, sondern fertigungstechnische Anforderungen sowie die Integration der verschiedenen Installationssysteme ausschlaggebend.

In der Untersuchung wird deutlich, daß minimierte, auf die funktionale Gestalt reduzierte Tragwerke nur durch den Einsatz modernster Computertechnik möglich sind.

Analogien zum Maschinenbau und zur Fahrzeugtechnik sind in vielen Bereichen spürbar. Ebenso ist die Auseinandersetzung mit neuen Technologien und Baustoffen eine Voraussetzung für die Erneuerung von Tragwerk und Architektur. Die Nachbarbereiche der ingenieurtechnischen Disziplinen müssen beobachtet werden, wieweit Mittel und Methoden aus den artverwandten Bereichen auf das Bauen übertragen werden können. Das Bauen braucht in Zukunft noch mehr offene Systeme, die sich verändern und erweitern lassen. Wichtig für optimale Konstruktionen ist das angemessene Verhältnis von Aufwand und Wirkung. Einige untersuchte Tragwerke stehen im Grenzbereich von konstruktiver Durchbildung, formalem Ausdruck und Wirtschaftlichkeit. Nur die Durchgängigkeit der Bereiche Tragwerk, Installation und Raumabschluß verhindert in der Architektur ein manieriertes Erscheinungsbild. Die Grenzen zwischen Entwerfen und Konstruieren und überzogenem Tragwerksdesign sind fließend, sie entziehen sich einer genauen Definition. Rezepte können ein methodisches Vorgehen nicht ersetzen und sollen auch nicht gegeben werden.

Die Arbeit erfordert eine Fortführung, andere Bauweisen und Baumaterialien bedürfen der gleichen vertiefenden Behandlung. Die durch intelligente Stahlbetonkonstruktionen geprägten Gebäude von Felix Candela, Pier Luigi Nervi oder Oscar Niemeyer auszuloten, wäre so wichtig und notwendig wie die Erforschung der Bedeutung der Ziegelkonstruktionen von Louis Kahn. Diesen Anstoß soll das vorliegende Buch auch geben.

Nachwort

Die Deutsche Forschungsgemeinschaft DFG und die Universität Stuttgart haben diese Arbeit gefördert und ermöglicht. Die wissenschaftlichen Mitarbeiter Gustl Lachenmann, Eduard Schmutz und Karl Spies haben durch ihren Einsatz wertvolle Hilfe und wichtige Beiträge geleistet. Fritz-Ulrich Buchmann, Robert Dersch und Georg Vogel arbeiteten einige Zeit mit, Rotraud Harling und Brigitta Stöckl erledigten die reprotechnischen Arbeiten. An der Anfertigung der Zeichnungen haben die Studenten Thomas Arns, Stefan Bubeck, Ingrid Burgdorf, Thomas Fritzsche, Maria Kiefer, Dieter Müller, Ute Pfaff, Andrea Schaller, Axel Trapp und Dagmar Wunderlich mitgewirkt. Die Deutsche Verlags-Anstalt ermutigte zur Herausgabe dieses Buches. Nora von Mühlendahl hat das Lektorat, Otl Aicher die Gestaltung und Eduard Schmutz die Redaktion des Buches übernommen. Architekten und Ingenieure haben mir ihre Arbeiten und fachlichen Aussagen überlassen.
Allen sage ich herzlichen Dank.

Kurt Ackermann

Anhang

Quellenverzeichnis

Einführung

1
Franz Füeg:
Wohltaten der Zeit,
Niederteufen
1982, S. 166 und S. 275

Sporthalle, Lorch

1
Günter Behnisch:
Gedanken zu einer Sporthalle,
Deutsche Bauzeitung,
Sonderdruck 2/1976, S. 32

2
Stellungnahme von
Julius Natterer
vom 13. 2. 1986

3
Stahlbaupreis '76
für Turnhalle und Kesselhaus,
Deutsche Bauzeitung, Nr. 10/1976,
S. 16 ff.

Inmos Halbleiterfabrik, Newport

1
Andreas C. Papadakis:
R. Rogers + Partners,
Inmos Microelectronics
Factory,
Newport, South Wales,
Architectural Design,
British Architecture,
London
1982, S. 139 ff.

2
Stellungnahme von
David J. Hemmings,
Anthony Hunt Associates,
vom 4. 11. 1985

3
Helmut C. Schulitz:
Inmos Halbleiterfabrik,
Constructa-Preis '86,
Industriearchitektur
in Europa,
Braunschweig
1986, S. 44 ff.

OSLW-Kohlelager, Fürstenfeldbruck

1
Stellungnahme von Kurt Ackermann
vom 10. 6. 1985

2
Stellungnahme von Werner Abelein
vom 9. 8. 1985

IBM-Ausstellungspavillon Exhibit, Stuttgart

1
Renzo Piano:
Roiter-Exhibit,
Verona 1985

Eissporthalle, Olympiapark, München

1
Stellungnahme von Kurt Ackermann
vom 10. 6. 1985

2
Stellungnahme von Jörg Schlaich
vom 2. 2. 1987

3
Christoph Hackelsberger:
Schönheit des Technischen,
Süddeutsche Zeitung, Nr. 56,
9. März 1983, S. 11

4
Manfred Sack:
Das dritte Dach,
Die Zeit, Nr. 42,
7. Okt. 1983, S. 59

5
Eislaufhalle Olympiapark
München, Jury Deutscher Architektur-
preis 1983, Jury BDA Preis Bayern
1983,
Stahl und Form,
Düsseldorf/Schwandorf
1983, S. 32

Nationalgalerie, Berlin

1
Ludwig Mies van der Rohe:
Projekt für die Galerie des
XX. Jahrhunderts in Berlin,
Bauwelt, Nr. 24/1963,
S. 690 ff.

2
Franz Schulze:
Mies van der Rohe,
Leben und Werk,
Berlin
1986, S. 316 ff.

3
Werner Blaser:
Mies van der Rohe,
Lehre und Schule,
Basel/Stuttgart
1979, S. 30 ff.

4
Werner Blaser:
Mies van der Rohe,
Die Kunst der Struktur,
Zürich/Stuttgart
1965, S. 10 ff.

5
Ludwig Mies van der Rohe:
19 pages of an unpublished lecture
manuscript,
Domus, Nr. 674/1986,
S. 17 ff.

6
Stellungnahme von Gerhard Richter
vom 7. 7. 1986

7
Hansjürgen Sontag:
Stahl und Form,
Düsseldorf
1974, S. 3 ff.

8
Jürgen Joedicke:
Marginalien zu einem säkulären
Ereignis,
Bauen + Wohnen,
Nov. 1968, S. 410 ff.

9
Wolfram A. Wienold:
Neue Nationalgalerie in Berlin,
Stahl und Form,
Düsseldorf
1974, S. 1 ff.

10
Ulrich Conrads:
Neue Nationalgalerie Berlin,
Der andere Mies,
Bauwelt Nr. 38,
Sept. 1968, S. 1209 ff.

11
Miron Mislin:
Architekturtheorie und Architekturidee
bei Mies van der Rohe,
Baukultur,
März 1986, S. 30 ff.

12
Werner Blaser:
Mies van der Rohe,
Die Kunst der Struktur,
Zürich/Stuttgart
1965, S. 10

13
Julius Posener:
Absolute Architektur,
Aufsätze und Vorträge 1931–1980,
Braunschweig/Wiesbaden
1981, S. 244 ff.

**USM-Fabrikationshalle,
Münsingen**

1
Fritz Haller:
Allgemeine Lösungen in der
Bautechnik,
Beispiel 4,
Fabrikationshalle in Münsingen,
Bauen + Wohnen,
Nr. 11/1962, S. 456 ff.

2
Stellungnahme von
Ing.-Büro Emch + Berger,
H. Humprecht, W. Meinsch,
vom 16. 11. 1987

**Renault-Zentrallager,
Swindon**

1
Stellungnahme von Norman Foster
vom 24. 2. 1986

2
Stellungnahme von Martin Manning,
Ove Arup + Partners,
vom 7. 10. 1985

3
Helmut C. Schulitz:
Renault-Zentrallager,
Constructa-Preis '86,
Industriearchitektur in Europa,
Braunschweig 1986

Literaturverzeichnis

Ackermann, Kurt:
Architektur und Tragwerk,
Der Architekt Nr. 11/1987

Ackermann, Kurt:
Eislaufhalle im
Olympiapark München,
Detail, Febr. 1985

Ackermann, Kurt:
Grundlagen für das
Entwerfen und Konstruieren,
Stuttgart 1983

Ackermann, Kurt, und Partner:
Heizzentrale, Planungsbericht –
Offiziersschule der
Luftwaffe Fürstenfeldbruck,
München 1975

Ackermann, Kurt, und Partner:
Heizzentrale der OSLW des
Flughafens Fürstenfeldbruck,
Bauten, Projekte
Stuttgart 1978

Ackermann, Kurt:
Industriebau,
Stuttgart 1984

Ackermann, Kurt:
Konstruktive Intelligenz,
Der Architekt Nr. 12/1986

Ackermann, Kurt:
Offiziersschule der
Luftwaffe in
Fürstenfeldbruck,
Baumeister, Mai 1978

Ackermann/Grimme/Abelein
OSLW Fürstenfeldbruck,
Deutsche Bauzeitung,
Mai 1978

Ackermann, Kurt:
Überdachung der Freieis-
fläche im Olympiapark München,
Deutsche Bauzeitung, Jan. 1983

Architektur unterwegs,
Deutsches Architektenblatt, Dez. 1983

ar detail 4,
Architectural Review, Juli 1983

Arnheim, Rudolf:
Anschauliches Denken,
Köln 1977

Banham, Reyner:
Art and Necessity,
Architectural Review, Dez. 1982

Behnisch + Partner:
Arbeiten aus den Jahren 1952–1987,
Stuttgart 1987

Behnisch + Partner:
Bauten + Entwürfe 1952–1974,
Stuttgart 1983

Behnisch, Günter:
Einige Bemerkungen von Günter
Behnisch,
Architektur Wettbewerbe, Nov. 1960

Behnisch, Günter:
Gedanken zu einer Sporthalle,
Deutsche Bauzeitung, Febr. 1976

Behnisch, Günter:
Konstruktion und Material,
Deutsche Bauzeitung, Nov. 1984

Behnisch, Günter:
Nicht nur Büros;
Verwaltungsgebäude des Diakonischen
Werkes, Stuttgart,
Deutsche Bauzeitung, Mai 1984

Behnisch, Günter:
Offenheit und Vielfalt,
Deutsche Bauzeitung, März 1982

Behnisch, Günter:
Vom Werden architektonischer
Gestalten,
Bauen + Wohnen, Nov. 1977

Betzner, Gottlieb W.:
Fünf leuchtende Vorbilder für einfalls-
lose Bauherren von Architekten,
Die Welt, 13. Juni 1983

Blaser, Werner:
Galerie des 20. Jahrhunderts
Berlin 1962–1968,
Mies van der Rohe – Die Kunst der
Struktur,
Zürich/Stuttgart 1965

Blaser, Werner:
Neue Nationalgalerie, Berlin
1962–1968
Mies van der Rohe – Lehre und Schule,
Basel 1977

Buchenau, H.; Thiele, A.:
Stahlhochbau, Bd. 1 + 2,
Stuttgart 1981

Bürohaus Schärer's Söhne,
Münsingen, Bauen + Wohnen,
Aug. 1965

Burckhardt, Lucius:
USM-Möbel/Schweizer Architektur des
letzten Jahrzehnts,
Werk/Bauen + Wohnen, Jan./Febr.
1980

Carter, Peter:
Mies van der Rohe,
Bauen + Wohnen, Juli 1961

Centre de Distribution
Renault, Westlea Down, GB,
Techniques + Architecture,
Nr. 350, Nov. 1983

Chaslin, François; Hervet,
Frédérique; Lavalou, Armelle:
Norman Foster,
Stuttgart 1987

Circi, Christian:
Der neue alte Barcelona-Pavillon,
Werk/Bauen + Wohnen, Juli/Aug. 1986

Conle, Werner:
Das System USM-Haller,
Mehrachsig lastabtragende
Dachkonstruktionen aus Stahl,
Diplomarbeit am Institut für Entwerfen
und Konstruieren,
Universität Stuttgart, Stuttgart 1982

Cook, Peter:
Die englische Architekturszene,
Jahrbuch für Architektur,
Braunschweig/Wiesbaden 1983

Conrads, Ulrich:
Neue Nationalgalerie Berlin,
Der andere Mies,
Bauwelt 38, Sept. 1968

Davey, Peter:
Renault Centre, Swindon,
Wilts., Criticism,
Architectural Review, Juli 1983

Dechau, Wilfried:
»Good Design Pays«,
Deutsche Bauzeitung,
Okt. 1985

Deslaugiers, F.:
Centre Renault à Swindon,
L'Architecture d'aujourd'hui,
Sept. 1983

Dini, Massimo:
Ein gläserner Tunnel,
EXHIBIT, Katalog zur Ausstellung,
Stuttgart 1985

Dini, Massimo:
Mostra itinerante IBM,
Renzo Piano,
Mailand 1983

Eislaufhalle Olympiapark München,
Beratungsstelle für Stahlverwendung
(Hrsg.),
Stahl und Form,
München 1983

Eislaufhalle Olympiapark München,
Werk/Bauen + Wohnen, Juni 1986

Ellwood, Craig:
Tragkonstruktionen in Aluminium,
Bauen + Wohnen, Nov. 1962

Emery, Marc:
Centre de Distribution
Renault, Westlea Down, Swindon,
Usine »Inmos Ltd.« Newport,
Gwent, South Wales, GB,
L'Architecture d'aujourd'hui,
Juni 1982

Engel, Heinrich:
Tragsysteme,
Stuttgart 1967

Ersatzteillager in Swindon,
Baumeister, Jan. 1984

»Exhibit« gegen Computerängste,
Stuttgarter Zeitung,
31. Mai 1985

Mit »Exhibit« ins Land der Elektronik,
Stuttgarter Zeitung,
31. Aug. 1985

Fabrikationshalle in Münsingen,
Bauen + Wohnen, Nov. 1962

Fabrikhalle und Bürogebäude
in Münsingen (7)
Beratungsstelle für Stahlverwendung
(Hrsg.),
Merkblatt Stahl 489,
Weitgespannte Stahlkonstruktionen für
Hallen und Dächer,
Düsseldorf 1981

Factory, Newport, Gwent,
South Wales,
Architects's Account,
Architectural Review, Dezember 1982

Fils, Alexander:
Piano und Rogers, die Architekten des
Centre,
Das Centre Pompidou,
München 1980

Foster, Norman:
Renault Centre, Swindon,
Architecture and Urbanism,
Okt. 1983

Frampton, Kenneth:
Die Architektur der Moderne,
Stuttgart 1983

Füeg, Franz:
Wie die Architektur von morgen sein
wird?
Bauen + Wohnen, Mai 1964

Füeg, Franz:
Planen und rationelles Bauen,
Bauen + Wohnen, Nov. 1962

Füeg, Franz; Haller, Fritz:
Theorie und Wirklichkeit;
Wieviel Energie braucht ein Haus?
Bauen + Wohnen, Juni 1976

Fujikawa, Joseph:
Mies' Office: 1945–1970,
Architecture and Urbanism, Jan. 1981

Die Galerie am Landwehrkanal,
Bauwelt 34, Aug. 1963

Galerie des XX. Jahrhunderts in Berlin,
Bauwelt 24, Juni 1963

Galerie des 20. Jahrhunderts in Berlin
Bauen + Wohnen, Mai 1964

La Galleria Nazionale di Berlino,
Abitare 239, Nov. 1985

Gehobenes Stahldach,
Bauwelt 15/16, April 1967

Giedion, Sigfried:
Die Entstehung der Architektur,
Köln 1965

Giedion, Sigfried:
Raum, Zeit, Architektur,
Ravensburg 1965

Glancey, Jonathan:
Arcadian Machine,
Architectural Review, Nov. 1984

Glancey, Jonathan:
Architect's Journal, Dez. 1983

Glancey, Jonathan:
Piano Pieces,
Architectural Review, Mai 1985

Glaser, Ludwig; Futagawa, Yuicio:
New National Gallery,
Global Architecture 14/1972

Goldsmith, Beeby, Takeyama:
Talk on Mies van der Rohe,
Architecture and Urbanism, Jan. 1981

Grube, Oswald W.:
Office Furniture Factory/
Büromöbelfabrik in Münsingen/
Schweiz,
Industriebauten International,
Stuttgart 1971

Günschel, Günter:
Große Konstrukteure,
Berlin 1966

Hackelsberger, Christoph:
Schönheit des Technischen,
Süddeutsche Zeitung, 9. März 1983

Haller, Fritz:
Allgemeine Lösungen in der Bautechnik,
Bauen + Wohnen, Nov. 1962

Haller, Fritz:
Von Eigenschaften ausgezeichneter Punkte in regulären geometrischen Systemen,
Bauen + Wohnen, Nov. 1967

Haller, Fritz:
Ein offenes System für mehrgeschossige Bauten mit integrierter Medieninstallation,
Bauen + Wohnen, Nov. 1975

Haller, Fritz:
Fabrikhalle in Münsingen,
Bauen + Wohnen, Okt. 1964

Was bedeutet für Sie das USM-Stahlbausystem »Haller«?
USM-Broschüre, Münsingen

Harrington, Kevin:
Ludwig Mies van der Rohe 1886–1969,
Architecture and Urbanism, Jan. 1981

Heinick, Angelika:
Das Chip ist ein Wüstensohn,
IBM Nachrichten, Aug. 1985

Heizzentrale Fürstenfeldbruck 1977,
Deutsche Bauzeitung, Jan. 1983

Heizzentrale Fürstenfeldbruck,
Beratungsstelle für Stahlverwendung (Hrsg.),
Merkblatt Stahl 129,
Industriebauten – Ausgewählte Beispiele,
Düsseldorf 1983

Hennig-Schefold, M.:
Transparenz und Masse,
Köln 1972

Hilberseimer, Ludwig:
Mies van der Rohe,
Chicago 1956

Holscher, Knud:
Odense – Neutrale Struktur in menschlichem Maßstab,
Der Architekt 3/1979

Hoyet, Jean-Michel:
L'invention technologique au service d'un espace pour demain,
Techniques + Architecture 350, Nov. 1983

Hubeli, Ernst:
Künstliches und Natürliches,
Das IBM-Ausstellungszentrum,
Werk/Bauen + Wohnen, Nov. 1985

Hunt, Tony:
ar detail 1,
Structural Solution Factory Newport,
Architectural Review, Dez. 1982

Hunt, Tony:
Werk für Mikroelektronikeinheiten,
acier/stahl/steel, Jan. 1983

IBM Exhibit Pavilion,
Paris Exhibition,
Architecture and Urbanism, Sept. 1984

Jaeger, Falk:
Bauen in Deutschland,
Stuttgart 1985

Jehle-Schulte Strathaus, Ulrike:
Die Solothurner Schule,
Bauen + Wohnen, Juli/Aug. 1981

Joedicke, Jürgen:
Geschichte der modernen Architektur,
Stuttgart 1958

Joedicke, Jürgen:
Konstruieren und Gestalten,
Baukultur 3/1982

Joedicke, Jürgen:
Marginalien zu einem säkularen Ereignis,
Bauen + Wohnen, Nov. 1968

Joedicke, Jürgen:
SFB 64,
Universität Stuttgart,
Mitteilungen 54/1988

Joedicke, Jürgen:
Über Architektur und Konstruktion,
Werk/Bauen + Wohnen 9/1985

Johnson, Philip G.:
Mies van der Rohe,
Stuttgart 1947

Johnson, Philip G.:
Texte zur Architektur,
Stuttgart 1982

Jones, Peter Blundell:
Hans Scharoun,
Stuttgart 1980

Kleinlogel/Haselbach:
Rahmenformen,
Berlin 1958

Klotz, Heinrich:
Architektur in der Bundesrepublik,
Frankfurt 1977

Koepf, Hans:
Baukunst in fünf Jahrtausenden,
München 1961

Krewinkel, Heinz W.:
Barcelona-Pavillon 1986,
Glasforum, 1986

Kulturforum in Berlin,
verschiedene Diskussionen,
Bauwelt 5/6, 1984

Kulturforum: Tiergarten,
H. Hollein, O. M. Ungers,
Architectural Review, Sept. 1984

Laroque, Didier:
Critiques – Le secret,
L'Architecture d'aujourd'hui,
Juni 1986

Leonhardt, Fritz; Schlaich, Jörg:
Vorgespannte Seilnetzkonstruktionen –
Das Olympiadach,
Der Stahlbau 9, Sept. 1972

Lewenton, G.; Werner, E.:
Einführung in den Stahlhochbau,
Düsseldorf 1978

Leyer, A.:
Maschinenkonstruktionslehre, Hefte 1–7,
Basel/Stuttgart 1963–1977

Lohan, Dirk:
Mies Today,
Architecture and Urbanism, Jan. 1981

Magnago Lampugnani, Vittorio:
Architektur und Städtebau des
20. Jahrhunderts,
Stuttgart 1980

Mies van der Rohe,
Domus 674, Juli/Aug. 1986

Mies van der Rohe sprach zum
Richtfest,
Bauwelt 17, April 1967

Mies van der Rohe:
Zum 75. Geburtstag, Bauten und
Projekte,
Bauwelt 13, März 1961

Mislin, Miron:
Architekturtheorie und Architekturidee
bei Mies van der Rohe,
Baukultur, März 1986

Neue Nationalgalerie Berlin,
Beratungsstelle für Stahlverwendung
(Hrsg.),
Stahl und Form,
Düsseldorf 1974

New National Gallery
Berlin, Germany,
Architecture and Urbanism, Jan. 1981

Norberg-Schulz, Christian:
Logik der Baukunst,
Berlin 1965

Norberg-Schulz, Christian:
Vom Sinn des Bauens,
Stuttgart 1979

Oeter, H.; Sontag, Hansjürgen:
Das Stahldach der Neuen National-
galerie in Berlin,
Der Stahlbau, Sonderdruck, April 1986

Oeter, H.; Sontag, Hansjürgen:
Das Stahldach der Neuen National-
galerie in Berlin,
Bauwelt 38, Sept. 1968

Otto, Ewald:
Lösungssammlung für das
methodische Konstruieren,
Düsseldorf 1975

Oxfort, Josef:
Manuskript Stahlbau,
Grundfach, Selbstverlag

Pahl, G.; Beitz, W.:
Konstruktionslehre,
Berlin/Heidelberg 1977

Papadakis, Andreas C. (Hrsg.):
Richard Rogers + Partners,
Inmos Microelectronics Factory,
Architectural Design,
London 1982

Pawley, Martin:
Renault Inspection,
Architect's Journal, Juni 1983

Pehnt, Wolfgang:
Nein, er war kein Postmoderner,
Die Zeit, 28. März 1986

Pelissier, Alain:
Norman Foster – un perfectionniste
distingué,
Techniques + Architecture 350,
Nov. 1983

Pelissier, Alain:
Richard Rogers,
un découvreur passioné,
Techniques + Architecture 350,
Nov. 1983

Peters, Paulhans:
Industriebau – drei Konzeptionen,
Baumeister, Jan. 1984

Piano, Renzo:
L'EXPO – IBM travelling exhibition,
GA-document 11, Sept. 1984

Pontoizeau, Yvette:
Pavillon d'Exposition
I.B.M., Paris 1984
(Interview mit R. Piano),
L'Architecture d'aujourd'hui,
Okt. 1984

Posener, Julius:
Absolute Architektur,
Aufsätze und Vorträge 1931–1980,
Braunschweig/Wiesbaden 1981

Quitsch, Heinz:
Gottfried Semper,
Praktische Ästhetik und politischer
Kampf,
Braunschweig 1981

Renault Centre Swindon, Wilts.,
Architectural Review, Juli 1983

Renault Centre, Swindon,
Broschüre der Firma Renault,
Swindon 1983

Renault Centre Swindon, Wilts., GB,
Detail, Juli/Aug. 1984

Roik, Karlheinz:
Vorlesungen über Stahlbau,
Berlin 1978

Roik, K.; Sedlacek, G.:
Statische Untersuchungen für die
Dachkonstruktion der Neuen National-
galerie in Berlin,
Der Stahlbau, April 1968

Roiter, Fulvio:
EXHIBIT, Broschüre zur Ausstellung,
Padua/Verona 1985

Ruff, A.:
Neue Nationalgalerie
(Bsp. 3/Beanspruchung – Material –
Gestalt – Sinnbezug),
Seminar: Tragwerk und Architektur 2,
Institut für Innenraumgestaltung und
Entwerfen,
Universität Stuttgart,
Stuttgart 1980

Rumpf, Peter:
Operation am offenen Herzen,
Bauwelt 46/47, Dez. 1983

Sack, Manfred:
Das dritte Dach,
Die Zeit, 7. Okt. 1983

Schanz, Gunther:
High Tech auf dem Schloßplatz,
Stuttgarter Zeitung, 31. Aug. 1985

Schlaich, J.; Seidel, J.:
Die Eislaufhalle im Olympiapark in
München,
Bauingenieur, Aug. 1985

Schneider, Klausjürgen:
Bautabellen – Normen,
Düsseldorf 1979

Schulitz, Helmut, C.:
Constructa-Preis '86,
Industriearchitektur in Europa,
Braunschweig 1986

Schulze, Franz:
Mies van der Rohe – Leben und Werk,
Berlin 1986

Schumacher, Fritz:
Der Geist der Baukunst,
Stuttgart 1983

Seidlein, Peter C. von,
Institut für Baukonstruktion,
Universität Stuttgart:
Renault Centre, Swindon,
Bauten von Foster Associates,
Seminar 1983,
Universität Stuttgart,
Stuttgart 1984

Siegel, Curt:
Strukturformen,
München 1969

Skarba, Walter Maria:
Eine Eisbahn für alle 4 Jahreszeiten,
Süddeutsche Zeitung, 23. Febr. 1983

Sporthalle auf dem Schäfersfeld in Lorch,
Beratungsstelle für Stahlverwendung (Hrsg.),
Stahl und Form – Acht Sporthallen, 1984

Stahlbaukonstruktionen – Ausstellungsbauten/Museumsbau
Detail, Sonderdruck,
Konstruktionstafel AM 1,
München, Mai 1968

Stahlbaukonstruktionen – Sportbauten/Sporthalle
Detail, Sonderdruck,
Konstruktionstafel SS7,
Jan. 1977

Stahlbaunachrichten,
April 1983

Stahlbaupreis '76
für Turnhalle und Kesselhaus,
Deutsche Bauzeitung, Okt. 1976

Stahl im Hochbau,
Verein deutscher Eisenhüttenleute,
Düsseldorf 1984

Straub, Hans:
Die Geschichte der Bauingenieurkunst,
Basel 1964

Summers, Gene R.:
A Letter to Son,
Architecture and Urbanism, Jan. 1981

Tigerman, Stanley:
Ludwig Mies van der Rohe,
Baumeister, März 1986

Torroja, Eduardo:
Logik der Form,
München 1961

Überdachung der Eisbahn im Olympiapark München,
Baumeister, Juli 1982

Überdachung der Eisbahn im Münchner Olympiapark,
Stahlbaunachrichten, Mai 1982

Überdachung der Freieisfläche im Olympiapark München,
arcus, Febr. 1983

Überdachung der Freieisfläche,
Werk/Bauen + Wohnen, Nov. 1982

Usine Inmos à Newport, Gwent
South Wales, GB,
Techniques + Architecture 350, Nov. 1983

Vogel, Georg:
Neue Nationalgalerie
(Bsp. 5/Der Einfluß des Details),
Seminar: Tragwerk und Architektur 3,
Institut für Innenraumgestaltung und Entwerfen,
Universität Stuttgart,
Stuttgart 1980

Vogel, Georg:
Neue Nationalgalerie Berlin,
Material – Konstruktion – Gestalt,
Diplomarbeit am Institut für Innenraumgestaltung und Entwerfen,
Universität Stuttgart,
Stuttgart 1981

Wagner, Michael:
Offenes Verfahren – begrenzter Bereich,
Bauwelt 5–6/1984

Was tun mit Mies?
Baumeister, Juni 1982

Weisse, Rolf D.:
Entwicklung einer Idee –
Das Mies-Museum in Berlin,
Bauwelt 17, April 1967

Werk für Mikroelektronik in Newport,
Gwent/GB,
Detail, Mai 1983

Wild, Friedemann:
Konstruktionen,
Stahlskelett aus Stabgelenkzügen,
Baumeister, März 1976

Zeit im Aufriß,
Architektur in Bayern nach 1945
(Katalog zur Ausstellung),
München 1983

Zelte, Planen, Markisen,
Bochum, April 1983

Abbildungsnachweis

Seite
- 13 Heinz Schomann: Der Frankfurter Hauptbahnhof, Stuttgart 1983
- 14 Robin Middleton, David Watkin: Klassizismus und Historismus, Bd. 2, Stuttgart 1987
  Erich Schild: Zwischen Glaspalast und Palais des Illusions, Wiesbaden 1983
  Bruno Taut: Die neue Baukunst in Europa und Amerika, Stuttgart 1929
- 15 Paul Goldberger: Wolkenkratzer, Stuttgart 1984
  Techniques et Architecture, Nov. 1983
- 45 Christian Kandzia
- 48 Rotraud Harling
  Christian Kandzia
- 49 Rotraud Harling
  Christian Kandzia
- 50 Rotraud Harling
- 58 Rotraud Harling
  Institut für Entwerfen und Konstruieren, Universität Stuttgart
- 65 Christian Kandzia
- 67 Rotraud Harling
- 78 Richard Rogers
  Architectural Design, 1982: British Architecture
- 79 Architectural Review, Dez. 1982
  Techniques et Architecture, Nov. 1983
  Rotraud Harling
- 80 Architectural Review, Dez. 1982
  Techniques et Architecture, Nov. 1983
- 88 Kurt Ackermann
  Architectural Design, 1982: British Architecture
- 92 Institut für Entwerfen und Konstruieren, Universität Stuttgart
- 93 Detail, Mai 1983
- 94 Architectural Review, Dez. 1982
  Kurt Ackermann
- 103 Sigrid Neubert
- 105 Sigrid Neubert
- 113 Sigrid Neubert
- 126 Rotraud Harling
- 127 Rotraud Harling
- 128 Rotraud Harling
- 129 Rotraud Harling
- 130 Rotraud Harling
- 138 Rotraud Harling
- 143 Rotraud Harling
- 144 Rotraud Harling
- 145 Rotraud Harling
- 146 Rotraud Harling
- 153 Institut für Entwerfen und Konstruieren, Universität Stuttgart
- 156 Institut für Entwerfen und Konstruieren, Universität Stuttgart
- 157 Sigrid Neubert
  Institut für Entwerfen und Konstruieren, Universität Stuttgart
- 158 Institut für Entwerfen und Konstruieren, Universität Stuttgart
  Sigrid Neubert
- 166 Sigrid Neubert
- 172 Sigrid Neubert
  Institut für Entwerfen und Konstruieren, Universität Stuttgart
- 174 Institut für Entwerfen und Konstruieren, Universität Stuttgart
- 175 Kurt Ackermann
  Institut für Entwerfen und Konstruieren, Universität Stuttgart
- 184 Stahl und Form: Neue Nationalgalerie Berlin
- 188 Institut für Grundlagen der modernen Architektur, Universität Stuttgart
- 189 David L. Hirsch
  Julius Posener: Aufsätze und Vorträge, Wiesbaden 1981
- 196 Werner Blaser: Mies van der Rohe, Zürich 1965
- 200 Werner Blaser: Mies van der Rohe, Zürich 1965
- 209 Bauen + Wohnen, Nov. 1962
- 211 Bauen + Wohnen, Nov. 1962
  USM Haller, Werksbroschüre
- 212 USM Haller, Werksbroschüre
- 220 USM Haller, Werksbroschüre
- 224 USM Haller, Werksbroschüre
- 226 USM Haller, Werksbroschüre
- 227 USM Haller, Werksbroschüre
- 239 Architecture und Urbanism, Okt. 1983
- 240 Institut für Entwerfen und Konstruieren, Universität Stuttgart
  Nucleus Design Ass.
- 241 Institut für Entwerfen und Konstruieren, Universität Stuttgart
  Renault UK, Ltd.
- 250 Institut für Entwerfen und Konstruieren, Universität Stuttgart
  Alastair Hunter
  Rotraud Harling
- 256 Kurt Ackermann
  Institut für Entwerfen und Konstruieren, Universität Stuttgart
- 258 Renault UK, Ltd.
  Institut für Entwerfen und Konstruieren, Universität Stuttgart

Namenverzeichnis

Abelein, Werner 100, 102
Ackermann, Kurt 100, 101, 152, 153, 187
Arup, Ove 124, 234
Atling, David 124
Auer, Fritz 44

Bailey, Nic 234
Ball, Ralph 234
Barfield, Julia 74, 234
Barker, Tom 124
Barlett, David 74
Behnisch, Günter 44, 45, 47
Behrens, Peter 14
Berg, Max 14
Bergermann, Richard 152
Bernau, Allan 74
Blaser, Werner 186
Bobran, Hans W. 44
Bogardus, James 13
Botschi, Pierre 74
Bovis Construction 234
Bridges, Harry 234
Burgee, John 15
Butt, Loren 234
Büxel, Winfried 44

Calabrese Engineering 124
Candela, Felix 14, 266
Chhabra, Chubby 234
Comb, Hans 74
Conrads, Ulrich 186

Davis, Mike 74
Davis, Belfried + Everest 234
Di Blasi, Ottavio 124
Dienst, H. 182
Doria, François 124
Drees + Sommer 100

Eaton, Saly 74
Eggert, Hermann 13
Eiffel, Gustave 14
Eldridge, Nick 234
Elkan, Michael 74
Emch und Berger 208, 210

Fardell, Graham 234
Fascioli, Giorgio 124
Feit, Jürgen 100, 152
Fischer, Richard 152
Fleetwood, Roy 234
Floss, Rudolf 152
Foster, Norman 15, 186, 234, 235, 237
Foster, Wendy 234
Fox, Henderson + Co. 14
Frey, Lothar 44
Fuller, Richard Buckminster 37

Gackstatter, Roland 44
Goldschmied, Marco 74
Gropius, Walter 14
Grube, Oswald W. 210
Gründel, Albert 152
Grzimek, Gunther 100, 152
Guicciardi, I. 124
Gutbrod, Rolf 187
Guthrie, Alistair 124

Hackelsberger, Christoph 155
Haders, Dieter 44
Haller, Bruno 208
Haller, Fritz 208, 209
Hayashi, Kunimi 74
Hemmings, David 74, 76
Heritage, Paul 234
Hollein, Hans 187
Hübner, Hannes 44
Hunt, Anthony 74

Imprefeal 124
Inskip, Tim 74
Ishida, Shunij 124

Jaeger, Peter 100, 152
Jenney, William le Baron 13
Joedicke, Jürgen 185
Jofeh, Chris 234
Johnson, Philip 15
Jones, Alan 74
Jones, Paul 234

Kaltschmidt, Peter 44
Kiermaier, Dieter 152
Kinch, Robert 124
Kowollik, Gerhard 152
Krauss, Jürgen 100
Kupfer, Herbert 152

Labrouste, Henri 14
Lacoudre, Jean Baptiste 124
Laing Management 74
Le Corbusier 14
Lewis, John 124

Maillart, Robert 14
Mann, Ted 234
Manning, Martin 234, 237
Martin, Richard 100, 152
Mayer, Rudolf Otto 100
Mies van der Rohe, Ludwig 14, 182, 183, 185, 186, 203, 205
Mislin, Miron 186
Morley, David 234
Munn, Peter 74

Natterer, Julius 44, 47
Nervi, Pier Luigi 14, 260
Niemeyer, Oscar 266
Nixon, David 74

Okabe, Nori 124
Otto, Frei 237

Paxton, Joseph 14
Peltz, Hermann 44
Piano, Renzo 17, 124, 126, 237
Posener, Julius 186

Rice, Peter 124
Richter, Gerhard 182, 184
Riegel, Heinz 100
Rogers, Richard 74, 186
Roik, Karl-Heinz 182

Sabatke, Manfred 44
Sack, Manfred 155
Schärer, U. 208, 210
Scharoun, Hans 187
Schlaich, Jörg 152, 154
Schuller, Richard 152
Schütze, Rolf 156
Schwedler, Johann Wilhelm 13
Sedgwick, Andrew 124
Seidel, Jürgen 152
Seybold, Berthold 44
Siegel, Curt 11
Simpson, Jan 234
Smith, Tim 234
Stacey, Mike 234
Steiner, R. 208
Stirling, James 187
Stüler, August 187
Sullivan, Louis 13

Taut, Bruno 14
Traldi, Alessandro 124
Tränkner, Erhard 44

Vincent, Paul 124

Walch, S. 100
Wienhold, Wolfram A. 185
Wilford, Michael 187
Wisniewski, Edgar 187
Wozniak, Arek 234
Wright, Frank Lloyd 237

Ymre Engineers 74
Young, John 74

Zoll, Martin 152
Zunz, Jack 234